Barbara Brandstetter, Prof. Dr., lehrt Wirtschaftsjournalismus an der Hochschule Neu-Ulm und unterrichtet Wirtschafts-, Finanz- und Verbraucherjournalismus an verschiedenen Journalistenschulen. Sie verfügt über jahrelange Berufserfahrung im Verbraucherjournalismus, u. a. als Redakteurin bei WELT, WELT ONLINE und BERLINER MORGENPOST.

Barbara Brandstetter

Verbraucher-
journalismus

UVK Verlagsgesellschaft Konstanz · München

Praktischer Journalismus
Band 95

Zusätzliche Informationen zum Thema dieses Buches erhalten Sie auf www.verbraucherjournalismus.de.

Bibliografische Information der Deutschen Bibliothek
Die Deutsche Bibliothek verzeichnet diese Publikation in der Deutschen Nationalbibliografie; detaillierte bibliografische Daten sind im Internet über http://dnb.ddb.de abrufbar.

ISSN 1617-3570
ISBN 978-3-86764-416-7

Das Werk einschließlich aller seiner Teile ist urheberrechtlich geschützt. Jede Verwertung außerhalb der engen Grenzen des Urheberrechtsgesetzes ist ohne Zustimmung des Verlages unzulässig und strafbar. Das gilt insbesondere für Vervielfältigungen, Übersetzungen, Mikroverfilmungen und die Einspeicherung und Verarbeitung in elektronischen Systemen.

© UVK Verlagsgesellschaft mbH, Konstanz und München 2015

Einbandgestaltung: Susanne Fuellhaas, Konstanz
Einbandfoto: Istockphoto Inc.
Satz: Claudia Wild, Konstanz
Druck: fgb · freiburger graphische betriebe, Freiburg

UVK Verlagsgesellschaft mbH
Schützenstr. 24 · 78462 Konstanz · Deutschland
Tel.: 07531-9053-0 · Fax: 07531-9053-98
www.uvk.de

Inhalt

Vorwort 7

1	**Was ist Verbraucherjournalismus?**	11
1.1	Verbraucherjournalismus – eine Definition	14
1.2	Steigende Relevanz von Verbraucherthemen	16
1.3	Attraktivität von Verbraucherthemen für Verlage	19
1.4	Eckpfeiler für guten Verbraucherjournalismus	22
2	**Verbraucherjournalismus in verschiedenen Medien**	29
2.1	Zeitungen und Zeitschriften	29
2.2	Hörfunk und Fernsehen	35
2.3	Internet	37
2.4	Kundenzeitschriften	38
3	**Themen finden**	41
3.1	Nachrichtenwerttheorie	41
3.2	Zielgruppen	46
3.3	Aktuelle Ereignisse	47
3.4	Saisonale und wiederkehrende Themen	58
3.5	Einbeziehen von Leserreaktionen	65
4	**Recherche und Quellen**	71
4.1	Recherche	72
4.2	Qualität von Quellen	79
4.3	Umgang mit dem wachsenden Einfluss der PR	82
4.4	Telefonaktionen und Vermögenschecks	88
4.5	Einsatz Sozialer Medien in der Recherche	95
5	**Formate**	99
5.1	Artikel	99
5.2	Ratgeberseiten	106
5.3	Serien und Beilagen	118
5.4	Crossmediale Aufbereitung	122

5.5	Vergleiche und Produkttests	124
5.6	Zusammenarbeit mit Tabellenlieferanten	129
6	**Textsorten**	**133**
6.1	Textsorten im Verbraucherjournalismus	135
6.2	Meldung und Bericht	136
6.3	Feature	141
6.4	Magazingeschichte	148
6.5	Interview	151
6.6	Crossmediale Darstellungsformen	153
7	**Sprache**	**161**
7.1	Verständlichkeitsforschung	164
7.2	Tipps für gutes Schreiben	165
7.3	Überschrift und Einstieg	181
7.4	Texten für Online	188
8	**Rechtliche Fragen**	**199**
8.1	Grundlagen	199
8.2	Produkttests	200
8.3	Haftung	203
8.4	Leserbriefe	204
9	**Praktische Tipps**	**207**
9.1	Eigenmarketing	207
9.2	Fragen an …	211
9.3	Aus- und Weiterbildungsmöglichkeiten	221
9.4	Journalistenpreise und Stipendien	223

Ausblick	**225**
Literatur	229
Empfohlene Literatur	229
Zitierte Literatur	230
Bildnachweis	237
Index	251

Vorwort

Leser und Fernsehzuschauer schätzen ihn: den Journalismus, der Verbraucher mit Ratschlägen zu allen möglichen Lebenslagen versorgt. Wie lassen sich am besten Steuern sparen? Wo gibt es besonders schöne Strecken für Mountainbiker und was taugt das neue Smartphone, das derzeit stark beworben wird?

Verlage und Sender publizieren heute Lebenshilfe für beinahe jeden Bereich und geben Tipps für Freizeit und Hobbys. Inhalte, die über die eigentliche Nachricht hinausgehen, liefern schließlich Argumente, Geld für Zeitungen oder Zeitschriften auszugeben oder eine Sendung einzuschalten. Doch so sehr Verbraucherjournalismus von Lesern, Verlagen und Sendern geschätzt und gefordert wird – in Redaktionen ist dieser unbeliebt. Schließlich macht er Arbeit. Er verlangt klassische Tugenden des Journalismus wie akribische Recherche, die Auseinandersetzung mit komplexen Inhalten und eine ansprechende, leicht verständliche Darstellung. Doch gerade diese Tugenden sind durch den personellen Kahlschlag in Redaktionen bedroht.

In der Ausbildung bleibt der Journalismus, der Hilfe zu Steuererklärung, Diäten oder innovativen Krebstherapien bietet, oft unberücksichtigt. Fortbildungen in diesem Bereich sind rar, die wenigen Bücher oft sehr theoretisch. Als Finanzredakteurin fragte ich mich oft, warum es für diesen Bereich keine spezielle Schulung gab. Verbraucherjournalisten stehen schließlich vor besonderen Herausforderungen, die spezifische Kenntnisse erfordern. Wie erstellen sie beispielsweise Vergleiche oder Produkttests, die juristisch wasserdicht sind? Wo erhalten sie Tabellen von unabhängigen Anbietern? Wie gehen sie mit der Flut von Leserreaktionen um? Wie mit dem wachsenden Einfluss der PR?

Wer Vergleiche oder Produkttests nicht nachvollziehbar gestaltet, macht sich angreifbar. Ärger ist programmiert, wenn ein relevanter Anbieter im Vergleich nicht berücksichtigt wird oder Testkriterien nicht nachvollziehbar sind. Zwar scheint es auf den ersten Blick einfach, Vergleichstabellen, etwa zu Versicherungen oder Geldanlage, von einem der inzwischen zahlreichen Anbieter zu beziehen. Sie liefern schnell und kostenlos jede gewünschte Tabelle. Doch eine seriöse Lösung ist das oft nicht.

Oft erhalten die Portale Provisionen oder berücksichtigen lediglich einen Bruchteil der angebotenen Tarife.

Verbraucherjournalisten werden bei kritischer Berichterstattung oft unter Druck gesetzt. In den Jahren als Redakteurin und Teamleiterin habe ich das häufig selbst erlebt. Die Unternehmen beschweren sich nicht bei mir persönlich, sondern bevorzugt an höherer Stelle, gerne direkt bei der Chefredaktion. Ausgaben für Anzeigen können an entsprechender Stelle ein gewichtiges Argument gegen allzu kritische Berichterstattung sein – selbst wenn sie inhaltlich korrekt ist.

Der wachsende Druck ist das eine. Die PR hat den Verbraucherjournalismus aber ohnehin längst als Einfallstor entdeckt. Die Texte und Hörfunkbeiträge, die PR-Agenturen erstellen, sind gut gemacht. Zusatzmaterial wie Fotos, Grafiken oder Tabellen liefern die Agenturen gleich mit – und das zum Nulltarif. In ausgedünnten Redaktionen mit geringem Budget ist die Versuchung groß, bei diesen Angeboten zuzugreifen. Immer mehr Journalisten übernehmen Inhalte eins zu eins. Viele Telefonaktionen werden von Agenturen organisiert – die passende Berichterstattung inklusive. Finanziert wird die Aktion von Verbänden oder Unternehmen.

Eine besondere Herausforderung ergibt sich auch aus der Flut von Leserbriefen, die Nutzwertthemen nach sich ziehen. Wie gehen Redakteure mit den zahlreichen Leserreaktionen um? Wie können sie diese nutzen? Je nach Nutzwertthemen, die in WELT AM SONNTAG, DIE WELT und BERLINER MORGENPOST veröffentlicht wurden, landeten schnell Dutzende Anrufe, Mails oder Briefe bei mir. Diese sollten selbstverständlich beantwortet werden. Doch inwiefern können Journalisten für Fehler in ihren Ausführungen haftbar gemacht werden? Wann kommen sie in Konflikt mit dem Rechtsdienstleistungsgesetz?

Diese und viele andere Fragen beantwortet dieses Buch. Es gibt Nutzwertjournalisten wertvolle praktische Tipps an die Hand. Es ist aber auch ein Plädoyer dafür, Nutzwert nicht lieblos auf Ratgeberseiten zu verbannen. Vielmehr sollten sich Journalisten bei jedem Thema die Frage stellen, welche Konsequenzen sich daraus für die Leser ergeben und Tipps liefern, wie diese das Beste für sich herausholen können. Der Fokus des Fachbuches liegt auf Print und den crossmedialen Aufbereitungsmöglichkeiten von Verbraucherthemen. Das Buch erhebt keinen wissenschaftlichen Anspruch. Es basiert auf jahrzehntelangen Erfahrungen, die ich in verschiedenen Redaktionen im Verbraucherjournalismus gesammelt habe.

Der Aufbau des Buches orientiert sich dabei am Vorgehen von Verbraucherjournalisten bei ihrer Arbeit. Zunächst erhalten Leser Tipps, wie sie spannende Themen finden und entwickeln. Anschließend erfahren sie, was sie bei Recherche, Produkttests und Vergleichen beachten müssen. Sind alle Fakten zusammengetragen, sollten sich Journalisten Gedanken über die Darstellung, die passende Textsorte sowie eine verständliche Schreibe machen. Daneben liefert das Buch wertvolle rechtliche Hinweise, Praxistipps sowie Informationen zu potenziellen Arbeitgebern.

Zielgruppe des Ratgebers sind angehende Journalisten, Studierende und Profis, die sich mit dem Thema näher befassen wollen. Es richtet sich aber auch an Pressestellen, die ihre Arbeit optimieren wollen. Ich hoffe, dass Leser dieses Buches viele Punkte gewinnbringend in der Praxis umsetzen können. Aktuelle Informationen zum Verbraucherjournalismus sowie Übungen und Beispiele zum Buch finden Sie im Internet unter www.verbraucherjournalismus.de. Im Buch weist Sie ein Icon jeweils darauf hin. Die Quellen für gelungene Beispiele, die ich ausgewählt habe, finden Sie im Bildnachweis am Ende des Buchs.

Da ich dieses Buch und den Blog hierzu weiterentwickeln möchte, freue ich mich über Anmerkungen, Beispiele oder Kritik. Gerne können Sie mir diese mailen: post@barbara-brandstetter.de.

Dank

Mein Dank gilt meinen Freunden und journalistischen Kollegen, die in zahlreichen Gesprächen wertvolle Tipps und Hinweise geliefert haben. Beim Verfassen der rechtlichen Hinweise für Nutzwertjournalisten hat mich Rechtsanwältin Christine Möhrke-Sobolewski von der Kanzlei CSM in Berlin (www.diemedienrechtskanzlei.de) mit ihrer fachmännischen Expertise unterstützt. Werner Zedler, Hermann-Josef Tenhagen, Niels Nauhauser, Siegfried Bauer und Michaela Roth danke ich für ihre Sichtweisen auf den Verbraucherjournalismus. Besonderer Dank gebühren Bettina Tillmanns und Jessica Schmalhofer für ihre Tipps sowie Steffen Range für sein unermüdliches Gegenlesen, seine wertvollen Anmerkungen, Fragen und Korrekturvorschläge.

Mein besonderer Dank gilt meinen Eltern, denen ich dieses Buch widme.

Neu-Ulm, im Oktober 2014   Barbara Brandstetter

Wegweiser durch das Buch

Icons erleichtern Ihnen die Orientierung in diesem Buch:

   Tipp

   Merke

   Checkliste

   Unter www.verbraucherjournalismus.de finden Sie weitere Informationen, Beispiele und Übungen zu diesem Buch.

1 Was ist Verbraucherjournalismus?

Jeder liest sie, viele schätzen sie: die Tipps zur Steuererklärung, zu Krebstherapien oder Kindererziehung. Verbraucherthemen sind gefragt. Das belegen zahlreiche Leseranalysen und die Klickraten im Internet. Während ein Artikel zum Thema Burnout auf großes Leserinteresse stößt, werden Quartalszahlen von Unternehmen – in die Wirtschaftsressorts nach wie vor viel Energie investieren – von den wenigsten beachtet.

Aussagen verschiedener Politiker oder die Entwicklungen an den Weltbörsen sind zwar relevant, aber eben längst nicht alles. An politischen Informationen sind nach Angaben der Allensbacher Markt- und Werbeträgeranalyse 21,1 Prozent der Bürger interessiert, an Wirtschaftsthemen gerade einmal 12,3 Prozent. Deutlich stärker interessieren sich die Befragten für Themen wie Urlaub und Reisen (41,8 Prozent), lokale Ereignisse (40,9 Prozent), Musik (36,2 Prozent) und gesunde Lebensweise (36 Prozent) (AWA 2014).

Viele Verlage und Sender setzen daher im Kampf gegen sinkende Auflagen und Einschaltquoten verstärkt auf Verbraucher- und Servicethemen. Dabei ist die journalistische Lebenshilfe nicht neu. DIE GARTENLAUBE, eine Familienzeitschrift, die ab 1853 erschien, gab schon damals Tipps für eine gesunde Lebensführung. Und Publikumszeitschriften haben immer schon klassischen Nutzwert zu unterschiedlichen Bereichen wie Gesundheit, Erziehung, Geldanlage oder Sport geliefert. Inzwischen haben die meisten Tageszeitungen fest etablierte Ratgeberseiten. Zudem bereiten viele Redaktionen auch jenseits dieser Seiten Themen »nutzwertig« auf. Es reicht heutzutage nicht mehr, zu berichten, dass das Bundesverfassungsgericht die neuen Regelungen zur Pendlerpauschale kippt. Es gehören zwingend Erläuterungen dazu, welche Konsequenzen sich daraus für die Leser ergeben und Tipps, was sie machen müssen, um das Beste für sich herauszuholen. Mittlerweile veröffentlichen sogar Medien Nutzwerttipps, die sich jahrelang dieser Form der Berichterstattung widersetzt haben. So findet sich beispielsweise im Wirtschaftsteil der FRANKFURTER ALLGEMEINEN ZEITUNG durchaus Nutzwertiges zu Versicherungen. Selbst der SPIEGEL hebt inzwischen immer öfter klassische Nutzwertthemen zu Gesundheit und Erziehung auf den Titel – mit Erfolg. Die Titelgeschichten »Achtung! Eltern!« und »Natürlich künstlich« verkauften sich 2013 an den Kiosken überdurchschnittlich gut (SPIEGEL 33/2013, 31/2013, Meedia-Cover-Check). Im Fernsehen gibt es neben klassischen Verbrauchersendungen wie *wiso* im ZDF oder *plusminus* in der ARD auch zahlreiche Sendungen wie etwa *Raus aus den Schulden* oder *Helena Fürst – Kämpferin aus Leidenschaft* bei RTL, in denen Lebenshilfe unterhaltsam dargeboten wird – und das mit guten Einschaltquoten.

Verbraucherthemen sind gefragt, Verlage und Sender bieten sie daher verstärkt an. Unter Journalisten ist dieser Bereich jedoch extrem unbeliebt. Nutzwert hat nichts mit Glamour, sondern mit solidem Handwerk zu tun. Verbraucherjournalisten fungieren in erster Linie als Dienstleister. Sie bieten Mediennutzern Lebenshilfe in leicht verständlicher Form. Wer als Verbraucherjournalist arbeitet, wird sich nicht auf roten Teppichen tummeln, um Brad Pitt und andere Hollywoodgrößen zu befragen. Während Ihr Kollege den Vorstandsvorsitzenden der Allianz interviewt, zerpflücken Sie mit einem der Produktmanager des Konzerns die Konditionen des neuen Angebots. Im Verbraucherjournalismus ist es auch nicht damit getan, zu einem Thema zwei Meinungen einzuholen – Sie müssen sich oft zunächst akribisch in komplexe Zusammenhänge einarbeiten. Während Kollegen auf Pressereisen in 5-Sterne-Hotels logieren, kommen Sie gar nicht erst in die Verlegenheit, solche Angebote anzunehmen: Es gibt sie in der Regel nicht.

Ihre Ansprechpartner sind Experten, die in der zweiten oder dritten Reihe agieren und sich oft verquast ausdrücken. Leute, die in der Lage sind, mit Ihnen Finanzprodukte auf ihre Sinnhaftigkeit zu prüfen, die die Auswirkungen der Steuerreform für einzelne Gruppen berechnen oder für Sie die Seriosität einer Studie einschätzen, dass Schokolade glücklich mache. Verbraucherjournalismus macht – sofern ernsthaft betrieben – Arbeit, erfordert Akribie und bringt in Redaktionen weniger Anerkennung als ein Leitartikel. Verbraucherjournalisten müssen wie kaum einer ihrer Kollegen klassische journalistische Standards penibel erfüllen: Sie müssen sorgfältig recherchieren, ihre Zielgruppe im Blick haben und das Thema verständlich aufbereiten.

Verbraucherjournalismus impliziert schließlich eine besondere Kommunikationssituation: Der Leser oder Zuschauer könnte nach den Empfehlungen im Beitrag handeln. Daher ist die Verantwortung, ausgewogen zu recherchieren und inhaltliche Fehler zu vermeiden, größer als in anderen journalistischen Bereichen. Wenn Sie Bundeskanzlerin Angela Merkel ein falsches Geburtsdatum zuschreiben, mag das einige Leute ärgern. Vielen wird es aber gar nicht erst auffallen. Geben Sie dem Leser jedoch eine falsche Information, wo er sein Geld sicher anlegen kann, verliert dieser –

sofern er Ihrem Ratschlag folgt – im schlimmsten Fall Geld. Daher gibt es im Verbraucherjournalismus bestimmte rechtliche Kriterien, die Sie beachten sollten (s. Kapitel 8: Rechtliche Fragen).

Nutzwertjournalismus hat auch viele positive Seiten. So haben es Verbraucherjournalisten etwa leicht, exklusive Meldungen zu schreiben oder Gesprächsstoff zu liefern und etwas zu verändern. Es reicht schon, wenn Sie beispielsweise Konditionen von Dispozinsen vergleichen und das Ergebnis über Agenturen verbreiten. Dass Nutzwertjournalisten oft den Nerv der Leser und Zuschauer treffen, verdeutlicht die Flut von Leserreaktionen: Sie erhalten mehr Leserbriefe, Anrufe und Mails als Ihre Kollegen. Klickraten im Internet zeigen: Ihre Texte werden gelesen. Sie können davon ausgehen, dass mehr Leute Ihren Artikel zu den Dispozinsen in der Region beachten als den zur Jahresbilanz der Münchener Rück oder das Interview mit dem Allianz-Chef.

Wer sich gerne in komplexe Zusammenhänge einarbeitet und Spaß an der Herausforderung hat, diese leicht verständlich aufzubereiten, ist im Verbraucherjournalismus richtig aufgehoben. Aber auch alle anderen Journalisten, die Artikel für die Leser attraktiv darstellen wollen, sollten sich damit beschäftigen, wie sie diese mit Nutzwert versehen können. Das bedeutet nicht automatisch, dass Autoren Tabellen und Produktvergleiche erstellen müssen. Vielmehr sollten sie über die eigentliche Nachricht hinaus denken und im Beitrag potenzielle Fragen der Leser beantworten. Die Meldung »Bundestag beschließt Einführung des Betreuungsgelds« und die politischen Diskussionen darüber sind zweifelsohne interessant. Sie erzeugen bei Ihren Lesern jedoch eine größere Aufmerksamkeit, wenn Sie in Ihrem Beitrag auf mögliche Fragen eingehen. Wer bekommt das Betreuungsgeld? Wie hoch fällt es aus? Ab wann kann man es beantragen? Das erfordert allerdings auch Recherche, da Nachrichtenagenturen diese Informationen häufig nicht mitliefern.

Heute beschäftigen viele Unternehmen – besonders Banken und Versicherungen – Experten, die es verstehen, komplexe Themen leicht verständlich für Verbrauchernewsletter aufzubereiten. Die Relevanz von Verbraucherthemen in Redaktionen und Pressestellen wird weiter steigen. Inzwischen gibt es für Nutzwertjournalisten einige wenige spezielle Ausbildungen wie beispielsweise das Volontariat für Verbraucherjournalisten, praxis4 (s. Kapitel 9: Praktische Tipps).

1.1 Verbraucherjournalismus – eine Definition

Es gibt bislang wenige Definitionen für die journalistische Lebenshilfe, da die Wissenschaft diesen Bereich trotz seiner steigenden Relevanz stiefmütterlich behandelt. Die Begriffe Ratgeber-, Service-, Verbraucher- und Nutzwertjournalismus werden häufig synonym gebraucht. Weit verbreitet sind in Redaktionen die Begriffe »Service« und »Nutzwert«.

Die Schwierigkeit einer konkreten Zuordnung liegt darin begründet, dass es bei der journalistischen Lebenshilfe keine Beschränkung auf eine bestimmte Darstellungsform oder einen bestimmten Sachbereich gibt. Zum Nutzwertjournalismus gehört der anspruchsvolle Vergleich der Immobilienpreise in Deutschland ebenso wie praktische Informationen und Empfehlungen, wenn der Bundestag neue Gesetze verabschiedet oder eines der obersten Gerichte ein relevantes Urteil fällt. Auch die wöchentliche Tabelle mit den Call-by-Call-Telefonpreisen, den Preisen für Schlachtschweine, die Seite mit den Aktienkursen oder den Veranstaltungstipps gehören in diesen Bereich. Zudem kommen für den Verbraucherjournalismus alle journalistischen Darstellungsformen wie Feature, Bericht oder Interview in Betracht. Gemeinsam ist den Beiträgen jedoch eine bestimmte Funktion: Sie geben Lebenshilfe, weisen auf Probleme hin und versorgen Leser mit Informationen, so dass sie für sich eine optimale Entscheidung treffen können. Der folgende Abschnitt gibt einen kurzen Überblick über einige Definitionen des serviceorientierten Journalismus. Walter Hömberg und Christoph Neuberger haben 1995 den Begriff »Ratgeberjournalismus« definiert:

> »Ratgeberjournalismus thematisiert Probleme, von denen die Rezipienten bereits in relativ großer Zahl betroffen sind oder deren Eintrittswahrscheinlichkeit hoch ist. Er leistet ›Hilfe zur Selbsthilfe‹ für ein überwiegend aus Laien bestehendes Publikum.« (Hömberg/Neuberger 1995, 13)

Andreas Eickelkamp reflektiert die Begriffe Ratgeber-, Service-, Verbraucher- und Nutzwertjournalismus (Eickelkamp 2004, 2011). Für Eickelkamp sind kurze Servicebeiträge wie beispielsweise Staumeldungen oder Tabellen mit günstigen Telefontarifen »Servicejournalismus«. Die Bezeichnung »Ratgeberjournalismus« lehnt er ab, da diese die Ratgeberfunktion zu sehr in den Vordergrund stelle. Schließlich habe diese Form des Journalismus neben der Ratgeber- auch eine Orientierungs- und Hinweisfunktion. Die Bezeichnung »Verbraucherjournalismus« greift seiner Meinung nach zu kurz, da sich diese ausschließlich auf Lebenshilfe für Verbraucher bezieht. Bereiche wie beispielsweise Erziehungstipps wären somit ausgeschlossen. Eickelkamp (2004, 14 ff.) plädiert daher dafür, für journalistische Lebenshilfe den Begriff »Nutzwertjournalismus« zu verwenden:

»Das maßgebliche Unterscheidungsmerkmal des Nutzwertjournalismus gegenüber anderen journalistischen Formen ist seine dominierende Kommunikationsabsicht, die den Rezipienten in einer Handlungsabsicht unterstützt.« (Eickelkamp 2004, 16)

Volker Wolff (2011, 238) rät dagegen, den Begriff »Service« zu verwenden. Da letztendlich jeder Artikel dem Leser einen Nutzen bieten sollte, sei die Bezeichnung »Nutzwert« zu unspezifisch. Der Begriff »Verbraucherjournalismus« schränkt seiner Meinung nach das Themenfeld zu sehr ein, da auch Wetterinformationen oder die Bewertung von Aktien zu dieser Form des Journalismus gehören. Meines Erachtens bietet sich für den serviceorientierten Journalismus die folgende Definition an:

Serviceorientierter Journalismus bzw. Nutzwertjournalismus weist auf Sachverhalte, Probleme oder Missstände hin und versorgt den Leser mit ausgewogenen Informationen und gegebenenfalls Handlungsempfehlungen, die ihn befähigen, zu seinem Vorteil zu handeln.

Weniger geeignet für den serviceorientierten Journalismus ist die Bezeichnung »Ratgeber«. Zwar haben inzwischen zahlreiche Zeitungen Ratgeber-Seiten eingeführt. Doch der Begriff schränkt den Bereich deutlich ein. Letztendlich geht es im Verbraucherjournalismus nicht nur darum, Tabellen und Produktvergleiche zu erstellen, die dann auf speziellen Seiten gedruckt werden. Wichtig ist, Nutzwertjournalismus auch als eine Möglichkeit zu betrachten, die tägliche Berichterstattung attraktiver zu gestalten, indem Journalisten die Relevanz von Ereignissen für die Leser herausarbeiten.

Die Bezeichnung »Verbraucherjournalismus« schränkt – wie Wolff und Eickelkamp zu Recht anmerken – den Bereich ein. Nichtsdestotrotz kann ein Großteil der serviceorientierten Beiträge dem Verbraucherjournalismus zugerechnet werden. In diesem liegt der Fokus darauf, dem Leser Tipps und Informationen an die Hand zu geben, damit er als Verbraucher im Wirtschaftsleben das Beste für sich herausholen kann. Dazu gehören nicht nur Produktvergleiche und generelle Informationen zu Geldanlage, Versicherungen oder Rechts- und Steuertipps. Redakteure müssen auch aktuelle Themen nutzwertig aufbereiten. Wenn die Regierung ein neues Gesetz verabschiedet, der Großstadtflughafen in Berlin nicht wie geplant eröffnet oder eines der obersten Gerichte ein Urteil fällt, sollten Journalisten mögliche Konsequenzen und Handlungsmöglichkeiten für die Leser herausarbeiten. Wer die Tücken des Verbraucherjournalismus kennt, findet sich leicht in sämtlichen Nutzwertthemen zurecht.

Verbraucherjournalismus weist auf Sachverhalte, Missstände oder Probleme hin, versorgt den Leser mit ausgewogenen Informationen und gegebenenfalls Handlungsempfehlungen, die ihn befähigen, in seiner Funktion als Verbraucher im Wirtschaftsleben zu seinem Vorteil zu handeln.

In den Redaktionsräumen spielt die Unterscheidung zwischen Nutzwert-, Verbraucher-, Ratgeber- und Servicejournalismus keine Rolle. In der journalistischen Praxis werden meist die Begriffe »Nutzwertjournalismus« und »Service« verwendet. Sie decken den großen Bereich des serviceorientierten Journalismus adäquat ab. Die Artikel haben eine Gemeinsamkeit: Sie bieten Lebenshilfe und erleichtern den Lesern Entscheidungen im Alltag. In diesem Buch werden Nutzwert- und Verbraucherjournalismus wegen der besseren Lesbarkeit synonym verwendet.

1.2 Steigende Relevanz von Verbraucherthemen

> Die dreiste Abzocke mit dem Dispo!
> Modernisierung: Was Mieter jetzt wissen müssen
> Blitz-Alarm – So schützen Sie Ihr Heim

Redaktionelle Lebenshilfe ist gefragt, wird zunehmend angeboten und findet sich immer öfter auf Titelseiten. So fokussiert beispielsweise die MÜNCHENER ABENDZEITUNG auf Nachrichten in und um München und auf Nutzwert. Überregionale Zeitungen wie DIE WELT oder die FRANKFURTER ALLGEMEINE SONNTAGSZEITUNG haben im Finanzteil der Zeitung feste Seiten für Verbraucherberichterstattung reserviert. Viele Regionalzeitungen bieten regelmäßig Ratgeberseiten an. Hörfunk und Fernsehen warten mit Tipps für ihre Zuhörer und Zuschauer auf. Neben *plusminus* in der ARD und *wiso* im ZDF bieten die dritten Programme eine große Palette an Verbrauchersendungen wie beispielsweise die *Servicezeit* im WDR. Aber auch Sendungen wie *Raus aus den Schulden* oder *Helena*

Fürst – Kämpferin aus Leidenschaft auf RTL verpacken Lebenshilfe in Unterhaltungsformaten.

Inzwischen gibt es für jedes Hobby und jedes Problem die passende Zeitschrift. Regionalzeitungen preisen Restaurantvergleiche und Behördentests an, BILD klärt auf dem Titel auf: »So teuer wird Ihre Krankenkasse«. Die Absatzzahlen von Magazinen mit Nutzwert auf dem Titel zeigen, dass diese Themen den Nerv der Leser treffen: Sie verkaufen sich gut. So haben etwa 2013 die Leser bei den FOCUS-Titelgeschichten »Schlank ohne Stress« und »Schneller und besser denken« am Kiosk besonders oft zugegriffen (FOCUS 52/2013, 10/2013, Meedia-Cover-Check).

Doch warum sind Nutzwertthemen gefragt? Darauf gibt es eine lapidare Antwort: Das Leben ist komplexer geworden, es stehen immer mehr Angebote und Informationen zur Verfügung. Der Staat zieht sich aus verschiedenen Bereichen zurück. Die Menschen können mehr Entscheidungen selbstständig treffen. Daher ist Orientierung gefragt. Die zunehmende Komplexität hat im Wesentlichen fünf Ursachen:

- mehr Eigenverantwortung,
- liberalisierte Märkte,
- kürzere Produktlebenszyklen,
- Individualisierung,
- Informationsflut.

Eigenverantwortung – Bürger müssen in mehr Bereichen Eigenverantwortung übernehmen. So sollten sie sich heute beispielsweise – anders als noch frühere Generationen – um ihre Altersvorsorge kümmern. 2001 hat die Regierung mit dem neuen Alterseinkünftegesetz die staatlich geförderte Altersvorsorge eingeführt. Gleichzeitig haben die Politiker beschlossen, das Niveau der gesetzlichen Rente in den kommenden Jahren zu senken. Wer im Alter seinen Lebensstandard halten möchte, muss demnach privat vorsorgen und sollte sich über die Möglichkeiten informieren. Welche Vorsorgeform passt zu mir? Soll ich eine Riester-, eine Rürup- oder eine Betriebsrente abschließen? Oder ist eine Immobilie bei den niedrigen Zinsen vielleicht doch die bessere Anlage? Bei der Vielzahl an Möglichkeiten und Produkten sind Beiträge gefragt, die Vor- und Nachteile verschiedener Vorsorgewege aufzeigen und die einzelnen Produkte unter die Lupe nehmen.

Marktliberalisierung – Die Regierungen haben in den vergangenen Jahren einige Märkte wie den Telekommunikations-, den Strom- und den Gasmarkt liberalisiert. Das führt zum einen zu mehr Wettbewerb und in der Regel zu sinkenden Preisen für die Verbraucher. Zum anderen verkompliziert es das Leben. In den 70er-Jahren mussten die Kunden lediglich entscheiden, ob sie das Telefon der Bundespost in kieselgrau, farngrün oder doch lieber in ockergelb mieten wollten. Denn bis in die 80er-Jahre gab es lediglich die Bundespost, ein Telefon in verschiedenen Farben und einen Tarif. Heute gibt es in Deutschland eine Vielzahl an Telekommunikationsanbietern und unterschiedlichen Tarifen – und das Internet. Wer nicht zu viel zahlen möchte, muss sich über Anbieter und Preise informieren und sich letztendlich für ein Telefon entscheiden. Daher freuen sich Leser über Produkttests, Tarifvergleiche und über Tipps, wie sie im Ausland ihre Handykosten möglichst gering halten können.

Produktlebenszyklen – Es kommen stetig neue Produkte auf den Markt, die Produktlebenszyklen werden kürzer. Haben Fernsehhersteller früher noch alle zehn Jahre ein neues Modell präsentiert, kommen heute viel schneller neue Geräte und neue Techniken wie HD, Ultra HD, Plasma oder LED auf den Markt (Scheimann 2011). Die Bürger nehmen die Innovationen an und kaufen inzwischen nach vier bis sechs Jahren einen neuen Fernseher. Früher ließen sie sich dafür zehn bis zwölf Jahre Zeit. Noch kürzer sind die Produktlebenszyklen bei Smartphones. Seit dem ersten iPhone 2007 präsentiert Apple jedes Jahr ein neues Modell. Daher sind Produkttests gefragt: Was bietet das neue Samsung Galaxy oder das neue iPhone, was der Vorgänger noch nicht hatte? Und wo liegen die Stärken und die Schwächen der einzelnen Smartphones? Was unterscheidet den Samsung-Fernseher vom Panasonic-Gerät?

Individualisierung – Die Gesellschaft spaltet sich in immer kleinere Gruppen, die unterschiedliche Interessen haben. Der Schweizer Soziologe Peter Gross sprach bereits 1994 von einer »Multioptionsgesellschaft«. Daher ist Lebenshilfe in allen Bereichen gefragt, auch bei vielen Hobbys. So möchte der Eisenbahn-Fan informiert werden, wo sich Fanclubs regelmäßig treffen, der Mountainbike-Freak interessiert sich für die attraktivsten Strecken in den Bergen und der Angler für die beste Ausstattung zum Dorsch-Angeln. Die Interessen der pluralistischen Gesellschaft werden vor allem von der steigenden Zahl an Publikums- und Special-Interest-Zeitschriften bedient.

Informationsflut – Die neuen Medien ermöglichen, eine Vielzahl an Informationen zu nutzen. Es wird immer schwerer, relevante von irrelevanten Informationen zu unterscheiden. Daher ist Orientierung gefragt. Im Internet ist nicht immer auf den ersten Blick ersichtlich, woher die

Inhalte stammen. Oft stecken beispielsweise hinter Selbsthilfegruppen Pharmakonzerne und hinter vermeintlich unabhängigen Vergleichsrechnern Makler, die für den Abschluss einer Police über das Portal Geld kassieren. Wenn es um Themen wie Gesundheit, Geldanlage oder Erziehung geht, bevorzugen Mediennutzer unabhängige, vertrauenswürdige Hinweise. Diese liefert seriöser Verbraucherjournalismus. Journalisten sind Gatekeeper. Sie trennen seriöse von unseriösen und wichtige von unwichtigen Informationen.

1.3 Attraktivität von Verbraucherthemen für Verlage

Viele Verlage und Sender sehen im Anbieten von Verbraucherthemen eine Antwort auf den Medienwandel. Seit Jahren argumentieren Chefredakteure und Berater, Tageszeitungen müssten sich zu einem täglichen Magazin wandeln – weg von der Verbreitung von Agenturmeldungen und Neuigkeiten, die so auch in der *Tagesschau* verkündet werden, hin zu erläuternden Hintergrundgeschichten und Nutzwert. Dass Chefredakteure Nutzwert zumindest in der Wirtschaftsberichterstattung ausbauen wollen, belegt eine Studie der Universität Hohenheim. Danach will die Mehrheit der Befragten zunehmend Berichte aus der Perspektive von Verbrauchern aufbereiten und sich durch eine gründliche Recherche abheben (Mast 2011, 43).

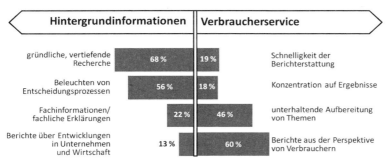

Wirtschaftsberichterstattung – wohin steuern die Zeitungen?
(Mast 2011, 43)

Medienhäuser sind auf der Suche nach neuen Erlösquellen. Die Einnahmen gedruckter Medien sinken. Anzeigenerlöse im Internet reichen oft nicht aus, um den Redaktionsapparat zu finanzieren. Daher führen immer mehr Medien im Internet eine Bezahlschranke ein, eine sogenannte Paywall. Doch sowohl für Print als auch für Online gilt: Wer Nutzer davon überzeugen möchte, Geld für ein Medienprodukt auszugeben, muss weit mehr bieten als die bloße Nachricht. Die Information, dass Bayern die Studiengebühren abschafft, entdecken Nutzer in Sozialen Netzwerken, im Internet oder spätestens abends im Fernsehen. Für diese Nachricht zu bezahlen, ergibt keinen Sinn. Sie würden ja auch kein Geld für ein Brot ausgeben, wenn Sie um die Ecke eines geschenkt bekämen.

Insofern liefert Nutzwert einen Mehrwert und eine gute Möglichkeit für Verlage, Nutzer an sich zu binden und zum Zahlen zu animieren. Gerade bei Informationen zu Versicherungen, Gesundheit oder Ernährung ist entscheidend, dass Leser der Quelle vertrauen können. Daher können Zeitungen, Zeitschriften und Sender sowohl in Print als auch online mit ihrer Marke punkten. Denn aller Kritik zum Trotz – aktuelle Studien zeigen, dass die Glaubwürdigkeit von Journalisten zumindest in der Wirtschaftsberichterstattung noch vergleichsweise hoch ist:

> »Mehr als 60 Prozent bzw. 50 Prozent der Menschen halten Journalisten aus dem Rundfunk bzw. der Presse für glaubwürdig. […] Ihren Aussagen vertrauen sie. Damit stehen Journalisten der klassischen Medien an dritter und vierter Stelle des Glaubwürdigkeitsranking der Informationsquellen zum Geschehen in der Wirtschaft – direkt hinter der Wissenschaft und gesellschaftlichen Organisationen, z. B. Gewerkschaften und Verbraucherschutzorganisationen.« (Mast 2012, 23)

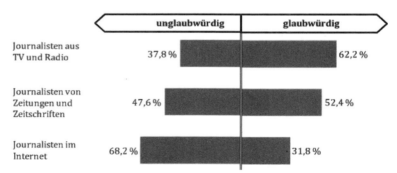

Glaubwürdigkeit von Journalisten aus Sicht der Bevölkerung
(Mast 2012, 23)

Leser gehen schließlich davon aus, dass Artikel im SPIEGEL, in der SÜDDEUTSCHEN oder auf ZEIT.DE nach journalistischen Grundsätzen recherchiert wurden. Kurzum: dass sie bei Verbraucherthemen ein ausgewogen recherchierter Beitrag erwartet und keine verdeckte PR (s. Kapitel: 4.3: Umgang mit dem wachsenden Einfluss der PR). Dass Verbraucher bereit sind, für seriös recherchierte Produkttests auch online Geld zu zahlen, zeigt das Beispiel der Stiftung Warentest. Die Stiftung verdient im Internet Jahr für Jahr mehr mit Testberichten. 2012 lag der Umsatz online bei 2,7 Millionen Euro. 2013 waren es 3,6 Millionen.

Da sich Verbraucherthemen an eine spezielle Zielgruppe richten, bieten diese auch ein attraktives Umfeld für Anzeigenkunden. Wandermagazine sind voller Werbung für Schuhe und atmungsaktive Outdoor-Kleidung. Serien oder Beilagen in Tageszeitungen, etwa zum Immobilienmarkt, werden von entsprechenden Anzeigen flankiert. Wichtig ist hierbei, dass der journalistische Inhalt unabhängig von der Werbung erstellt wird. Ein »anzeigenfreundliches Umfeld« schließt eine allzu kritische Berichterstattung aus. Bis zur Finanzkrise 2008 gab es in vielen Zeitschriften und Zeitungen dicke Beilagen zu Zertifikaten. Nicht, weil sich die Kunden so sehr für diese schwer verständliche Form der Geldanlage interessiert hätten, sondern weil es für Verlage mit den Anzeigen der Anbieter viel Geld zu verdienen gab. Medienhäusern ging es mit den Beilagen in erster Linie darum, ein »anzeigenfreundliches Umfeld« zu schaffen. Für den Umfang der Beilagen waren nicht die journalistischen Inhalte, sondern Zahl und Größe der Anzeigen entscheidend.

Verbraucherthemen bieten eine gute Möglichkeit, Leser an das Blatt zu binden. Redaktionen können beispielsweise Telefonaktionen oder Chats zu bestimmten Themen wie Erben und Vererben, Baufinanzierung oder Darmkrebsvorsorge anbieten, so dass Leser die Möglichkeit haben, ihre Fragen Experten zu stellen. Pluspunkte sammeln Redaktionen bei den Lesern, wenn sie Leserbriefe und Mails beantworten (s. Kapitel 8: Rechtliche Fragen).

Ähnlich groß wie die Chancen von Nutzwerttexten sind auch die Risiken. Leser können sehr wohl erkennen, ob es sich um einen aufwändig recherchierten Beitrag oder um oberflächliches, mit PR gespicktes Material handelt. Wer in Verbraucherartikeln häufig Fehler macht oder PR-Texte kopiert, verliert schnell seine Glaubwürdigkeit und damit auch Leser. Schließlich handeln einige Mediennutzer danach, was Verbraucherjournalisten in ihren Artikeln schreiben. Anders als bei anderen journalistischen Darstellungsformen ist es dann mit dem lapidaren Kommentar

»Das versendet sich« nicht getan, wenn der Leser dem Tipp gefolgt ist und Geld verloren hat.

Ein Blick in einen Zeitschriftenladen zeigt: Verbraucher werden mit Lebenshilfe überflutet. Ob sie von Lesern goutiert wird, entscheidet die Qualität. Die Nutzwert-Berichterstattung auszubauen und gleichzeitig Personal und Honorare von Freien zu kürzen, kann nicht funktionieren. Nutzwert ist eine Form des Journalismus, die eine sorgfältige Recherche verlangt. Es ist deutlich aufwändiger, die Kosten für das Girokonto bei 20 Banken abzufragen, als einen Text von einer Nachrichtenagentur ins Blatt zu heben. Doch Redakteuren bleibt immer weniger Zeit für die Recherche (Weischenberg et al. 2006, 80). Freie Journalisten können sich eine ausführliche Recherche oft nicht leisten, wenn Aufwand und Ertrag nicht in einem eklatanten Missverhältnis stehen sollen. Viele von ihnen machen inzwischen nebenbei auch PR, um über die Runden zu kommen. Wenn Redakteure im Verbraucherjournalismus journalistische Standards vernachlässigen, Fehler und PR auftauchen, steht die Glaubwürdigkeit des Mediums schnell auf dem Spiel.

1.4 Eckpfeiler für guten Verbraucherjournalismus

Wer Nutzwertjournalismus macht, muss klassische journalistische Standards einhalten. Dazu gehören eine gründliche und ausgewogene Recherche sowie eine leicht verständliche Darstellung des Sachverhalts in einer einfachen Sprache. Insgesamt gibt es fünf Eckpfeiler, an denen sich Nutzwertjournalisten orientieren sollten:
- Kenntnis der Zielgruppe,
- akribische Recherche,
- verständliche Darstellung,
- crossmediale Aufbereitung,
- Nachhaltigkeit.

Kenntnis der Zielgruppe – Verbraucherjournalisten sollten ihre Zielgruppe kennen. Wo wohnen die Leute, wofür interessieren sie sich, wie viel Geld verdienen sie? Nur mit diesem Wissen können Sie Themen entwickeln, die für einen Großteil der Leser interessant sind. Angenommen, Sie schreiben eine Seite zu den Rechten von Hartz-IV-Beziehern und geben Tipps, was bei Ärger mit dem Amt zu tun ist. Dann liefern Sie perfekten Nutzwert. Wenn in Ihrer Leserschaft jedoch kaum Bezieher von

Arbeitslosengeld II zu finden sind, wird der Großteil der Leser die Seite überblättern. Die Kenntnis der Zielgruppe ist nicht nur relevant, um Themen zu finden, die viele Leser interessieren. Wichtig ist die Information auch, um relevante Beispiele im Artikel einsetzen zu können. Oft ist es sinnvoll, komplexe Sachverhalte anhand von Musterfällen zu erläutern. In diesen sollte sich ein großer Teil der Leser wiederfinden. Sonst wird der Text nicht gelesen. Oder Sie bekommen – bei unrealistischen Vorgaben – zahlreiche Leserreaktionen. Wer in seinem Beispiel mit einem Bruttoeinkommen von 300.000 Euro im Jahr operiert, muss sich nicht wundern, wenn Leser erbost fragen, wer überhaupt so viel verdient (s. Kapitel 3.2: Zielgruppen).

Nur wer seine Zielgruppe kennt, kann Verbraucherjournalismus machen, der die Leser bewegt.

Akribische Recherche – Im Verbraucherjournalismus ist die Recherche das A&O. Autoren müssen so lange recherchieren, bis sie den Sachverhalt durchdrungen haben. Das kostet bei komplexen Themen wie Betriebsrenten, Steuern oder Therapiemöglichkeiten bei Krebs Zeit. In der Regel reicht es nicht, ein, zwei Telefonate mit einer Verbraucherzentrale oder Bank zu führen, um die Riester-Rente zu verstehen. Doch nur, wenn Journalisten den Sachverhalt erfasst haben, können sie einen ausgewogenen und inhaltlich korrekten Beitrag schreiben. Diese beiden Kriterien sind im Nutzwertjournalismus elementar: Schließlich könnte der Leser nach der Lektüre des Smartphone-Tests losrennen und sich im nächsten Elektronikmarkt den Testsieger kaufen. Umso schlimmer, wenn Journalisten wegen eines Fehlers im Testdesign ein besonders schlechtes Gerät angepriesen haben (s. Kapitel 5.5: Vergleiche und Produkttests).

Werden Sie Experte für ein Themengebiet. Die Einarbeitung in komplexe Verbraucherthemen kostet viel Zeit – aber als Spezialist sind Sie gefragt und profitieren von Ihrem Wissen.

Verständliche Darstellung – Nur, wenn Sie das Thema genau verstanden haben, sind Sie in der Lage, den Sachverhalt leicht verständlich darzustellen. Sie können dann überlegen, welche Formate sich eignen. Das Problem ließe sich in einem Feature darstellen, Zahlen könnten in Infokästen ausgelagert werden. Und vielleicht bietet sich noch eine Infografik an, um komplexe Sachverhalte leicht verständlich und übersichtlich zu präsentieren. ZEIT ONLINE stellt beispielsweise die Entstehung von Malaria in einer

Infografik dar und liefert im Text Informationen zum Kampf gegen die tückische Krankheit:

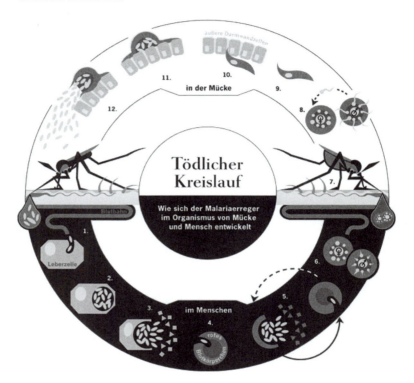

Wer den Sachverhalt nicht verstanden hat, neigt dazu, Fachjargon und Passagen aus Pressemitteilungen zu übernehmen. Denn bevor Journalisten etwas Falsches schreiben, kopieren sie lieber das Kauderwelsch aus der Pressemitteilung. Das geht jedoch zu Lasten der Verständlichkeit und der Unabhängigkeit der Berichterstattung. Kryptische Texte sind oft ein Zeichen dafür, dass der Autor den Sachverhalt nicht richtig durchdrungen hat oder zu faul war, Mühe in eine verständliche Aufbereitung zu investieren (s. Kapitel 7.1: Verständlichkeitsforschung).

 Akribische Recherche ist die Voraussetzung für die verständliche Aufbereitung eines Themas.

Crossmediale Aufbereitung – Verbraucherthemen eignen sich perfekt für die multimediale Aufbereitung. In Print ist der Platz begrenzt. Daher lohnt es sich, zu überlegen, wie das Thema im Internet weiter gesponnen werden kann. Ein Beispiel: Sie schreiben über Diäten. Dann können Sie zum einen die neueste Diät in einem Text vorstellen. Sie können aber auch Tests anbieten, mit denen Leser beispielsweise ihren »Body Mass Index« (BMI) ermitteln oder feststellen können, ob sie essgestört sind. STERN.DE bietet im Schwerpunkt zum Thema Abnehmen Artikel, interaktive Tests sowie ein Gewinnspiel an:

Übergewicht und Diäten
Wege aus der Jojo-Falle
Viele Deutsche fühlen sich unwohl in ihrer Haut und haben auch einen gewichtigen Grund dazu: Mehr als die Hälfte der Frauen und sogar zwei Drittel der Männer bringen zu viele Kilos auf die Waage. Als Dauerdiäter landen sie anschließend in der Jojo-Falle. Aber es gibt Auswege. *Von Nicole Heißmann* mehr...

Gewinnspiel
Diät-Wissen checken und gewinnen
Testen Sie Ihr Wissen rund um das Thema Abnehmen - und gewinnen Sie, mit etwas Glück, ein Kneipp-Wochenende für zwei Personen im vor kurzem neu eröffneten Kneippianum Bad Wörishofen. mehr...

Gesundheits-Check
Habe ich eine Essstörung?
Haben Sie manchmal das Gefühl, dass Sie ihr Essverhalten nicht im Griff haben? Testen Sie, ob Sie an einer *Essstörung* leiden. Sie können diesen *Test* auch für jemanden machen, den Sie gut kennen. mehr...

BMI-Rechner
Zu dick oder zu dünn?

Das Internet ermöglicht, individualisierten Nutzwert zu bieten. Bei einem Vergleich von Berufsunfähigkeitsversicherungen können in Zeitungen und Zeitschriften lediglich die besten Policen für 30-jährige Männer und Frauen abgebildet werden. Diese Information ist zwar für Leser dieses Alters perfekt. Wer älter oder jünger ist, könnte mit Hilfe eines Online-Rechners einfach ermitteln, welcher Tarif für ihn oder sie das beste Preis-Leistungs-Verhältnis bietet (s. Kapitel 5.4: Crossmediale Aufbereitung).

Überlegen Sie schon bei der Recherche, wie sich das Thema multimedial darstellen lässt.

Nachhaltigkeit – Verbraucherjournalisten sollten Lesern Orientierung bieten. Dies gelingt jedoch nur mit klaren Aussagen und einer nachhaltigen Berichterstattung. Das bedeutet, dass sich Redaktionen Gedanken darüber machen sollten, wie ihre Haltung zu einem bestimmten Sachverhalt ist. Nichts ist verwirrender für Verbraucher, als wenn die Zeitung in der einen Woche das Produkt in den Himmel lobt und wenig später explizit davor warnt. Ein Phänomen, das sich oft beobachten lässt, wenn man beispielsweise die Berichterstattung einzelner Medien zur privaten Altersvorsorge analysiert. Da preisen einige Artikel die Vorzüge der Riester-Rente an, während andere dringend von dieser Form der staatlich geförderten Altersvorsorge abraten. BILD ist nur ein Beispiel für dieses Vorgehen:

RENTEN-ALARM
Euro-Krise schmilzt Altersvorsorge!
Der große Renten-Alarm: Betroffen sind allein 17 Mio. Deutsche, die mit Betriebsrenten vorsorgen. Gefährlich wird es aber auch für Riester-Sparer!

ALTERSVORSORGE
Riester-Versicherungen: Welche ist die beste?
Spitzenreiter bei der privaten Altersvorsorge ist das Riester-Sparen. Das Institut für Vorsorge und Finanzplanung hat nun die Angebote getestet. mehr...

REIN ODER RAUS?
Totales Wirrwarr um Riester-Rente
Riesige Verunsicherung bei allen Riester-Sparern! Zehn Jahre nach Einführung der Riester-Rente gibt es massive Kritik an der staatlich geförderten Altersvorsorge.

ÜBER 400 EURO IM JAHR
Diese Prämien gibt's für Azubis vom Staat
Riester, Sparzulage, Wohnungsbauprämie: Azubis haben Anspruch auf Zulagen von Vater Staat. Über 400 Euro sind im ersten Lehrjahr drin! mehr...

BILANZ VON EXPERTEN
Riester-Rente lohnt sich nicht
Miese Bilanz nach 10 Jahren Riester-Rente: Nur wer ein hohes Alter erreicht, erzielt lohnende Renditen! Das haben die Wirtschafts-Forscher vom DIW in Berlin ermittelt.

Ähnlich widersprüchlich sind oft Artikel zum Thema Bausparen. Ist Bausparen nun per se sinnvoll oder schlecht oder kommt es nicht – wie bei der Riester-Rente – auf Produkt und Rahmenbedingungen an? Wer ständig seine grundsätzliche Haltung zu einem Produkt, einer Diät oder einer Vorsorgeform ändert, verwirrt den Leser und lässt ihn allein. Eine sehr gute nachhaltige Berichterstattung bietet beispielsweise FINANZTEST. Die Redaktion findet etwa die Riester-Rente seit ihrer Einführung grundsätzlich gut. Das Hin und Her in der Berichterstattung zu dieser Form der staatlich geförderten Altersvorsorge gibt es bei FINANZTEST nicht.

Literatur

Eickelkamp, Andreas (2011): Der Nutzwertjournalismus. Köln: Halem Verlag.
Wolff, Volker (2011): Zeitungs- und Zeitschriftenjournalismus. Konstanz: UVK.

2 Verbraucherjournalismus in verschiedenen Medien

Ganz gleich ob Zeitung, Zeitschrift, Online, Fernsehen oder Hörfunk: Medien bieten immer öfter Nutzwert an. Grundsätzlich wächst mit dem Angebot an Lebenshilfe die Zahl potenzieller Auftraggeber oder Abnehmer. Inwiefern freie Autoren mit ihren Beiträgen gefragt sind, hängt jedoch vom jeweiligen Medium ab. Gerade Fachleute haben als Freie gute Chancen, weil festangestellte Redakteure zunehmend mit organisatorischen Aufgaben und der Verwaltung von Inhalten befasst sind. Insbesondere Publikumsmessen bieten gute Möglichkeiten für Aufträge. Denn Medien stellen regelmäßig Trends und Neuheiten vor, die auf diesen Messen präsentiert werden. Und gerade Regionalzeitungen haben oft nicht ausreichend Personal oder Geld, Redakteure auf die zahlreichen Messen zu entsenden. Intensiv berichtet wird beispielsweise über die Internationale Funkausstellung (ifa) in Berlin, die Cebit in Hannover, die Internationale Automobilausstellung (IAA) in Frankfurt, den Caravansalon in Düsseldorf, die Eurobike und die Outdoor in Friedrichshafen, die Anuga oder Photokina in Köln – um einige zu nennen. Doch auskömmlich ist die Berichterstattung nur für Autoren, die ihre Artikel mehrfach verwerten oder hin und wieder für Zeitschriften oder Kundenzeitschriften schreiben. Denn diese zahlen besser als Zeitungen. Journalisten sollten die Spielregeln der unterschiedlichen Medien kennen – denn sie entscheiden darüber, wie Nutzwertbeiträge zu gestalten sind. Im Folgenden werden einige potenzielle Arbeitgeber vorgestellt sowie die Besonderheiten einzelner Medien angerissen.

2.1 Zeitungen und Zeitschriften

Zeitungen und Zeitschriften haben entscheidende Vorteile gegenüber audiovisuellen Medien: In Print lassen sich Verbraucherthemen zum einen schnell realisieren. Sie müssen nicht erst ein Kamerateam organisieren oder sich Gedanken über die Bebilderung des Themas oder die Beschaffung von O-Tönen machen. Zum anderen können Leser Zeitungen und Zeitschriften abermals zur Hand nehmen, wenn sie etwas bei erstmaliger Lektüre nicht verstanden haben.

Sehr gut lässt sich Nutzwert in **Zeitschriften** darstellen. MEN'S HEALTH zeigt regelmäßig den Weg zum perfekten Waschbrettbauch, BEEF erzählt, welche Fleischsorten sich auf welchem Grill besonders gut machen und NIDO gibt Eltern Tipps, wie sie ihre Sprösslinge zeitgemäß erziehen. Im ersten Quartal 2014 gab es 1587 Publikumszeitschriften – so viele wie noch nie (VDZ). Das Angebot bedient die Interessen und Bedürfnisse, die sich aus der zunehmenden Individualisierung der Gesellschaft ergeben. Der Golf-Fan möchte wissen, was von den neuen Schlägern zu halten ist, Verliebte wünschen Tipps für ein gelungenes Candle-Light-Dinner und Eltern möchten wissen, wo sie am besten den Kindergeburtstag des Sprösslings feiern. Die jeweiligen Zielgruppen von Special-Interest-Magazinen sind klar umrissen, so dass Themen exakt auf diese zugeschnitten werden können. So lässt sich leicht relevanter Nutzwert realisieren.

Je nach Zeitgeist ist unterschiedliche Lebenshilfe gefragt. Dieses Phänomen lässt sich leicht an einem Zeitungskiosk oder der Auflagenentwicklung einzelner Magazine ablesen. In den 60er-Jahren wurde Lebenshilfe vor allem in Frauenzeitschriften geboten. Es folgten Heimwerker-, Hobby- und Reisezeitschriften (Neumann-Bechstein 1994, 259). Im Jahr 2000, als die Börsen Höchststände markierten, kamen zahlreiche Anlegermagazine wie TELEBÖRSE, AKTIENRESEARCH, oder die FINANCIAL TIMES DEUTSCHLAND auf den Markt. Von diesen Publikationen existiert heute keine mehr. Dafür verkaufen sich aktuell Zeitschriften wie LANDLUST oder MEIN SCHÖNES LAND gut. Magazine, die den Bürgern Tipps zu Garten, Küche, Landleben und Natur geben und die den aktuellen Trend zum Cocooning, den Rückzug ins Privatleben, bedienen:

> »Heute dient das Land dem konsummüden Metropolenbewohner als Arkadien. Besser gesagt: seine Idealvorstellung davon, die sich speist aus Rückzugssehnsüchten, Landliebe-Werbung und Manufactum-Katalog. Das Land dient dem Städter als Projektionsfläche des Echten und Ursprünglichen, ja, des Wahren und Guten. Am augenscheinlichsten macht sich dieser Trend in Zeitschriftenregalen bemerkbar, in denen sich zu Landlust […] Titel wie Landluft, Landidee, Landspiegel, Liebes Land, Mein schönes Land oder Landhaus Living gesellen.« (Hartmann 2011)

Aber auch Nachrichtenmagazine wie STERN, SPIEGEL oder FOCUS bieten immer öfter Lebenshilfe. Nutzwert auf dem Titel ist für viele Leser ein Kaufargument. So verkauften sich die SPIEGEL-Titel »Natürlich künstlich« und »Die Psycho-Falle« 2013 an den Kiosken sehr gut. Beim STERN griffen Leser besonders oft bei den Titeln »Tricks der Optiker« und »Aufrecht durchs Leben – Was hilft, wenn der Rücken schmerzt« zu (SPIEGEL, 31/2013, 4/2013 und STERN (31/2013, 20/2013, Meedia Cover-Check).

FOCUS war 1993 mit dem Versprechen angetreten »News to use« zu bieten (Disselhoff 2011). Nutzwertige Informationen, übersichtlich dargestellt in Texten mit Zwischenüberschriften, Infokästen und farbigen Infografiken. Kritiker bezeichneten diese Form des Journalismus als »Häppchenjournalismus« und »gedrucktes Fernsehen«. Doch trotz aller Kritik: Relevante Elemente des Münchener Magazins, insbesondere übersichtliche Infografiken oder Zwischenüberschriften, finden sich inzwischen in zahlreichen Zeitschriften und Zeitungen – und im Internet. Da Leute online Texte überwiegend überfliegen und nicht linear lesen, kommt die kleinteilige Darstellung von Inhalten diesem Leseverhalten entgegen (Nielsen 1997b).

Zeitschriften-Redaktionen haben in der Regel mehr Zeit, komplexe Themen zu recherchieren und mehr Möglichkeiten, diese ansprechend darzustellen. Informationen sollten auf Fließtext, Infokästen, Infografiken oder Beispielrechnungen verteilt werden, um den Sachverhalt möglichst leicht verständlich zu präsentieren. Dies lässt sich in Redaktionen mit Grafikern und Layoutern leichter realisieren als in Zeitungen. Ein Sachverhalt kann in Magazinen zudem auf mehreren Seiten erzählt werden (s. Kapitel 5: Formate).

Da für die Recherche in Zeitschriftenredaktionen in der Regel mehr Zeit bleibt als bei Tageszeitungen, sollten Nutzwertjournalisten auch betroffene Personen oder konkrete Beispiele für ihren Artikel suchen. Angenommen, Sie schreiben über Pflegeheime in der Region. Dann könnten Sie Betroffene beispielsweise fragen, welche Schwierigkeiten sich bei der Suche nach einem passenden Heim ergeben. Exemplarische Fälle helfen, komplexe Sachverhalte leicht verständlich zu erläutern. Journalisten steigen idealerweise nicht nur mit einer Szene in den Artikel ein, sondern bauen ihren Text in einem Wechsel aus Szenen und Fakten auf (s. Kapitel 6: Textsorten).

Immer mehr **Tageszeitungen** bieten feste Ratgeberseiten an. Doch Nutzwert sollte sich auch jenseits dieser Seiten zu einer Grundhaltung aller Redakteure entwickeln – ganz gleich, ob diese für das Politik-, das Wirtschaftsressort, das Feuilleton oder den Lokalteil schreiben. Die

Regierung verabschiedet die Rentenreform? Dann erläutern Journalisten idealerweise, welche Konsequenzen sich daraus für den Einzelnen ergeben. Im Ort eröffnet ein neues Fitness-Studio? Dann könnten Autoren die Angebote in der Stadt vergleichen. Welches Studio bietet die meisten Kurse, welches ist besonders günstig? Journalisten sollten potenzielle Fragen der Leser beantworten.

Auch wenn die Darstellungsmöglichkeiten bei Tageszeitungen begrenzter sind als bei Magazinen, sollten Journalisten Nutzwerttexte mit Tabellen, Infokästen oder Verweisen auf weitere Quellen anreichern und so einen zusätzlichen Service bieten. Verbraucherjournalismus lässt sich häufig gut planen. Ein Gesetz wird nicht ohne Ankündigung verabschiedet, auch steht lange im Voraus fest, worüber das Bundesarbeitsgericht oder das Bundessozialgericht urteilen wird. Und saisonale Themen, die immer wieder auftauchen, wie Diäten und der Gebrauchtwagen-Kauf im Frühjahr oder Tipps zu Versicherungen für den Skiurlaub im Winter, lassen sich ebenso langfristig planen und vorbereiten. Mit guter Planung können Verbraucherjournalisten die knappe Zeit für Recherche oder fehlende finanzielle Mittel zumindest zum Teil kompensieren.

In einer Studie wiesen Melanie Kamann und Irene Neverla nach, dass nur wenige Zeitungen ausreichend Personal und Geld haben, um eigene Nutzwerttexte zu produzieren (2007). Die Gefahr ist dann groß, auf PR-Material zurückzugreifen. Denn inzwischen bereiten Unternehmen und Presseagenturen Nutzwerttexte professionell auf – mit einer guten Schreibe und Zusatzelementen wie Fotos, Grafiken, Tabellen oder Beispielrechnungen. Doch Redaktionen, die sich der PR-Texte bedienen, machen sich mittelfristig austauschbar und überflüssig.

Auch **Nachrichtenagenturen** liefern Nutzwerttexte. Der dpa-Themendienst ist beispielsweise die Service-Redaktion der dpa-Gruppe. Die Redaktion liefert journalistische Inhalte zu verschiedenen Bereichen wie Geld und Finanzen, Internet, Gesundheit oder Ernährung.

Nutzwert im Wirtschafts- und Finanzteil

In den 50er- und 60er-Jahren bestand der Wirtschaftsteil in Zeitungen vor allem aus Artikeln über Unternehmer, Börse und Staat. Die Aufmachung war in der Regel lieblos, die Texte gespickt mit Fachbegriffen. Angesprochen wurden sowohl in Regionalzeitungen als auch in überregionalen Medien Vorstände, Börsianer und Finanzexperten: Artikel von Wirtschaftsexperten für Wirtschaftsexperten. Was die Leser wirklich interessierte, spielte lange Zeit keine Rolle. Da erstaunt es kaum, dass der Großteil der Leser den Wirtschaftsteil von Tageszeitungen ungelesen zur Seite legte und Forscher der Arbeit der Wirtschaftsredakteure ein miserables Zeugnis ausstellten:

> »Die Tageszeitungen haben bei der Aufgabe, eine moderne Wirtschaftsberichterstattung für den normalen Konsumenten zu machen, versagt. […] Kein Teil der Zeitung ist journalistisch so einfallslos gestaltet wie der Wirtschaftsteil.« (Langenbucher/Glotz 1969, Nachdruck 1993, 79 f.)

Inzwischen hat sich der Wirtschaftsjournalismus gewandelt – weg von der Produzenten- hin zur Verbraucherperspektive. Viele Tageszeitungen haben in den vergangenen Jahren Verbraucherseiten eingerichtet – vorzugsweise montags, weil am Wochenende Meldungen aus der Wirtschaft dünn gesät sind. Nun werden Leser regelmäßig über die besten Haftpflichtversicherungen, Tages- und Festgeldkonditionen informiert und mit Tipps zum Erben und Vererben versorgt. Bei vielen Wirtschaftsmagazinen wie WIRTSCHAFTSWOCHE oder CAPITAL ist Nutzwert seit langem ein elementarer Bestandteil.

Dieser sollte jedoch nicht nur an die Ratgeberseiten oder die Tage gebunden sein, an denen ein gesonderter Platz für ihn eingeplant ist. Von zahlreichen Entscheidungen in der Wirtschaft sind Leute persönlich betroffen – sei es als Arbeitnehmer, als Steuerzahler, als Anleger oder Immobilienbesitzer. Daher gibt es insbesondere in der Wirtschaft zahlreiche Themen, bei denen sich Journalisten überlegen sollten, welche Fragen sich Leser stellen könnten. Senkt die Europäische Zentralbank die Zinsen, sollten Journalisten Antworten auf die Fragen liefern, was das konkret für Sparer und Kreditnehmer bedeutet. Die Verbraucherperspektive ermöglicht Zeitungen, einen Wirtschaftsjournalismus zu machen, der für viele Leser relevant ist.

Nutzwert im Lokal- und Regionalteil

Die Berichterstattung im Lokalteil bildet Ereignisse und Probleme im Verbreitungsgebiet ab. Viele Verlage glauben, dass die Tageszeitung eine Überlebenschance hat, wenn sie sich auf lokale Berichte, Hintergrund und Nutzwert konzentriert. Denn Neuigkeiten aus der Region sind im Internet oder anderweitig nicht so leicht zu bekommen. Insofern haben Zeitungen bei der regionalen Berichterstattung oft noch ein Alleinstellungsmerkmal.

Die regionale Berichterstattung ist prädestiniert für Nutzwert. »Ohne Service geht heute gar nichts mehr, ob das den Journalisten gefällt oder nicht«, sagte Zeitungsforscher Günther Rager (2010) beim 15. Mainzer Medien Disput, der die Lage des Lokaljournalismus thematisierte. Dabei sollte der Service über die Informationen, welcher Arzt am Wochenende Notdienst hat, welche Filme im Kino gezeigt werden oder wann welcher Gottesdienst stattfindet, hinausgehen. Sicher bieten auch diese Informationen einen wertvollen Service. Doch regional lassen sich viel mehr Bereiche durchleuchten und nutzwertig darstellen. So könnten Journalisten beispielsweise den Service von Behörden unter die Lupe nehmen, die günstigsten Strom- und Gaslieferanten in der Region ermitteln, die Biergärten mit den meisten Biersorten recherchieren oder feststellen, wo es noch freie Betreuungsplätze für Kinder gibt oder was Campingplätze in der Region kosten. Dadurch lassen sich leicht Missstände aufdecken. So stellte etwa die BERLINER MORGENPOST in ihrer groß angelegten Serie »Behördendschungel – Berliner Ämter im Test« den Ämtern in der Hauptstadt ein verheerendes Zeugnis aus. Die Resultate wurden heftig diskutiert und 2001 mit dem Konrad Adenauer Preis für Lokaljournalismus ausgezeichnet. Mit dem Nutzwert im Lokalen sollte auch ein von Michael Haller für den Lokaljournalismus pauschal geforderter Perspektivwechsel einhergehen:

> »Wir versuchen das in Redaktionen immer wieder klarzumachen: ihr müsst einen Perspektivwechsel vornehmen. Nicht immer nur die Perspektive der Veranstalter übernehmen, ob in der Freizeit oder in der Politik. Aber die Veranstalterperspektive ist immer noch weit verbreitet. Ich nenne das Einbahnstraßenjournalismus« (Haller 2010, 24)

Themen, die andere Medien aufgreifen, lassen sich leicht regional »herunterbrechen.« Die BERLINER MORGENPOST testet den Service der Behörden in der Hauptstadt? Dann könnten Regionaljournalisten in Frankfurt oder Düsseldorf prüfen, wie serviceorientiert die Ämter in diesen Städten sind. Ähnlich wie im Wirtschaftsjournalismus sollten Lokaljournalisten, wann immer möglich, die Perspektive des Lesers einnehmen. Welche Aspekte könnten ihn am Thema interessieren? Welche Fragen könnte er sich stellen? Schließlich schreiben Journalisten für ihre Leser. Nichts ist schlimmer als der im Lokaljournalismus nach wie vor weit verbreitete Gefälligkeitsjournalismus zu Geburtstagsfeiern, Firmenjubiläen oder Vereinsfesten. Diese Berichterstattung aus der Perspektive der Veranstalter erfreut dann wirklich nur diese und eventuell noch deren Freunde oder Familien. Den gemeinen Leser sicher nicht.

Die Chancen, Aufträge von Tageszeitungen zu bekommen, stehen für Nutzwertjournalisten nicht schlecht. Mittlerweile fehlt es in vielen Regionalzeitungen an freien Mitarbeitern, da die Bezahlung nicht gerade üppig ist – eine gute Möglichkeit für Neueinsteiger oder Leute, die ein paar Euro hinzuverdienen und in ihrer Heimat herumkommen wollen.

2.2 Hörfunk und Fernsehen

Insbesondere im öffentlich-rechtlichen **Hörfunk** gibt es eine Reihe von Ratgebersendungen. So liefert beispielsweise *Das Verbrauchermagazin* auf B5 AKTUELL sonntags Tipps zur elektronischen Steuererklärung, zu Lebensversicherungen, alternativen Energien und anderen Nutzwertthemen. Der DEUTSCHLANDFUNK überträgt wochentags in der Sendung *Umwelt und Verbraucher* immer einen Verbrauchertipp. Aber auch im privaten Hörfunk findet sich das eine oder andere Nutzwertstück.

Dabei ist das Medium nicht gerade prädestiniert, um komplexe Nutzwertthemen darzustellen. Denn das Radio hat sich mit dem Siegeszug des Fernsehens immer mehr zu einem Nebenbeimedium entwickelt. Konzentriert zugehört wird nicht immer. Daher ist es schwer, Lebenshilfe im Radio zu transportieren. Sender bieten deshalb die Beiträge oder weitere Informationen zum Thema auf ihren Internetseiten und in den Mediatheken an. Dieses Angebot wird von den Zuhörern gezielt genutzt:

> »Das Netz ist ein wichtiger Kommunikationskanal für das Radio und seine Macher. Die Webseite des Radiosenders muss für den Anwender einen klaren Nutzwert haben; man geht bevorzugt anlassbezogen auf die Webseite.« (Kahl/Mende/Neuwöhner 2012, 403).

Radiomacher müssen die Beiträge möglichst leicht verständlich gestalten. Kurze Sätze, pro Satz nicht mehr als eine Information. Mit Zahlen sollte gegeizt werden. Und anders als in Print gilt im Hörfunk: Redundanz statt Varianz. Relevante Inhalte dürfen gerne wiederholt werden. Dann können Zuhörer leichter folgen.

Im **Fernsehen** gibt es eine Reihe etablierter Ratgebersendungen. So wird das Magazin *plusminus* in der ARD seit 1975 ausgestrahlt, *wiso* im ZDF seit 1984. Zudem liefert seit 1971 die ARD-*Ratgeber*-Reihe Nutzwert. Die

Reihe wurde Ende August 2014 eingestellt und durch eine Ratgeber-Reihe unter der Dachmarke *Der Montags-Check* ersetzt. In den Verbrauchersendungen gibt es Tipps, Produkte werden unter die Lupe genommen und Fälle zu Behördenwillkür oder Ärger mit Unternehmen vorgestellt. Auch die dritten Programme bieten regelmäßig Verbrauchersendungen an, wie beispielsweise *Marktcheck* im SWR, WAS! im RBB oder *Servicezeit* im WDR.

Im privaten Fernsehen gibt es zahlreiche Coachingformate. In diesen wird Lebenshilfe unterhaltsam transportiert. So hilft beispielsweise Peter Zwegat auf RTL aus der Schuldenfalle, *Christopher Posch* berät bei rechtlichen Problemen und *Der Restauranttester* gibt Tipps für strauchelnde Restaurantbesitzer. Lebenshilfe wird hier als Infotainment verpackt. So zeigt beispielsweise *Nachbar gegen Nachbar*, ein Spin-off der *Richterin Barbara Salesch* auf SAT 1, Nachbarschaftsstreitigkeiten, die alle vor Gericht enden. VOX mischt in der Sendung *Mieterzoff* scripted reality mit echten Anwälten, die Tipps geben.

Verbraucherthemen – vor allem, wenn es um Versicherungen oder Geldanlage geht – lassen sich im Fernsehen nicht leicht bebildern. In der Regel benötigen Verbrauchersendungen betroffene Personen, anhand derer sie den Sachverhalt schildern können. Diese können Journalisten über Selbsthilfegruppen, Foren oder Soziale Medien finden. Einige nutzen auch Trickfilme oder Zeichnungen, um Sachverhalte darzustellen. Neben Betroffenen sollten auch die involvierten Unternehmen zu Wort kommen. In einer Umfrage der Zeitschrift WIRTSCHAFTSJOURNALIST beklagen Pressesprecher, dass viele Verbraucherjournalisten beim Fernsehen vorgefertigte Meinungen hätten und nicht mehr offen recherchieren würden:

> »Vermeintlicher Verbraucherschutzauftrag geht zusehends zulasten seriöser Berichterstattung und fairer Recherche.« (Wiegand 2013)

Auch wenn es weniger spannend sein mag: Autoren sollten beide Seiten anhören und erst danach eine These für den Beitrag verfassen. Das Vorgehen, zuerst die Kernaussage zu formulieren und dann passende Statements einzusammeln, hat mit ausgewogenem Verbraucherjournalismus wenig zu tun. Auch wenn der Reflex, den Kampf David (Verbraucher) gegen Goliath (Versicherungen, Banken, Strom- oder Telekommunikationsanbieter) zu beschreiben, verlockend sein mag. Eine offene und unvoreingenommene Auseinandersetzung mit Sachverhalten sollte selbstverständlich sein. Das fordert auch der Schweizer Journalist Constantin Seibt:

»Es ist immer klüger, nicht mit einem Ergebnis einzusteigen, sondern mit einem Fragezeichen. Perfekt, wenn die Frage so offen wie möglich ist. Aber selbst wenn Sie bedauerlicherweise von etwas überzeugt sind, ist die Frage fruchtbarer als die Behauptung. Also nicht: ›Die Orks sind Schurken.‹ Sondern: ›Warum sind die Orks Schurken?‹ Oder: ›Warum sind die Orks so unerfolgreiche Schurken?‹ « (Seibt 04.01.2013)

2.3 Internet

Nutzwert lässt sich wunderbar multimedial darstellen und im Internet individualisieren. Denn online können Redaktionen Vergleichsrechner und Tabellen anbieten, anhand derer jeder seine persönliche Ersparnis oder das Produkt mit dem besten Preis-Leistungs-Verhältnis ermitteln kann – vorausgesetzt, die angebotenen Rechner sind unabhängig und decken einen Großteil der angebotenen Tarife ab.

Im Internet ist inzwischen jede Zeitung, jedes Magazin, jeder Hörfunk- und Fernsehsender mit einer eigenen Seite vertreten. Auf vielen Seiten finden sich spezielle Rubriken für Verbraucher. So bietet beispielsweise SPIEGEL ONLINE unter *Wirtschaft* den Unterpunkt *Verbraucher & Service* mit nutzwertigen Artikeln. WELT ONLINE veröffentlicht Nutzwertiges unter den Reitern *Geld*, *Reise* und *Motor*.

Das Internet bietet eine Reihe von Darstellungsmöglichkeiten wie Audio-Slideshows, Podcasts, Videos oder animierte Grafiken. Mit Hilfe von Videos und Grafiken lassen sich komplexe Abläufe leicht verständlich erläutern. Wie funktioniert beispielsweise ein Elektroauto? Eine Audio-Slideshow kann ein ergänzendes atmosphärisches Element zu einem Nutzwerttext sein. Zu entsprechenden Fotos können Journalisten beispielsweise Betroffene erzählen lassen, welche Schwierigkeiten sich bei der Suche nach einem Pflegeplatz ergeben. Was geht in einem vor, wenn man seine Mutter in ein Pflegeheim gibt? Diese Darstellungsformen sind jedoch vergleichsweise aufwändig (s. Kapitel 6.6: Crossmediale Darstellungsformen). Inzwischen experimentieren einige Verlage auch mit innovativen crossmedialen Erzählformen. Eines der renommiertesten Projekte im digitalen Storytelling ist »Snow Fall« der NEW YORK TIMES aus dem Jahr 2012 (http://www.nytimes.com/projects/2012/snow-fall/#/?part=tunnel-creek). Inzwischen hat auch der SPIEGEL mit »Mein Vater – ein Werwolf« ein digitales Storytelling-Projekt realisiert (www.spiegel.de/politik/deutschland/

nazi-werwolf-spiegel-reporter-schnibben-ueber-seinen-vater-moerder-a-963465.html).

Auch wenn das Internet zahlreiche Darstellungsformen bietet, sollten Journalisten überlegen, welche Form für welche Inhalte die passende ist. Ist es wirklich attraktiv, das Gespräch mit einem Steuerberater zu filmen und daraus ein Video zu produzieren? Oder wäre es in Ermangelung spannender Bilder beim Interview nicht besser, den Experten im Text zu zitieren? Und auch wenn die Furcht, Leser von der eigenen Seite wegzulocken groß ist: Redaktionen sollten online die Chance nutzen, auf relevante Seiten, die Ergänzendes zum Thema bieten, zu verlinken. Ganz nach der Forderung von Jeff Jarvis: »Cover what you do best. Link to the rest« (22.02.2007).

Für unterschiedliche Themenbereiche wie Finanzen, Gesundheit, Technik, Erziehung, Recht oder Energie gibt es inzwischen auch eine Reihe von Blogs. In diesen erfahren Leser auch Nutzwertiges zu den verschiedenen Themenbereichen. Relevant ist jedoch, wer den Blog betreibt und wie unabhängig dieser ist. Eine Liste relevanter Verbraucher-Blogs finden Sie im Internet.

2.4 Kundenzeitschriften

An Bedeutung stark gewonnen haben in den vergangenen Jahren Kundenmagazine. Diese werden als Teil des Corporate Publishing – der Unternehmenskommunikation mit eigenen Medien – von Unternehmen eingesetzt,

> »um die Themen- und Tätigkeitsfelder des Unternehmens glaubwürdig nach innen und außen darzustellen, die Wahrnehmung des Unternehmens in der Öffentlichkeit zu erhöhen und eine langfristige Beziehung zu den verschiedenen Bezugsgruppen durch eine mediengerechte, dialogorientierte Ansprache mit zielgruppenspezifischen Inhalten zu pflegen und auszubauen« (Mast 2008, 584).

Kundenzeitschriften enthalten in der Regel einen redaktionellen und einen werblichen Teil. Sie richten sich an Privat- oder Geschäftskunden und informieren über Produkte und Neuheiten. Daneben bieten sie, etwa mit Rätseln, auch Unterhaltung und Service. Viele Kundenzeitschriften sind aufgrund ansehnlicher Auflagenzahlen einem großen Publikum bekannt. 500.000 Exemplare von DB MOBIL liegen beispielsweise jeden

Monat in Zügen und Reisezentren aus. Die APOTHEKEN UMSCHAU wird jeden Monat knapp zehn Millionen Mal an Apotheken verkauft und von 21 Millionen Menschen gelesen (AWA 2011; Schulz 2012). In vielen Kundenzeitschriften ist Lebenshilfe elementarer Bestandteil. Nutzwert wird hier in erster Linie als Service geboten, nicht jedoch in Form einer kritischen Berichterstattung. In der APOTHEKEN UMSCHAU erfahren Leser Wissenswertes über Behandlungsmöglichkeiten verschiedener Krankheiten und erhalten Tipps zu gesunder Ernährung. Auf der Bahnfahrt können sich Reisende in DB MOBIL, dem Kundenmagazin der Bahn, über interessante Städtetrips, Zugreisen oder spannende Literatur informieren. Und die BÄCKERBLUME, die in Bäckereien ausliegt, enthält interessante Rezepte. Das, was für die Darstellung von Nutzwertthemen in Magazinen gilt, gilt auch für Kundenzeitschriften. Nutzwertiges sollte leicht verständlich und übersichtlich dargestellt werden. An Online-Ausgaben oder Apps von Kundenmagazinen werden heute die gleichen Anforderungen gestellt wie an journalistische Produkte. So arbeiten beispielsweise bei G+J Corporate Editors, die unter anderen DB MOBIL oder das LUFTHANSA MAGAZIN produzieren, renommierte Journalisten und versierte Grafiker.

Literatur

Mast, Claudia (2012): ABC des Journalismus. Konstanz: UVK.
Müller, Sandra (2014): Radio machen. Konstanz: UVK.
Werner, Horst (2009): Fernsehen machen. Konstanz: UVK.

3 Themen finden

Täglich erreichen Redaktionen Tausende Meldungen. Journalisten müssen die Nachrichtenagenturen im Blick behalten, ebenso Konkurrenzmedien, Pressemitteilungen sowie die Diskussionen in Sozialen Netzwerken. Unaufhörlich wandern Informationen zu neuen Gesetzen, Urteilen, Unfällen sowie Studien über den Nachrichtenticker und in den Posteingang. Allein die Presseagentur dpa versendet an einem Tag im Basisdienst durchschnittlich 750 Meldungen (dpa 2014). In diesem Angebot findet sich eine Vielzahl von Ansätzen für spannende Verbraucherthemen. Sie müssen nur entdeckt und entsprechend präsentiert werden.

Für einige Journalisten liegt die Schwierigkeit jedoch gerade darin, Themen zu finden. Dabei reicht es oft, Sachverhalte kritisch zu hinterfragen. Vor allem dürfen sich Redakteure nicht nur mit Dingen beschäftigen, die sie persönlich interessieren. Vielmehr sollten Medien Sachverhalte thematisieren, die die Nutzer ansprechen und die aktuell und relevant sind. Doch wann ist ein Thema ein Thema? Und wie wird aus einer Idee guter Nutzwert?

3.1 Nachrichtenwerttheorie

Eine Idee ist nicht gleich ein Thema und erst recht keine gute Geschichte. Wenn Sie in der Konferenz vorschlagen, mal wieder was zum Thema Kindererziehung oder Altersvorsorge zu machen, greift das zu kurz. Sie müssen recherchieren, lesen und sich Gedanken machen, wie Sie Ihre Idee zu einem Thema und dann auch zu einer packenden Geschichte entwickeln können – und dabei die Zielgruppe nicht aus den Augen verlieren. Wie Sie Themen finden, erfahren Sie in diesem Kapitel, wie Sie daraus einen spannenden Artikel machen, in Kapitel 6.

Die Nachrichtenwerttheorie liefert Ansätze, welche Themen Redakteure auswählen. Sie zeigt zudem, anhand welcher Kriterien Journalisten entscheiden, wie umfassend sie über einzelne Themen berichten und wo sie diese platzieren. Walter Lippmann beschäftigte sich erstmals 1922 mit dem sogenannten »news value«. Danach ist ein Ereignis neben anderen Kriterien

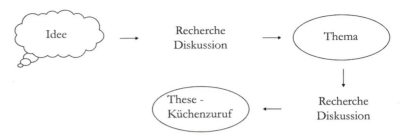

Wie wird aus einer Idee ein Thema?[1]
(eigene Darstellung)

für Journalisten berichtenswert, wenn es aktuell ist, sich in geografischer Nähe ereignet oder einen Konflikt beinhaltet. Medienwissenschaftler haben die Theorie von Lippmann stetig weiterentwickelt (u. a. Schulz 1976; Kepplinger 1998). Zahlreiche Lehrbücher greifen auf die Nachrichtenwerttheorie zurück, um angehenden Journalisten Tipps zu geben, welche Aspekte ein Ereignis erfüllen sollte, um zu einem Thema zu werden. Die folgenden sieben Kriterien sind auch für Nutzwertjournalisten relevant.

Nachrichtenwerte im Verbraucherjournalismus
- **Aktualität**
- **geografische Nähe**
- **Konflikt – David gegen Goliath**
- **Nutzwert**
- **persönliche Betroffenheit**
- **Relevanz**
- **Gesprächs- und Unterhaltungswert**

Aktualität – Ein Thema ist aktuell, wenn es sich jüngst ereignet hat. Die Europäische Zentralbank tagt jeden ersten Donnerstag im Monat. Entscheidet das Gremium, den Leitzins zu senken oder zu erhöhen, handelt es sich um ein aktuelles Thema. Aktualität können Redakteure jedoch auch selbst schaffen. Wenn Sie beispielsweise im heißen Sommer die besten Schwimmbäder und Eisdielen in der Region testen und den Lesern mitteilen, wo sie gut und günstig trinken und speisen können, haben Sie Aktualität hergestellt. Das gilt auch, wenn Sie im Winter die attraktivsten Skigebiete auflisten oder recherchieren, wo man in der Region gut Schlittschuhlaufen kann.

---

[1] Erläuterungen zum Küchenzuruf finden Sie in Kapitel 3.4

Geografische Nähe – Viele Leute sind stärker an Ereignissen interessiert, die sich in ihrem Ort oder in ihrer Nachbarschaft ereignen als etwa in Burkina Faso oder Bangladesch. Von Geschehnissen im Ort sind viele Mediennutzer persönlich betroffen. Wird beispielsweise diskutiert, ob eine Umgehungsstraße gebaut wird oder nicht, interessieren sich die Leser der Lokalzeitung für das Thema. Schließlich geht es um die Entscheidung, ob weiterhin Hunderte Lastwagen und Autos durch ihren Ort fahren, oder ob sie künftig ruhig schlafen können.

Konflikt – Zahlreiche Werke in Literatur und Film basieren auf der Auseinandersetzung zwischen Gut und Böse. Konflikte wecken oft das Interesse von Mediennutzern, da diese meist mit einer Seite mitfiebern und wissen möchten, wer letztendlich gewinnt. Dieses Prinzip machen sich Verbraucherjournalisten insbesondere im Fernsehen zunutze. Viele Beiträge werden als Konflikt zwischen Gut und Böse – zwischen David und Goliath – konzipiert. Diese Konstellation funktioniert immer, wenn Redakteure einen oder mehrere betroffene Verbraucher gefunden haben, anhand derer sie ihre Geschichte erzählen können. So berichtet beispielsweise das Verbrauchermagazin *wiso* von einigen Fällen, in denen Berufsunfähigkeits- und Haftpflicht-Versicherungen im Schadensfall nicht sofort gezahlt haben (*wiso*, 21.10.2013). Ein Beitrag nach dem klassischen Schema David (Verbraucher) gegen Goliath (Versicherung).

Nutzwert – Ein Nachrichtenwert ist dem Verbraucherjournalismus immanent: Service- und Verbrauchertexte liefern per se einen Nutzwert. Wenn Journalisten Lesern Tipps geben, wie sie einen knackigen Po bekommen, wie sie in kürzester Zeit viele Kilos verlieren oder welche Variante geeignet ist, um für das Alter vorzusorgen, liefern sie Lebenshilfe und somit einen Nutzwert. Verbraucherthemen werden stark beachtet und gelesen – sofern die Zielgruppe des Mediums mit dem Thema angesprochen wird (s. Kapitel 3.2: Zielgruppen).

Persönliche Betroffenheit – Berührt das Thema viele Leser, gesellt sich zum Nutzwert ein weiteres elementares Kriterium: die persönliche Betroffenheit. Tipps zur Organisation eines Kindergeburtstags werden diejenigen lesen, die selbst Kinder haben oder die ein solches Ereignis organisieren sollen. Ebenso werden vor allem Fleischliebhaber zum Magazin BEEF greifen, um Tipps zum Grillen von Steaks zu erhalten. Veganer dürften das Heft links liegen lassen.

Relevanz – Idealerweise kennen Journalisten die Zielgruppe, für die sie schreiben. Ein Thema ist dann wichtig und wird von den Mediennutzern geschätzt, wenn möglichst viele davon angesprochen werden bzw. betroffen sind. Dass BILD.DE nach einer Haiattacke auf Hawaii aufklärt, was zu tun ist, wenn jemand seinen Arm verliert, ist kurioser Nutzwert – von großer Relevanz ist das Thema nicht. Kaum ein Leser wird jemals in die Situation geraten, dass er nach einem Haiangriff erste Hilfe leisten muss. Der Artikel dürfte trotz allem stark gelesen worden sein, da das Thema überrascht:

> Hai-Opfer in »kritischem Zustand«
> Was passiert, wenn der Arm abgerissen wird?

Gesprächs- und Unterhaltungswert – An Bedeutung gewonnen hat in den vergangenen Jahren der Gesprächs- und Unterhaltungswert einer Nachricht. Vieles wird heute – insbesondere im Fernsehen – dem Kriterium Infotainment unterworfen. Beiträge sollen nicht nur trockene Informationen liefern, sondern auch unterhalten. Im Fernsehen haben sich Verbrauchersendungen wie etwa *Raus aus den Schulden* bei RTL etabliert, in denen Informationen und Tipps unterhaltsam vermittelt werden. Dank Schuldnerberater Peter Zwegat wissen heute viele, dass überschuldete Verbraucher Insolvenz beantragen können und was sie dabei beachten müssen. Ob ein Thema einen Gesprächswert hat, können Sie mit einer einfachen Frage testen: Würden Sie das Thema bei einem Kneipenbesuch mit Ihren Freunden ansprechen und diskutieren? Wenn Sie die Frage vorbehaltlos mit »ja« beantworten, hat das Thema einen Gesprächswert. Nehmen wir ein Beispiel. Meldung eins: Das Bundeskartellamt lehnt ab, die Übernahme von Kabel Deutschland zu prüfen. Meldung zwei: Der Präsident des FC Bayern, Uli Hoeneß, zeigt sich wegen Steuerhinterziehung selbst an. Was meinen Sie, sorgt für mehr Gesprächsstoff?

Je mehr der sieben genannten Kriterien ein Ereignis erfüllt, umso größer ist sein Nachrichtenwert.

Konstruieren wir ein einfaches Beispiel mit hohem Nachrichtenwert: »Die Europäische Zentralbank senkt den Leitzins« (Aktualität). Jetzt könnten Sie nach wenigen Wochen bei den Banken im Verbreitungsgebiet Ihres Mediums recherchieren, welche Institute ihren Kunden niedrigere Zinsen bieten (geografische Nähe). Denn normalerweise müssten nach dieser Aktion der Zentralbank die Zinsen für Sparer und die für Kreditnehmer bei den Banken sinken. Frühere Untersuchungen zeigen, dass die Zinsen für die Sparer schnell nach unten korrigiert werden und sich die Institute bei den Kreditzinsen mitunter Zeit lassen. Wie sieht es bei den Banken in Ihrer Region aus? Wenn Sie auflisten, wie hoch die Spar- und die Dispozinsen der Banken sind und daraus eine Tabelle erstellen, bieten Sie Nutzwert. Dadurch erreichen Sie auch persönliche Betroffenheit und eine hohe Relevanz, da viele Leser bei einem der Institute Kunde sein dürften. Und Gesprächsstoff bieten Sie mit dem Vergleich allemal: Entweder regen sich die Leute auf, dass ihre Bank horrende Dispozinsen verlangt oder sie freuen sich, dass ihr Institut geringe Zinsen berechnet. ZEIT ONLINE stellte beispielsweise 2013 einen bundesweiten Vergleich von Dispozinsen anschaulich in einer Deutschlandkarte dar:

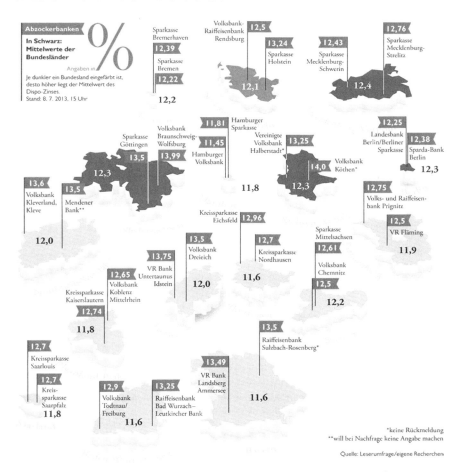

Je mehr Kriterien Ihre Themenidee im Sinn der Nachrichtenwerttheorie erfüllt, umso besser kommt Ihr Artikel bei der Zielgruppe an.

3.2 Zielgruppen

Wer guten Nutzwert machen möchte, muss wissen, für wen er schreibt. Themen, die eine Vielzahl der Leser ansprechen, und die passende Aufbereitung lassen sich nur dann finden, wenn man die Zielgruppe kennt. In wie viele Publika sich das Publikum inzwischen aufgespalten hat, zeigt ein Blick in einen Zeitschriftenladen. Für jedes Hobby, ganz gleich ob Segeln, Joggen, Kitesurfing, Tauchen, Stricken oder Philosophie gibt es die passende Zeitschrift. Nach Angaben des Verbands Deutscher Zeitschriftenverleger gab es im ersten Quartal 2014 insgesamt 1587 Zeitschriften – gut 500 mehr als noch vor 15 Jahren. Es existiert eine Vielzahl von Studien, wie etwa die Allensbacher Markt- und Werbeträgeranalyse (AWA) oder die Leseranalyse Entscheidungsträger in Wirtschaft und Verwaltung (LAE), die Mediennutzer analysieren. Aus den Studien geht hervor, wie viel die Leser verdienen, ob sie Photovoltaikanlagen besitzen, welchen Hobbys sie nachgehen und für welche Bereiche sie sich interessieren. Die Schwierigkeit in einigen Medienunternehmen ist jedoch, dass viele Ergebnisse der Marktforschung vom Marketing nicht oder in verkürzter Form an Redaktionen weitergeleitet werden. Für viele Redakteure ist der Nutzer daher ein nebulöses Wesen. Einige Medienunternehmen haben die Relevanz einer klar umrissenen Zielgruppe jedoch erkannt und hängen Porträts imaginärer Leser bzw. Zuschauer in den Redaktionsräumen auf. Damit haben die Redakteure diese sprichwörtlich immer im Blick.

Verbraucherjournalismus ist Zielgruppenjournalismus.

Seine Kunden zu kennen, ist für Nutzwertjournalisten elementar. Für die richtige Themenwahl sollten Journalisten beispielsweise wissen, ob die Leser überwiegend Mieter oder Eigentümer sind. Ein Medium, deren Leserschaft vor allem Miete zahlt, freut sich über Beiträge, in denen die Rechte von Mietern thematisiert werden oder in denen Sie herausarbeiten, wie sich Einzelne vor Mieterhöhungen schützen können. Diese Thematik dürfte Eigenheimbesitzer weniger interessieren.

3.3 Aktuelle Ereignisse

Aktuelle Nachrichten bieten immer noch die besten Ansätze für Verbraucherthemen. Diese Themen bewegen die Leser. Darüber wollen sie mehr wissen. Denken Sie über die eigentliche Nachricht hinaus: Welche Fragen stellen sich die Mediennutzer zu dem Thema? Finden Sie Antworten, geben Sie Tipps und schon haben Sie ein ansprechendes Verbraucherthema gefunden.

Wenn der Ex-Schalke-Manager Rudi Assauer verrät, an Alzheimer erkrankt zu sein, interessieren sich die Leute dafür, wie sie die Krankheit erkennen und wie sich deren Fortschreiten verlangsamen lässt. Das Magazin STERN (6/2012) beantwortet in der Ausgabe mit Assauers Geständnis »Ich habe Alzheimer« die wichtigsten Fragen zu der tückischen Krankheit und zeigt Therapiemöglichkeiten und Anlaufstellen auf. Ein Nutzwertartikel par excellence.

Diagnose Alzheimer
Ein Abschied auf Raten

Es ist ein verzweifelter Kampf gegen das Vergessen. So wie Schalkes Ex-Manager Rudi Assauer leiden Hunderttausende Menschen in Deutschland unter Alzheimer. Das Wichtigste zur Volkskrankheit. *Von Lea Wolz*

"Wie ausgewechselt - verblassende Erinnerungen an mein Leben" hat der ehemalige Bundesliga-Manager Rudi Assauer seiner Autobiografie genannt, in der er über sein Leben mit der Krankheit Alzheimer schreibt. Tatsächlich bedeutet die Erkrankung einen langsamen Abschied aus der Welt: Schleichend schwindet der Geist und der Mensch verändert sich. stern.de beantwortet die wichtigsten Fragen zu dem Leiden, das immer mehr Bundesbürger betrifft.

Der ehemalige Schalke 04-Trainer Ralf Rangnick gibt seinen Job auf, Starkoch Tim Mälzer und Professorin Miriam Meckel nehmen eine Auszeit – alle, weil sie ausgebrannt sind. Die Ereignisse könnten ein Anlass sein, über Burnout zu berichten. Wie erkenne ich, dass ich gefährdet bin? Wo erhalte ich Rat und Hilfe? Wenn ein Schicksal oder eine Krankheit einen Promi trifft, ist die Aufmerksamkeit besonders hoch. Daher sollten Sie in diesen Fällen sämtliche Fragen zum Thema beantworten, Bedenken ausräumen und Hilfe bieten. Der STERN nimmt das Schicksal der Kabarettistin Gaby Köster zum Anlass, über die Volkskrankheit Schlaganfall zu berichten. Der Leser erfährt, wie er vorbeugen, Warnsignale erkennen kann und was im Ernstfall zu tun ist. STERN.DE bietet Lesern zudem einen Test an, mit dem jeder sein persönliches Risiko, einen Schlaganfalls zu erleiden, ermitteln kann:

Schlaganfall
Es kann jeden treffen
Der Fall Gaby Köster rückt eine Krankheit ins Licht, unter der jährlich 250.000 Menschen leiden: den Schlaganfall. Welche Folgen das für die Betroffenen hat, was die Ursachen sind und wie man sich schützen kann.

Online-Test
Überprüfen Sie Ihr Schlaganfall-Risiko
Wie hoch ist das persönliche Risiko, einen Schlaganfall zu erleiden? Die Schlaganfall-Hilfe hat dafür einen umfassenden Selbsttest entwickelt, den Sie ganz einfach online durchführen können.

Schauspielerin Angelina Jolie lässt sich aus Angst, an Brustkrebs zu erkranken, beide Brüste amputieren. Dieser Schritt der Schauspielerin wirft zahlreiche Fragen auf. Wie erkenne ich, dass ich genetisch vorbelastet bin? Kann jeder einfach einen Gentest machen, um Gewissheit zu erhalten? Wann ist es sinnvoll, den Schritt einer Amputation zu gehen? Welche Kosten übernimmt die Krankenversicherung? Können die Brüste rekonstruiert werden? Ist das Risiko, an Krebs zu erkranken, mit der Amputation zu 100 Prozent ausgeschlossen? SPIEGEL ONLINE wirbt damit, die wichtigsten Fragen zum Thema zu beantworten:

Genetisches Brustkrebsrisiko:
Wann eine vorbeugende Amputation sinnvoll ist
Ein Gentest bescheinigte Angelina Jolie ein extrem hohes Brustkrebsrisiko, die Schauspielerin ließ sich beide Brüste vorsorglich amputieren. Auch in Deutschland sind solche Tests möglich. Die wichtigsten Fragen zum Brustkrebsrisiko, den Genen und der Operation im Überblick.

Sie benötigen jedoch nicht zwingend einen Promi, um aktuelle Themen zu finden, die viele Mediennutzer bewegen. Ein Beispiel: In Ägypten eskaliert die Gewalt, das Auswärtige Amt gibt eine Teilreisewarnung heraus. Nun sollten Sie mögliche Fragen betroffener Reisender beantworten. Was passiert mit meinem gebuchten Urlaub? Erhalte ich mein Geld zurück? Und was hat es mit der Teilreisewarnung auf sich? Auch bei

Meldungen zu mangelhafter Wasserqualität von Badeseen oder zur Verbreitung des Ebolavirus sollten Sie die Leser mit ihren Fragen und Sorgen ernst nehmen und Tipps geben, wie sie sich und ihre Familien schützen können.

Stellen Sie sich bei jeder Nachricht die Frage, ob sich daraus Konsequenzen oder Fragen für den Leser ergeben, die beantwortet werden müssen.

Aus aktuellen Nachrichten eine Verbrauchergeschichte zu machen, ist keine Kunst. Es erfordert vor allem ein Umdenken. Geben Sie sich nicht damit zufrieden, Beschlüsse, Urteile, Katastrophen oder Trends zu melden. Als kompetenter Journalist müssen Sie einen Schritt weiter denken und sich bei jeder Nachricht die Frage stellen, ob sich daraus Konsequenzen für den Leser oder Fragen ergeben, die beantwortet werden müssen. Nehmen Sie die Perspektive eines Betroffenen ein. Welche Folgen haben das Urteil zur steuerlichen Absetzbarkeit von Studiengebühren, neue Gesetze oder steigende Strompreise für den Leser? Geben Sie Tipps und Informationen, damit der Leser weiß, wie er das Beste für sich herausholen kann.

Dass etwa die Bundesregierung den Pflege-Riester bzw. den Pflege-Bahr auf den Weg bringt und welche Argumente die einzelnen Parteien zu diesem Thema austauschen ist zweifelsohne berichtenswert. Doch interessanter als die parteipolitischen Querelen sind für die Leser Informationen zur neuen Regelung. Wer profitiert von Pflege-Riester? Kann ich eine entsprechende Versicherung abschließen? Worauf muss ich achten, wie hoch ist die Förderung und vor allem: Rechnet sich das Ganze für mich? Diese Fragen müssen Sie beantworten, wenn Sie Ihren Lesern Service und Orientierung bieten wollen. Der typische Reflex bei politischen Entscheidungen ist, diese aus dem Blickwinkel des politischen Berlins zu kommentieren. Die Tageszeitung DIE WELT veröffentlicht beispielsweise zum Pflege-Riester einen Bericht mit zahlreichen Stimmen aus der Politik. Worum es bei dem neuen Produkt geht, wird in einem Absatz abgehandelt:

> **»Pflege-Bahr« soll die Vorsorge beleben**
> Für die Kritiker ist der staatliche Zuschuss eine Verschwendung, für den Minister allerdings der erhoffte Einstieg in die Kapitaldeckung

Zudem kommentiert die Zeitung die staatliche Förderung der privaten Pflegeversicherung:

Ein Fünfer für Bahr
Die Förderung privater Pflegeversicherung ist nur ein Feigenblatt

Der Kommentar entspringt einer politischen Binnensicht, die vor allem die Kreise um Daniel Bahr und politisch Interessierte bewegen dürfte. Was diese Neuregelung jedoch für den Leser konkret bedeutet und ob es sich lohnt, über die geförderte Pflegeversicherung nachzudenken, erfährt der Leser in der WELT an diesem Tag nicht. Damit vergibt die Zeitung eine Chance, dieses trockene Thema attraktiv zu präsentieren.

FAZ.NET beleuchtet am selben Tag das Thema explizit aus der Perspektive der Leser. Relevante Fragen, die sich Interessierte stellen könnten, beantwortet die Autorin – ein guter Service für die Leser:

> Private Pflegeversicherung
> **Was bringt der neue »Pflege-Riester«?**
> Mit dem neuen »Pflege-Riester« will der Staat erreichen, dass mehr Bürger privat für den Pflegefall vorsorgen. FAZ.NET erklärt, wann er kommt, was er bringt und worauf Versicherte achten müssen.

Aktuelle Entwicklungen – Neue Produkte

Auch Entwicklungen und neue Produkte liefern Ansätze für Verbraucherthemen. Wie geht es mit der Europäischen Wirtschafts- und Währungsunion weiter? Ist mein Erspartes jetzt noch sicher? Gibt es überhaupt noch Möglichkeiten, das Geld bei den historisch niedrigen Zinsen renditeträchtig und sicher anzulegen? Was die Sparer ärgert – sie erhalten aktuell allenfalls 1,4 Prozent Zinsen (Stand: August 2014) auf Tagesgeld – freut die Häuslebauer. Sie zahlen niedrige Zinsen, um ihr Eigenheim zu finanzieren. Diese Chance nutzen viele. Grund genug für viele Magazine und Zeitungen, Tipps und Hinweise zum komplexen Thema Baufinanzierung prominent auf dem Titel anzupreisen (siehe Beispiel S. 51 oben).

Insbesondere den Versicherungskonzernen machen die anhaltend niedrigen Zinsen zu schaffen. Viele Kunden haben ihre Lebensversicherungen in den 90er-Jahren abgeschlossen – mit einem Garantiezins von vier Prozent. Eine Rendite, die heute kaum erwirtschaftet werden kann. Die Branche zeigt sich innovativ und bringt daher nun auch Kapitallebensversicherungen ohne Garantiezins auf den Markt. Ein Anlass für einige Medien wie beispielsweise WIWO.DE oder HANDELSBLATT.COM, die neuen Produkte unter die Lupe zu nehmen.

Neue Policen
Was Lebensversicherungen ohne Garantiezins taugen
Lebensversicherer wie die Allianz oder Ergo bieten seit kurzem neue Policen, die komplett auf den Garantiezins verzichten. Die Assekuranzen sind so ihr Zinsversprechen los, aber was hat der Sparer von den neuen Modellen?

Kleinleins Klartext
Was Kunden über die neue Allianz-Rente wissen sollten
Die Allianz wirbt für eine neue Privatrente ohne den klassischen Garantiezins. Die Konstruktion des Produktes ist kompliziert. Wer sie durchschaut, entdeckt handfeste Nachteile für die Kunden.

Zahlreiche Ansätze für Themen liefern neue Produkte. Bei dem vielfältigen Angebot ist Orientierung gewünscht. Was bietet die neue S-Klasse von Mercedes, was der Computer, den Aldi anpreist? Produktchecks sind gefragt, jedoch aufwändig in der Umsetzung (s. Kapitel 5.5: Vergleiche und Produkttests).

Die Zeitschrift CHIP beschäftigt sich beispielsweise mit der wachsenden Zahl an Apps, die Sportbegeisterte beim Training unterstützen. Das Magazin hat Angebote unter die Lupe genommen. Wie teuer sind die einzelnen Fitness-Apps, wo liegen die Vor-, wo die Nachteile?

Die besten Fitness-Apps für Android und iPhone
Mit Fitness-Apps zur Traumfigur
Ob beim Radfahren, zum Joggen oder beim Krafttraining – Fitness-Apps sind die perfekten mobilen Helferlein auf dem Weg zur Traumfigur. Wir stellen Ihnen die 30 besten Fitness-Apps für Android und iPhone vor.

Regionalisierung

Viele Verbraucherthemen lassen sich gut für Regionalzeitungen darstellen. Regional lassen sich leicht die besten Eisdielen, Schlittschuhbahnen, Biergärten, Thermen, Schwimmbäder oder Public-Viewing-Möglichkeiten ermitteln. Leser von Regionalzeitungen interessieren sich natürlich auch dafür, wie teuer das Girokonto oder wie gut das Angebot an Kinderbetreuungsplätzen oder Pflegeheimen in der Region ist (s. Kapitel 5.5: Vergleiche und Produkttests). Das Magazin PRINZ hat beispielsweise Eisdielen in Leipzig getestet:

> **Erfrischung pur: Die besten Eiscafés in Leipzig**
> Sommer, Sonne, Sonnenschein – bis dahin müssen wir uns anscheinend noch eine Weile gedulden. Wenn es dann allerdings so weit ist und die Temperaturen steigen und steigen – was gibt es dann schöneres, als zusammen mit Freunden ein erfrischendes Eis zu schlecken? Damit ihr schon jetzt Up To Date seid, wo es in Leipzig die leckersten kalten Kugeln gibt, haben wir hier eine kleine Hitliste der besten Eiscafés für euch.

Die Energiewende und die steigenden Strompreise liefern ein Thema, das sich gut in regionalen Medien umsetzen lässt. Vergleichen Sie Anbieter und Tarife und rechnen Sie den Lesern in Euro und Cent vor, wie viel sie mit einem Wechsel des Tarifs oder Anbieters sparen können und wo mögliche Fallstricke lauern. So warnt die SWP.DE beispielsweise vor Tücken beim Anbieterwechsel:

> Stuttgart/Bernau
> **Wechsel des Stromanbieters: Ein Bonus mit Tücken**
> Der Wechsel des Stromanbieters soll ganz einfach sein und nur wenige Minuten dauern. Doch es gibt einige Fallstricke. So versuchen einige Anbieter, den versprochenen Neukundenbonus zu umgehen.

Aktuelle Urteile

Ansätze für Nutzwertthemen bieten auch aktuelle Urteile, die für viele Bürger relevant sind. So urteilte beispielsweise der Europäische Gerichtshof (EuGH) im Mai 2014, dass Google in bestimmten Fällen Links auf personenbezogene Daten entfernen muss, falls Betroffene dies wünschen. Der

Autor von WELT.DE erläutert in seinem Artikel, was jemand machen muss, um das »Recht des Einzelnen auf Vergessen werden« nutzen zu können:

> **Wer darf Löschanträge stellen?**
> Google verlangt eine Bestätigung, dass derjenige, der den Löschantrag stellt, auch tatsächlich dazu berechtigt ist – und nicht etwa jemand versucht, missliebige Suchergebnisse zu Geschäftskonkurrenten oder politischen Gegnern zu manipulieren.
>
> **Warum braucht Google meinen Personalausweis?**
> Das Formular verlangt »eine gut erkennbare und deutlich lesbare Kopie ihres gültigen Führerscheins, Personalausweises oder eines anderen gültigen Lichtbildausweises« – so will der Konzern sichergehen, dass nicht jemand unter falscher Flagge das Formular missbraucht …

Das oberste deutsche Steuergericht, der Bundesfinanzhof in München, entschied beispielsweise, dass junge Leute die Ausgaben für ein erstes Studium nicht mit späteren Einkünften verrechnen dürfen (Az. VIII R 22/12). Haben die Betroffenen jedoch vor dem Studium eine Ausbildung abgeschlossen, ist dies sehr wohl möglich. SÜDDEUTSCHE.DE gibt Tipps, was Studierende machen können, um das Finanzamt doch an den Kosten beteiligen zu können. So bietet es sich beispielsweise an, vor dem Studium eine Schulung zum Taxifahrer, Flugbegleiter oder Rettungssanitäter zu machen. Denn die Finanzämter erkennen auch kurze Schulungen als Erstausbildung an:

> **Schnell noch Taxifahrer werden**
> Ungleichbehandlung durch den Fiskus: Nur wer vorher eine Ausbildung gemacht hat, darf künftig die Kosten für sein Studium absetzen. Das hat der Bundesfinanzhof entschieden. Kluge Studenten kommen mit legalen Tricks dennoch an den Steuervorteil.

Der Europäische Gerichtshof (EuGH) hat entschieden, dass Bahnkunden in Europa bei Verspätungen auch dann eine Entschädigung zusteht, wenn höhere Gewalt wie Unwetter der Grund für die Verspätung ist. Ein wegweisendes Urteil. TAGESSCHAU.DE berichtet über die Entscheidung der Richter und geht in dem Beitrag vom 26.09.2013 zudem detailliert darauf ein, wie viel Geld den Bahnkunden bei welcher Verspätung zusteht:

EuGH-Urteil zu Fahrgast-Entschädigungen
Bahn muss bei höherer Gewalt zahlen
Wenn Züge ausfallen oder sich verspäten, müssen die Reisenden nach EU-Recht entschädigt werden. Das gilt auch dann, wenn höhere Gewalt wie Unwetter der Grund für den Ausfall ist, urteilte jetzt der Europäische Gerichtshof. Die Entscheidung betrifft alle Bahnunternehmen der EU.

Es erfordert sicher etwas Aufwand, aus einer aktuellen Nachricht ein attraktives Verbraucherthema zu generieren. Sie sollten aber immer einen Schritt weiter denken und potenzielle Fragen der Leser und Zuschauer beantworten. Da Sie die Antworten oft nicht den Nachrichtenagenturen entnehmen können, müssen Sie recherchieren – und das kostet Zeit. Doch mit einigen Telefonaten und Suchanfragen im Internet gelingt es, aus einer Meldung eine für Leser relevante Nachricht zu generieren und Tipps zu geben, wie diese handeln sollten, um das Beste für sich herauszuholen.

Achten Sie darauf, dass Sie über Termine im Bundestag und Bundesrat informiert sind. Stehen spannende Entscheidungen an, die verbraucherfreundlich aufbereitet werden können? Abonnieren Sie Newsletter oder RSS-Feeds der obersten Gerichte. Das Bundesverfassungsgericht in Karlsruhe bietet einen Newsletter an. Das Bundesarbeitsgericht in Erfurt sowie das Bundessozialgericht in Kassel informieren regelmäßig über aktuelle Urteile und bieten zudem Terminvorschauen an. Ebenso das oberste Steuergericht, der Bundesfinanzhof, in München. Es lohnt jedoch auch ein Blick auf die Webseite www.bundesfinanzhof.de. Dort finden Sie jeden Mittwoch aktuelle Urteile.

Studien

Gute Ideen für Verbraucherthemen liefern Studien, die den Redaktionen in wachsender Zahl angeboten werden. Das Meinungsforschungsinstitut Allensbach veröffentlichte beispielsweise eine Analyse, dass in den kommenden Jahren jeder fünfte Deutsche 100.000 Euro erben wird. Das ist ein guter Anlass, sich in einem Artikel oder gar einer Serie mit dem Thema Erben und Vererben zu beschäftigen. Wer muss wie viel Erbschaftsteuer zahlen? Gibt es Möglichkeiten, die Steuerlast zu senken? Kann ich den unliebsamen Schwiegersohn oder die anstrengende Schwiegertochter enterben? Wie lege ich 100.000 Euro am besten an? BILD hat mit der Veröffentlichung der Allensbach-Studie auf dem Titel online gleich die wichtigsten Fragen zum Thema Erben und Vererben beantwortet:

Jeder Fünfte bekommt mehr als 100.000 Euro
Wie erbe ich richtig?
Erben wird sich wieder lohnen: Mehr als jede fünfte Erbschaft (22 Prozent) hat in naher Zukunft einen Wert von mehr als 100.000 Euro, Tendenz steigend. Zu diesem Ergebnis kommt eine Studie des Instituts Allensbach im Auftrag der Postbank [...].
Bild.de erklärt, was Sie beim Erben und Vererben beachten müssen.

Dänische Forscher haben die »Copenhagen City Heart Study« publiziert. Danach verlängert regelmäßiges Joggen das Leben um einige Jahre. Das Magazin FIT FOR FUN nutzt die Studie, um seine Leser mit wertvollen Tipps zum gesunden und richtigen Joggen zu versorgen. So bekommt ein eigentlich hinlänglich behandeltes, auserzähltes Thema wieder einen aktuellen Aufhänger und somit auch einen neuen Dreh. Ähnliches wäre auch in einer Wochenendbeilage für eine Tageszeitung denkbar:

Jetzt bewiesen
Joggen verlängert das Leben
Dass Laufen ein Top Fitmacher ist, wissen FIT FOR FUN-Leser natürlich schon lange. Doch jetzt können Forscher den Benefit beziffern: Bis zu 6,2 Jahre länger leben regelmäßige Läufer

Lauftraining
Für Anfänger und Fortgeschrittene
Lauftraining ohne Stress, mit genug Pausen – und mit Erfolgsgarantie. Laufprofi Dr. Wessinghage macht Sie in Rekordzeit fit. Unser Spezialprogramm mit vielen Tipps für Einsteiger und Profis.

Viele Unternehmen und Verbände liefern inzwischen Studien, die diesen Namen nicht verdienen. Den Lieferanten der Studien geht es in erster Linie darum, in der Presse in einem positiven Umfeld erwähnt zu werden. Informieren Sie sich daher, wie die Studie konzipiert wurde, wenn Sie nicht blind den geschickten PR-Verlockungen einzelner Unternehmen aufsitzen wollen. Wie viele Leute wurden befragt? Ist die Studie repräsentativ?

Nutzen Sie aktuelle Studien und Zahlen als Aufhänger für einen Verbraucherartikel. So werden beispielsweise regelmäßig Daten zu Ehescheidungen, Verbraucherinsolvenzen, Elterngeldbeziehern oder zum Gesundheitszustand der Bundesbürger veröffentlicht (s. Kapitel 4.1: Recherche). Eine

Liste relevanter Studienlieferanten und sich daraus ergebende Nutzwertthemen finden Sie im Internet.

Freunde und Nachbarn

Gehen Sie mit offenen Augen und Ohren durch die Welt. Was beschäftigt gerade Ihre Freunde, was Ihre Familie, worüber reden die Nachbarn? Ihr Bekannter überlegt, wie er sein Studium finanzieren soll – Kredit, Jobben oder vielleicht doch BAföG? Dann wäre das ein guter Ansatz für einen Nutzwertartikel. Zeigen Sie auf, welche Vor- und Nachteile sich aus den verschiedenen Finanzierungsmöglichkeiten ergeben und rechnen Sie vor, welche Variante unterm Strich die günstigere ist.

Oder Ihr Kollege überlegt, wie er die Geburtstagsfeier seines vierjährigen Sprösslings so gestalten kann, dass die eingeladenen Kinder glücklich sind und die Wohnung danach keinem Schlachtfeld gleicht? Das könnte Sie auf die Idee bringen, die besten Tipps und Veranstaltungsorte für gelungene Kindergeburtstage in Ihrer Region zu sammeln und daraus einen Nutzwerttext zu stricken. Die Redakteure von SÜDDEUTSCHE.DE geben beispielsweise Tipps, wie Eltern Kindergeburtstage richtig vorbereiten:

> Kinderparty planen
> **Wie bereiten Eltern den Kindergeburtstag richtig vor?**
> Damit es kurz vor dem Kindergeburtstag nicht hektisch wird, sollten Eltern wissen, wann was erledigt sein sollte. Tipps für die Organisation des Kindergeburtstags.

Pressemitteilungen und Presseschauen liefern oft viele Ansätze für Themen. Eine gute Übersicht, worüber andere Medien berichten, liefert beispielsweise der Newsletter der Verbraucherzentrale Bundesverband (www.vzbv.de). In diesem finden Sie eine tägliche Presseschau zu Artikeln, in denen Verbraucherzentralen zitiert werden, untergliedert nach einzelnen Rubriken – ein fantastischer Fundus für Themen (siehe Beispiel S. 57 oben).

Es lohnt auch, Newsletter der Ratgebersendungen im Fernsehen wie beispielsweise *wiso*, *plusminus* oder *Der Montags-Check* zu abonnieren. Darin stecken viele Themenideen. Oft werden Enthüllungen von *wiso*, *plusminus*, TEST oder FINANZTEST zum Gesprächsthema. Dann steht es der Zeitung oder dem Sender gut zu Gesicht, über das Thema berichtet zu haben.

Digitale Welt

Milliarden Datensätze gestohlen: Ein sicheres Passwort allein nützt wenig
Angeblich haben russische Hacker Milliarden Passwörter gestohlen. Die Nutzer sind verunsichert. Aber das Passwort zu ändern, hilft nicht unbedingt. Es gibt allerdings eine praktikable Lösung.
Quelle: FAZ-Frankfurter Allg. Zeitung
⇢ Weiterlesen

Heimliche Handyortung: Verfassungsschutz verschickt immer mehr "stille SMS"
Auch hierzulande greifen die Sicherheitsbehörden vermehrt auf digitale Überwachungstechnologie zurück. So sind die Zahlen der Handy-Ortung per stiller SMS deutlich angestiegen.
Quelle: Rheinische Post
⇢ Weiterlesen

Finanzen

Dax im Tiefenrausch: Die große Angst der deutschen Anleger
Fast 1000 Punkte hat der Dax in sechs Wochen verloren. Der Kursrutsch bestätigt all jene Deutschen, denen die Börse viel zu gefährlich ist. Unsere Risikoscheu ist immens. Ist unsere Angst berechtigt?
Quelle: Handelsblatt
Erwähnt wird: Verbraucherzentrale Baden-Württemberg
⇢ Weiterlesen

Rendite für zehnjährige Bundesanleihen auf Allzeittief
Die Konjunktur läuft schlecht, die Aktienmärkte schwächeln. Aus Mangel an Alternativen stecken Anleger wieder mehr Geld in deutsche Staatsanleihen. Die Renditen sind so niedrig wie nie zuvor.
Quelle: FAZ-Frankfurter Allg. Zeitung
⇢ Weiterlesen

Auch Verbrauchernewsletter von Konzernen oder Verbänden sowie Pressemitteilungen geben Anregungen für Themen. Mitunter lassen sich aus diesen Texten Zitate von Experten für die eigenen Beiträge entnehmen. Die Begeisterung für diese Newsletter darf jedoch nicht so weit führen, dass Sie die Texte daraus eins zu eins übernehmen. Denn das hat mit Journalismus nichts zu tun (s. Kapitel 4.3: Umgang mit dem wachsenden Einfluss der PR). Folgen Sie Experten in Sozialen Medien. So sind Sie immer über aktuelle Entwicklungen informiert. Im Internet finden Sie eine Liste mit hilfreichen Newslettern aus verschiedenen Bereichen.

Abonnieren Sie zu Ihren Sachgebieten verschiedene Newsletter. Diese enthalten eine Vielzahl von Ansätzen für Themen, die Sie recherchieren könnten.

Fundus für aktuelle Verbraucherthemen:
- aktuelle Nachrichten – Pressemitteilungen,
- aktuelle Entwicklungen,
- Regionalität,

- aktuelle Urteile,
- aktuelle Studien,
- Freunde und Nachbarn,
- Verbrauchernewsletter,
- Soziale Netzwerke.

> **Checkliste: Aktuelle Verbraucherthemen finden**
>
> - Stellen Sie sich bei jeder Nachricht die Frage: Welche Konsequenzen ergeben sich aus einem Urteil, einem neuen Gesetz, einer Marktentwicklung für den Leser? Welche Fragen könnten sich die Leser dazu stellen?
> - Welche Handlungsanweisungen und Tipps können Sie dem Leser geben?
> - Gibt es aktuelle Studien? Lassen sich daraus verschiedene Trends ableiten? Wenn beispielsweise die Zahl der überschuldeten Haushalte in Deutschland dramatisch steigt, bietet sich – sofern das zur Zielgruppe passt – ein Text zur Verbraucherinsolvenz an (s. Kapitel 3.2. Zielgruppen).
> - Abonnieren Sie Newsletter, folgen Sie Verbänden, Verbraucherschützern, TEST, FINANZTEST und anderen Medien auf Twitter oder werden Sie Freund der Institutionen auf Facebook. So sind Sie über aktuelle Trends auf dem Laufenden und erhalten regelmäßig Studien, PR-Material und Hinweise, die wiederum Ideen für Themen liefern.
> - Informieren Sie sich, welche Verbraucherthemen größere Regionalzeitungen aufgreifen. Wenn die BERLINER MORGENPOST die Behörden in der Hauptstadt oder Eisdielen testet, wäre das ein guter Ansatz, diese Tests in Ihrer Region durchzuführen.

3.4 Saisonale und wiederkehrende Themen

Verbraucherthemen stellen Autoren immer wieder vor eine besondere Herausforderung: Oft wiederholen sich die Themen. Wer über Versicherungen schreibt, wird beispielsweise immer wieder über die essenzielle Berufsunfähigkeitsversicherung berichten. Und auch bei Frauen- oder Lifestyle-Magazinen tauchen insbesondere saisonale Themen immer wieder auf. Im Frühjahr die Tipps zur Steuererklärung, zum Autokauf und die besten Erdbeer-Diäten. Im Sommer Informationen zum Reiserecht und zur Urlaubskasse und im Herbst die Anleitung zum Wechsel der Kfz-Versicherung oder Hinweise, was im Fall eines Wildunfalls zu tun ist. Viele Verbraucherthemen tauchen wie alte Bekannte immer wieder auf. Die Herausforderung in diesen Fällen ist, bereits behandelte Themen unter einem neuen Blickwinkel aufzubereiten. Männerzeitschriften gelingt es etwa immer wieder, verschiedene Wege zum Waschbrettbauch zu beschreiben. Und die Artikel, wie Frauen fit in den Frühling kommen, weisen unter BRIGITTE.DE jedes Jahr kreative Varianten und neue Ansätze auf:

Aktiv in den Frühling: Wir zeigen die besten Sport-Apps
Die Temperaturen steigen, die Kleidung wird leichter. Wer jetzt aktiv in den Frühling starten möchte, kann sich dabei von nützlichen Apps begleiten lassen.

Fit in den Frühling
Laufen, Schwimmen, Radfahren – starten Sie jetzt mit einem Workout-Klassiker. Oder noch besser: Kombinieren Sie sie, damit ihr Körper rundum in Bestform kommt. So geht's ...

Das ist gut für Körper und Seele
Mehr Licht, frische Luft, das erste Grün – mit dem Frühling kommt die Aufbruchstimmung. Was jetzt gut für Körper und Seele ist und wie Sie Ihren Tatendrang sinnvoll nutzen können.

Zwar geht es immer darum, wie Frauen fit in den Frühling starten können, doch die Kernaussage variiert. Einmal geht es darum, welche Sport-Apps das Training unterstützen. Ein anderes Mal werden verschiedene Trainingsmöglichkeiten beschrieben, ein weiteres Mail, was Seele und Körper gut tut. Im Grunde haben Journalisten mehrere Möglichkeiten, immer wiederkehrende Themen in neuem Gewand zu präsentieren. Sie können zum einen versuchen, einen neuen Ansatz zu finden, die Darstellungsform zu variieren oder – wie das Beispiel von BRIGITTE.DE zeigt – den Küchenzuruf zu ändern.

Themen variieren

aktueller Ansatz – Finden Sie neue Studien, Erkenntnisse oder Zahlen.

Darstellungsformen – Greifen Sie zu verschiedenen Textsorten.

Küchenzuruf – Variieren Sie die Kernaussage Ihres Textes.

Aktueller Ansatz

Ein neuer Dreh lässt sich leicht finden, wenn es neue Erkenntnisse, Studien, Urteile oder Zahlen gibt. Soll es wieder die Berufsunfähigkeitsversicherung sein? Gibt es aktuelle Zahlen, wie vielen Verbrauchern die Police verwehrt wird? Oft lohnt auch ein Blick in die Beschwerdequote einzelner Versicherer. Diese wird beispielsweise von der Bundesanstalt für Finanzdienstleistungsaufsicht (BaFin) und dem map-Report des Versicherungsexperten Manfred Poweleit veröffentlicht. Gibt es Versicherer, die bei Berufsunfähigkeitsversicherungen besonders oft prozessieren? Dann könnten diese Zahlen ein Aufhänger für den Artikel sein.

Gibt es neue Erkenntnisse, Studien oder Zahlen zum Thema?

Andere Darstellungsform

Mitunter lässt sich auch nach ausgiebiger Recherche kein neuer Ansatz finden. In diesem Fall lohnt es sich, über einen Wechsel der Darstellungsform nachzudenken. Zur Verfügung steht eine breite Palette an journalistischen Textsorten und verschiedene Möglichkeiten der crossmedialen Umsetzung (s. Kapitel 6: Textsorten). Oft greifen Autoren zu den am weitesten verbreiteten Darstellungsformen im Nutzwertjournalismus, dem Bericht in Zeitungen oder Feature in Zeitschriften. Es gibt darüber hinaus weitaus mehr Möglichkeiten, ein Thema attraktiv darzustellen. So bietet sich beispielsweise an, ergänzend zum klassischen Bericht ein Interview mit einem Experten zu veröffentlichen. So führte MANAGER-MAGAZIN.DE etwa zum Thema Berufsunfähigkeitsversicherungen ein Interview mit dem Versicherungsexperten Manfred Poweleit:

> **»Versicherer haben nicht viel dazugelernt«**
> Jeder fünfte Arbeitnehmer gibt berufsunfähig vorzeitig den Job auf, immer öfter wegen psychischer Probleme. Die wenigsten sind versichert, ihnen droht Armut. Ein Milliardenmarkt für die Assekuranz. Doch sie lässt den Markt weitgehend links liegen. Ein Skandal, meint Experte Manfred Poweleit.
> **mm:** Herr Poweleit, lange Zeit hieß es, jeder vierte Bundesbürger steige berufs- oder erwerbsunfähig vorzeitig aus dem Job aus. Nach Ihren Berechnungen ist es jetzt jeder fünfte. Wie begründet sich der erfreuliche Rückgang – leben die Menschen gesünder, ist das Risiko gesunken?

Alternativ lässt sich der Sachverhalt auch anhand betroffener Personen erzählen. Das erlaubt, eine Nutzwertgeschichte »anzufietschern«, also mit einem szenischen Ein- und Ausstieg zu versehen (s. Kapitel 6.3: Feature). SPIEGEL ONLINE steigt in den Artikel zu Tariferhöhungen in der privaten Krankenversicherung mit einem Betroffenen ein. Den Namen des Betroffenen hat die Redaktion geändert:

> Hamburg – Michael Hogrefe hat die Nachricht bereits bekommen, auf die Mitglieder der privaten Krankenversicherung warten. In den kommenden Tagen informieren die Unternehmen ihre Kunden, wie hoch der Beitrag im kommenden Jahr sein wird. Hogrefe erfuhr es vorab: Er soll ab Januar rund 100 Euro mehr zahlen, statt 921 Euro verlangt seine Krankenversicherung, die Gothaer, 1022 Euro.

Besteht nicht ausreichend Zeit für die Recherche und lässt sich eine betroffene Person auf die Schnelle nicht finden, ist die Verlockung groß, einfach einen Protagonisten zu erfinden. Das hat jedoch mit Journalismus nichts zu tun. Fehlt Ihnen ein Protagonist, darf stattdessen keine erfundene Gestalt in Ihrem Text auftauchen. Das ist zwar weniger unterhaltsam, entspricht jedoch journalistischen Grundsätzen. Ausgedachte Einstiege wirken oft seelenlos. Zudem ist es heute leicht, über Soziale Medien oder Foren reale Personen zu finden, die bereit sind, ihre Geschichte zu erzählen (vgl. Kapitel 4.5 – Einsatz Sozialer Medien in der Recherche).

Erfinden Sie keine betroffenen Personen oder Sachverhalte

Bleibt wenig Zeit für Recherche und Schreiben, empfiehlt es sich, die wichtigsten Fragen zum Thema zu beantworten. Bei der Darstellungsform Frage-Antwort müssen Sie sich keine Gedanken über den Aufbau Ihres Textes oder einen Spannungsbogen machen. Die wichtigsten Fragen zu einem Thema sind schnell recherchiert und geschrieben – und werden gerne gelesen. Das belegen Studien zum Leseverhalten. Die Redakteure von SÜDDEUTSCHE.DE beantworten beispielsweise die zehn wichtigsten Fragen zur Vorsorgevollmacht (s. Kapitel 5: Formate).

> **»Eine Vorsorgevollmacht macht immer Sinn«**
> Brauche ich zusätzlich zur Patientenverfügung noch eine Vorsorgevollmacht? Welche Entscheidungen gebe ich damit aus der Hand? Über Formulierungen, Form und Fallstricke.
> Neben der Patientenverfügung gibt es weitere Möglichkeiten vorzusor-

gen. Experten empfehlen die Kombination mit einer Vorsorgevollmacht oder mit einer Betreuungsverfügung. Darin bestimmt man die Menschen, die stellvertretend handeln sollen, wenn man selbst dazu nicht mehr in der Lage ist. Die zehn wichtigsten Fragen und Antworten.

Journalisten sollten auch immer die crossmediale Darstellung ihres Themas im Blick haben. Das Internet hat den entscheidenden Vorteil, dass der Platz nicht begrenzt ist und sich vielfältige Präsentationsmöglichkeiten bieten. Wenn Sie große Vergleichstabellen erstellen, kommen Sie in Zeitungen und Zeitschriften schnell an Ihre Grenzen. Online stehen Ihnen unbegrenzt Platz und zudem weitere Darstellungsformen zur Verfügung, Sie können Vergleichsrechner einbauen oder ein Verbraucherthema einmal ganz anders aufbereiten. ZEIT ONLINE hat das Thema Urlaub und Rechte des Arbeitnehmers beispielsweise in ein Quiz verpackt:

> Quiz
> **Was darf der Chef in puncto Urlaub?**
> Wann darf der Chef den Urlaub verbieten? Was passiert, wenn man im Urlaub krank wird? Und was ist eine Liegestuhldepression? Finden Sie es im Quiz heraus.

Ausführliche Informationen zu Textsorten und Gestaltungsmöglichkeiten im Nutzwertjournalismus finden Sie in den Kapiteln 5 und 6.

Alternativer Küchenzuruf

Wenn weder eine aktuelle Studie noch eine andere Textsorte einen neuen Ansatz liefert, können Sie sich einen anderen Küchenzuruf ausdenken. Der Begriff »Küchenzuruf« geht auf den Gründer des Magazins STERN, Henri Nannen, zurück. Er forderte von seinen Redakteuren, die Kernaussage ihres Textes in ein, zwei Sätzen zu formulieren – den sogenannten Küchenzuruf. Dazu wird immer die folgende Geschichte aus den 50er-Jahren erzählt:

> »Was ist also ein Küchenzuruf? Wenn am Donnerstag der Hans mit seiner Frau Grete am Arm zum Kiosk pilgert, dort 2 Mark 50 hinlegt und den neuen Stern käuflich erwirbt und sie beide dann mit dem Stern unter dem Arm wieder gemütlich nach Hause wandern; und Grete sich dann in der Küche verfügt, sich die Schürze umbindet, um

sich für den Abwasch vorzubereiten; und der Hans nebenan im Esszimmer Platz nimmt, den neuen Stern aufschlägt und mit der Lektüre der ersten Geschichte im neuen Stern beginnt; und wenn der Hans dann nach beendigter Lektüre dieser Geschichte voller Empörung seiner Frau Grete durch die geöffnete Küchentür zuruft: ›Mensch Grete, die in Bonn spinnen komplett! Die wollen schon wieder die Steuern erhöhen!‹ – dann sind diese beiden knappen Sätze: ›Mensch Grete, die in Bonn spinnen komplett! Die wollen schon wieder die Steuern erhöhen!‹ der so genannte Küchenzuruf des journalistischen Textes.« (Fasel 2008, 11)

Einen Küchenzuruf zu formulieren klingt leicht, ist es aber nicht. Wenn sich Autoren in ein Thema eingelesen haben, haben sie viele Ideen im Kopf und dann fällt es schwer, sich auf eine Kernaussage zu beschränken. Dies ist jedoch unabdingbar, wenn Sie einen guten Artikel mit einem roten Faden schreiben wollen.

Ein Text ist nur dann gut, wenn er eine klare Aussage, einen Küchenzuruf, hat.

Wie finden Sie verschiedene Küchenzurufe für Ihre Idee? Schreiben Sie verschiedene Aspekte Ihres Themas auf. Oft lohnt es sich, eine Mind-Map, eine Landkarte Ihrer Gedanken, zu erstellen. Notieren Sie Stichworte, die Ihnen zum Thema und zur Zielgruppe einfallen. Sie können die Ideen gruppieren und entsprechend farblich kennzeichnen. Ein Beispiel: Sie sollen wieder über Berufsunfähigkeitsversicherungen (BU) schreiben. Durchaus ein sinnvolles Thema, denn die BU gehört zu den wenigen Versicherungen, die jeder abschließen sollte. Welche Stichworte fallen Ihnen zum Thema ein? Im Internet gibt es inzwischen viele hilfreiche Programme, mit denen Sie eine digitale Mind-Map erstellen können. Alternativ können Sie auch einfach Stift und Papier zur Hand nehmen und Ihre Ideen notieren.

Überlegen Sie dann, was Ihre Zielgruppe interessiert. Schreiben Sie eher für ältere Leser, von denen viele schon eine BU haben? Gibt es viele Eltern unter Ihren Abonnenten oder Zuschauern? Denn diese interessieren sich nicht nur für die Probleme, die entstehen, wenn die Berufsunfähigkeitsversicherung (BU) im Ernstfall nicht zahlt, sondern auch für die Kriterien eines Abschlusses. Oft sind es nämlich Eltern, die ihre Sprösslinge über eine entsprechende Police absichern. Fragen gibt es zum Abschluss, zu den Gesundheitsfragen, zu Problemen bei Vorerkrankungen

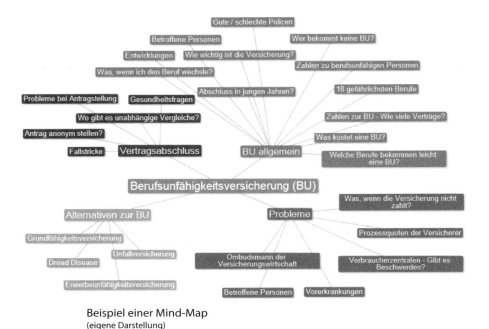

Beispiel einer Mind-Map
(eigene Darstellung)

und natürlich interessieren sich die Leser für Leistungen und Kosten der einzelnen Versicherungen. Alles Fragen, die Sie in Beiträgen beantworten können.

Aus der Zielgruppe und Ihren Stichpunkten in der Mind-Map ergeben sich mehrere Küchenzurufe. Legen Sie einen anderen Schwerpunkt. Formulieren Sie alternative Küchenzurufe, wie z. B.:

Vorerkrankungen? Das sind die Alternativen zur BU

Die 10 gefährlichsten Berufe

Die 10 gesündesten Berufe

BUs im Test

Bei Gesundheitsproblemen Antrag anonym stellen. Vorerkrankungen können zu einem Eintrag im Hinweis- und Informationssystem (HIS) der Versicherungswirtschaft führen

Darum bekommen einige Verbraucher keine BU

Was tun, wenn die Versicherung im Ernstfall nicht zahlt?

Diese Fallstricke müssen Sie bei Vertragsabschluss der BU beachten

Fällt es Ihnen leicht, eine Überschrift zu Ihrem Text zu formulieren? Wenn Sie nicht wissen, was Sie über Ihren Text schreiben sollen, ist dies oft ein Indiz dafür, dass ein klarer Küchenzuruf fehlt.

Ohne Küchenzuruf können Sie andere von Ihrer Themenidee nicht überzeugen. Ein Text ohne pointierte Aussage ist meist schlecht, weil er nicht fokussiert ist. Eine klare These hilft Ihnen beim Schreiben und beim Finden eines roten Fadens. Lassen Sie Ihren Text von Freunden lesen. Erkennen die Testleser eine klare Aussage? Wenn nicht, müssen Sie noch einmal nachbessern (s. Kapitel 7: Sprache).

Checkliste: Saisonale und wiederkehrende Themen

- Gibt es aktuelle Studien, Zahlen oder neue Ansätze zum Thema?
- Gibt es Protagonisten anhand derer das Thema erzählt werden kann?
- Ist eine andere Textsorte als der Bericht möglich, um das Thema darzustellen?
- Bieten sich multimediale Darstellungsformen wie beispielsweise Rechner, interaktive Grafiken, Slideshows, Videos oder Quiz an?
- Variieren Sie den Küchenzuruf und damit die Kernaussage Ihres Artikels.

3.5 Einbeziehen von Leserreaktionen

Viele Redaktionen ärgern sich über Leserreaktionen. Machen diese in den ausgedünnten Redaktionen doch vor allem eins: Arbeit. Dank des Internets ist es ein Leichtes für Leser, ihre Meinung zu einem Thema kundzutun oder Redaktionen Fehler mitzuteilen. Auch wenn Leserbriefe und -reaktionen Mühe bereiten, sind sie eine gute Möglichkeit, Leser an das Medium zu binden. Zudem geben sie wertvolle Hinweise darauf, wofür sich die Zielgruppe interessiert und welche Themen sie bewegt.

So berichtet ein Leser in der Zeitschrift FINANZTEST beispielsweise, dass sich seine private Krankenversicherung (PKV) bei der Frage nach einem Tarifwechsel nicht sehr auskunftsfreudig zeigt. Dieser Hinweis könnte ein Anlass sein, nachzuhaken, ob von dem Problem mehr privat Versicherte betroffen sind – ein schöner Ansatz für einen Beitrag zum Thema Tarifwechsel in der PKV.

Private Krankenversicherung 3/2013, S. 70
Recht auf neuen Tarif
Dr. Christian Fischer, per E-Mail
Ich bin 33 Jahre alt und befürchte steigende Beitragssätze meiner privaten Krankenversicherung. Angeregt durch Ihren Artikel mit Informationen zum Tarifwahlrecht habe ich die Allianz Private Krankenversicherung schriftlich gebeten, mir aktuelle Tarife zu nennen, deren Leistungen meiner bisherigen Versicherung entsprechen. Eine Antwort erhielt ich nicht. Auch mein zweites Anschreiben blieb trotz Fristsetzung unbeantwortet. Offenbar besteht kein Interesse an zufriedenen Kunden. Es ist bedauerlich, dass ein Wechsel innerhalb der privaten Krankenversicherung so gut wie unmöglich ist, weil in der Regel dann die Altersrückstellungen futsch sind. Der Wettbewerb unter den Versicherern wird so auf Sparflamme gehalten.

Sie erhalten viele Briefe auf Ihren Artikel zur Kapitallebensversicherung? Dann können Sie davon ausgehen, dass das Thema viele Leute betrifft und dass es sich lohnt, weitere Aspekte zu beleuchten. Der Vorteil von Leserreaktionen ist zudem, dass Sie Kontakte zu betroffenen Personen bekommen. Diese können Sie eventuell nutzen, wenn Sie wieder einmal einen Artikel zum Thema schreiben und Betroffene zu Wort kommen lassen wollen.

Viele Medienhäuser nutzen Möglichkeiten zur Kommunikation mit den Lesern unzureichend. Damit vergeben Verlage und Sender eine große Chance – zum einen, um relevante Themen und Betroffene zu finden. Aber auch, um die Nutzer an das Medium zu binden. Hilfreiche Aufschlüsse darüber, was die Leser bewegt, liefern auch Soziale Netzwerke wie Facebook, Twitter oder Google Plus. Dass FINANZTEST etwa mit der Meldung zur Qualität von Fan-Schminke den Nerv der Verbraucher getroffen hat, zeigen die Reaktionen auf Facebook (siehe Beispiel S. 67 oben).

Checkliste: Leserreaktionen nutzen

- Bieten Sie den Lesern Möglichkeiten, mit der Redaktion in Kontakt zu treten?
- Hat die Redaktion ein System, um auf Leserreaktionen zu reagieren?
- Gibt es mehrere Anrufe, Mails oder Briefe zu einem Thema? Dann sollten Sie dieses nochmals aufgreifen.
- Erhalten Sie mehrere Nachfragen zu Ihrem Text? Dann sollten Sie überlegen, wie Sie das Thema beim nächsten Mal verständlicher darstellen können.

Wer ein Thema gefunden und einen Küchenzuruf formuliert hat, kann ein Exposé schreiben. Das ist immer dann sinnvoll, wenn freie Autoren Themen bei Redaktionen vorschlagen, für die sie bislang noch nicht gearbeitet haben. Zum einen bekommen die Redaktionen eine Idee, worum es im Artikel geht. Zum anderen zeigen Sie mit dem Exposé, dass Sie sich bereits ins Thema eingearbeitet haben. Ein Exposé sollte folgende Elemente enthalten:

- Kontaktdaten des Autors,
- Medium, für das das Exposé eingereicht wird,
- Hauptzeile und gegebenenfalls Unterzeile,
- Küchenzuruf,
- mögliche Ansprechpartner,
- crossmediale Aufbereitung,
- Länge,
- geplanter Erscheinungstermin.

Ein Exposé ist nichts anderes als Werbung für Sie und Ihr Thema. Daher sollten Überschrift und Küchenzuruf attraktiv formuliert sein und beim Leser Interesse wecken:

Max Mustermann
Telefonnummer:
Mail:

Exposé für einen Artikel / Beitrag in ...

Riester-Rente: Gebühren fressen staatliche Zulagen auf

Die Riester-Rente rechnet sich in vielen Fällen nicht. Eine Studie des DIW zeigt, dass die Gebühren einiger Produkte die staatlichen Zulagen bei weitem übersteigen. Die Folge: Der Anleger macht Verlust. Doch es gibt durchaus auch lukrative Angebote der staatlich geförderten Altersvorsorge. Der Artikel zeigt auf, worauf Riester-Sparer achten müssen, welche Riester-Rentenversicherungen und welche Riester-Fondssparpläne sich rechnen und welche Anleger meiden sollten.

Ansprechpartner:
DIW
Altersvorsorge-Experte der Verbraucherzentrale
Finanztest
Gesamtverband der Deutschen Versicherungswirtschaft (GDV)
Deutscher Fondsverband (BVI)
Riester-Kunde, der seit einigen Jahren in seinen Vertrag einzahlt, bislang aber nur wenig angespart hat und an dessen Beispiel sich die Geschichte erzählen lässt.

Crossmediale Aufbereitung:
Tabellen mit den besten und den schlechtesten Riester-Versicherungen (Top 10, Flop 10)
Tabelle mit den besten und den schlechtesten Riester-Fondssparplänen (Top 10, Flop 10)
Checkliste: So finden Sie den passenden Riester-Vertrag

Länge: X Anschläge mit Leerzeichen
Erscheinungstag: X

Sollte sich nach weiterer Recherche herausstellen, dass Sie Ansprechpartner oder Küchenzuruf ändern müssen, ist das in der Regel kein Problem. Sie müssen nur daran denken, rechtzeitig den Redakteur zu informieren, der Ihnen den Auftrag gegeben hat.

Es ist kein guter Stil und führt häufig zu Ärger, wenn Sie einfach einen fertigen Beitrag abgeben, der inhaltlich nicht dem entspricht, was vorab abgesprochen war. Daher sollten Sie die Redaktion bei inhaltlichen Änderungen rechtzeitig informieren und das weitere Vorgehen besprechen.

Im Internet finden Sie weitere Beispiele für gelungene Exposés.

Checkliste: Themen finden

- Überlegen Sie immer, für wen Sie schreiben. Wer ist Ihre Zielgruppe?
- Diskutieren Sie Ihre Idee mit Freunden und fangen Sie an zu recherchieren. Dann können Sie überlegen, wie Ihr Thema und Ihr Küchenzuruf lauten.
- Überlegen Sie bei aktuellen Themen immer, welche Fragen sich Leser dazu stellen könnten. Zeigen Sie die Relevanz des Themas auf und machen Sie dem Leser deutlich, dass das Ereignis auch ihn betrifft.
- Versuchen Sie bei Verbrauchertexten immer, einen aktuellen Anlass zu finden. Das können aktuelle Studien, Urteile, neue Zahlen und Entwicklungen oder der Fall eines Betroffenen sein.
- Überlegen Sie als Lokaljournalist immer, ob Sie Verbraucherthemen, die überregionale Medien bieten, auf Ihre Region »herunterbrechen« können. Erzählen Sie, welche Stromtarife besonders günstig sind und wie gut das Angebot an Pflegeheimen in der Region ist.
- Gehen Sie mit offenen Augen durch die Welt. Das, was Ihre Familie, Kollegen oder Freunde bewegt, interessiert mitunter auch Ihre Zielgruppe.
- Es ist etwas aufwändig, aber es lohnt sich: Nehmen Sie sich die Zeit und überlegen Sie, wie Sie das immer wiederkehrende Thema anders aufbereiten können. Entweder suchen Sie nach einem aktuellen Anlass oder Sie greifen auf eine neue Darstellungsform oder einen anderen Küchenzuruf zurück.
- Im Nutzwertjournalismus müssen Sie immer Ihre Zielgruppe im Blick haben. Hinweise darauf, wofür sich Ihre Zielgruppe interessiert, liefern Leserreaktionen – in Form von Briefen, Anrufen, Mails und Kommentaren in Sozialen Netzwerken.
- Planen Sie Nutzwertthemen langfristig. So können Sie leicht feststellen, ob verschiedene Bereiche ausreichend abgedeckt werden.

Literatur

Hallmann, Barbara (2014): Themen finden. Konstanz: UVK.
Linden, Peter; Bleher, Christian (2012): Themen finden. Journalistenwerkstatt. Salzburg-Eugendorf: Medienfachverlag Oberauer.

4 Recherche und Quellen

Journalisten verändern und bereichern Inhalte für unterschiedliche Informationskanäle wie Zeitung, Internet, Smartphone oder Tablet PC, redigieren Texte und kürzen Agenturmeldungen. Oft bleibt vor lauter Verwalten von Informationen die Kernaufgabe von Journalisten, die Recherche, auf der Strecke. Redakteure begründen dies mit Personal- und Zeitmangel. Doch mangelnde Recherche ist in Deutschland keine aktuelle, der Zeitungskrise geschuldete Entwicklung. Das belegen Forschungsergebnisse sowie Beobachtungen von US-Journalisten Anfang der 90er-Jahre:

> »Sehr viele Zeitungsartikel beinhalten keine eigene Recherche, sondern sind weitgehend unkritisch. Mit wenigen Ausnahmen halte ich die Journalisten für zu passiv und vielleicht ein wenig faul.« (Brendon Mitchener von der International Herald Tribune, zitiert in Esser, 1999, 26)

Mitchener bewertet die Leistung deutscher Journalisten aus angelsächsischem Blickwinkel. In Großbritannien und in den USA spielt Recherche traditionell eine größere Rolle als in Deutschland. Das belegt auch eine international angelegte Studie von Wolfgang Donsbach aus dem Jahr 1993. Laut dieser investierten in Großbritannien 48 und in den USA 44 Prozent der Journalisten »sehr viel Zeit« in selbst recherchierte Texte. In Deutschland lag die Zahl mit 21 Prozent deutlich niedriger (Donsbach 1993). Wer heute einen Großteil seiner Zeit damit verbringt, Agenturmeldungen einzupassen oder Pressemitteilungen zu veredeln statt eigenhändig zu recherchieren, macht sich austauschbar und überflüssig. Warum sollten Leser Geld für Inhalte ausgeben, die sie im Internet deutlich schneller und obendrein kostenlos erhalten?

Unabhängig davon gibt es Mindeststandards, deren Einhaltung Leser erwarten können, wenn sie Geld für journalistische Produkte ausgeben. So sollten Autoren beispielsweise Pressematerial nicht eins zu eins übernehmen. Das klingt selbstverständlich, ist es aber nicht.

Mit kritischem Hinterfragen und einigen Telefonaten lässt sich im Verbraucherjournalismus viel erreichen. So könnten Sie beispielsweise ermitteln, wie hoch die Zinsen sind, die Banken in der Region für Erspartes geben oder für Kredite verlangen. Oder Sie tragen zusammen, wie es um die

Betreuungsplätze für Alte und Kranke in der Region bestellt ist. Das reicht oft schon, um eine Diskussion anzustoßen. Dazu benötigen Redaktionen nicht einmal ein Investigativ-Ressort oder ein spezielles Rechercheteam.

Auch wenn das Internet vieles einfach macht: Greifen Sie zum Telefonhörer, treffen Sie Leute. Oft entdecken Sie im Gespräch spannende Aspekte oder Themen, an die Sie bislang nicht gedacht haben. Um diese Chance bringen Sie sich, wenn Sie den Experten die Fragen per Mail schicken. Dann wird der Fachmann diese beantworten – doch ob in dem Thema noch andere interessante Aspekte stecken, werden Sie nicht erfahren. Hinzu kommt: Über Gespräche lassen sich leichter Kontakte aufbauen. Und die machen einen guten Journalisten aus. Schließlich sollen Experten mit Missständen oder potenziellen Themen irgendwann von selbst auf Sie zukommen.

Reden Sie mit den Leuten. Nur dann entdecken Sie spannende Aspekte oder Themen, an die Sie bislang noch nicht gedacht haben.

4.1 Recherche

Recherche ist im Verbraucherjournalismus das A&O. Denn Nutzwertjournalismus impliziert eine spezielle Kommunikationssituation: Nutzer könnten gemäß den Tipps des Redakteurs handeln. Texte enthalten oft explizite oder implizite Handlungsanweisungen.

Handlungsanweisung – Nutzwertjournalisten tragen nicht nur Fakten und Hintergründe zusammen, sondern geben den Lesern implizit oder gar explizit bestimmte Handlungsempfehlungen. Daher haben Nutzwertjournalisten gegenüber den Lesern eine besondere Verantwortung. Wenn Sie Bundeskanzlerin Angela Merkel fälschlicherweise in der SPD verorten, dürfte das einige Leser empören – die Konsequenzen dieses Fauxpas halten sich jedoch in Grenzen. Hätten Sie allerdings 2008 kurz nach der Pleite der Investmentbank Lehman Brothers die isländische Kaupthing Bank als sicheren Anlageplatz empfohlen, hätte das gravierende Folgen gehabt. Denn das isländische Kreditinstitut musste nur wenige Tage nach der Lehman-Pleite Insolvenz anmelden. Leser, die ihr Erspartes bei der Kaupthing Bank angelegt hatten, hatten einige Mühe, ihr Geld wiederzubekommen (s. Kapitel 8: Rechtliche Fragen). Fehler in Nutzwerttexten provozieren nicht nur Ärger, sondern verspielen auch das Vertrauen in und die Glaubwürdigkeit von Medien. Wer mehrfach fehlerhaft informiert wurde und deshalb Ärger hatte, wird sich von der Zeitschrift oder Zeitung abwenden.

Unter Verbraucherjournalisten wird oft diskutiert, ob Journalisten den Lesern am Ende des Textes eine Empfehlung geben sollen. Viele Leser wünschen solche Ratschläge. Diese können Sie geben, wenn Sie Produkte und Dienstleistungen getestet und einen klaren Sieger ermittelt haben. Empfehlungen von Produkten oder Dienstleistungen ohne Tests wirken schnell sehr werblich. In vielen Zeitschriften und in den Reise- oder Autoteilen von Zeitungen sind solche Tipps zwar üblich. Da werden dem Leser spezielle Parfums, Lippenstifte, Ferienwohnungen oder andere schönen Dinge des Lebens empfohlen. Die Auswahl erfolgt jedoch oft willkürlich. Einige Zeitschriften behelfen sich damit, dass sie die Lieblingsprodukte einiger Redakteure oder besondere Neuheiten von Messen möglichst neutral präsentieren. So stellt beispielsweise die FRANKFURTER ALLGEMEINE SONNTAGSZEITUNG Neues von der Fahrradmesse Eurobike vor:

Eine Übersicht neuer Produkte zu geben, um Leser zu informieren, ist problemlos möglich. Journalisten sollten jedoch berücksichtigen, dass schon die Nennung eines Produkts einer Aufwertung gleichkommen kann. Von expliziten Produktempfehlungen ohne valide Tests sollten Journalisten Abstand nehmen. Die Grenze zwischen Journalismus und Werbung ist schnell überschritten. Etwa dann, wenn ein Produkt besonders hervorgehoben oder angepriesen wird, wenn der Journalist also die Ebene der sachlichen Darstellung verlässt. Dann sprechen Experten von Schleichwerbung. Und die verstößt gegen Ziffer 7.2 des Pressekodex, eine Sammlung von Geboten und Empfehlungen für Journalisten. Ob sich Journalisten an die Vorgaben halten, prüft regelmäßig der Presserat (s. Kapitel 8: Rechtliche Fragen):

> »Redaktionelle Veröffentlichungen, die auf Unternehmen, ihre Erzeugnisse, Leistungen oder Veranstaltungen hinweisen, dürfen nicht die Grenze zur Schleichwerbung überschreiten. Eine Überschreitung liegt insbesondere nahe, wenn die Veröffentlichung über ein begründetes öffentliches Interesse oder das Informationsinteresse der Leser hinausgeht oder von dritter Seite bezahlt bzw. durch geldwerte Vorteile belohnt wird.« (Ziffer 7.2, Pressekodex)

Der Presserat erteilt regelmäßig Rügen, wenn Verlage oder Sender gegen Richtlinie 7.2 verstoßen. So hat er im Juni 2013 beispielsweise eine Rüge gegen Laufmagazine ausgesprochen, die auf ihrem Cover PR-Fotos von Adidas abgebildet hatten (LAUFZEIT 02013/13/2; RUNNING 214/13/2; CONDITION 215/13/2). Auf diesen präsentieren Läuferinnen den neuen Laufschuh des Unternehmens und heben dadurch ein Produkt besonders hervor (siehe Beispiel S. 75).

Wenn Sie Produkte oder Dienstleistungen empfehlen, sollten Sie Kriterien offenlegen, nach denen Sie diese ausgewählt haben – etwa das neueste, das kleinste, das günstigste Fahrrad, Smartphone oder E-Book. Die Kriterien, die Sie zugrunde legen, sollten objektiv und für andere nachvollziehbar sein.

Mahnendes Beispiel für Produktempfehlungen ist die Finanzberichterstattung Ende der 90er-Jahre. Damals boomten Anlegermagazine, Millionen Deutsche kauften Aktien. Selbst BILD druckte auf der Titelseite Aktientipps. Journalisten rieten zum Kauf konkreter Papiere. Doch für so manchen Anleger entwickelten sich die Empfehlungen von Journalisten zum finanziellen Fiasko. Dass die Ratschläge von Journalisten unterm Strich Anleger oft Geld kosteten, zeigt zumindest für die USA eine Studie von Thomas Schuster aus dem Jahr 2004. In dieser weist der Autor nach, dass sich die von seriösen US-Medien empfohlenen Papiere häufig schlechter als der Markt entwickelten.

Anstatt eigenhändig Tipps zu geben, sollten Journalisten Fachleute wie Analysten, Vermögensverwalter oder Experten von Kreditinstituten zum Thema befragen und um eine Einschätzung bitten.

Recherche ist im Nutzwertjournalismus das A&O. Wenn Sie Produkte oder Dienstleistungen empfehlen, sollten Sie die Kriterien offenlegen, nach denen Sie diese ausgewählt haben.

Wie sollten Nutzwertjournalisten bei der Recherche vorgehen?

Sofern Sie eine Themenidee haben, können Sie mit der Recherche, also dem Lesen, Telefonieren und Mailen starten (s. Kapitel 3: Themen finden). Für die Recherche empfiehlt sich die folgende Vorgehensweise:
- Schritt 1: Ratgeber / Spezialhefte zum Thema lesen
- Schritt 2: Archiv konsultieren
- Schritt 3: Googeln (auf Seriosität der Quellen achten!)
- Schritt 4: Experten und Primärquellen konsultieren
- Schritt 5: Weitere Informationen einholen
- Schritt 6: Küchenzuruf formulieren

Ratgeber / Spezialhefte – Wenn Sie kein Vorwissen mitbringen, sollten Sie zunächst prüfen, ob es Ratgeber oder Spezialhefte zum Thema gibt. Entsprechende Bücher geben beispielsweise die *wiso*-Redaktion, *plusminus* oder Stiftung Warentest heraus. Hilfreich sind auch Hefte von Fachzeitschriften. In diesen sind die Sachverhalte oft umfassend und dennoch pointiert dargestellt.

Archiv – Sofern vorhanden, lohnt auch ein Blick ins Archiv. Etliche Verlage stellen ältere Artikel und Informationen zum Thema online zur Verfügung. Einige Journalisten erstellen auch ihr eigenes persönliches Archiv. Wer Zeitungen liest, kann entsprechende Artikel ausschneiden, Pressematerialien oder Studien in Ordnern – sortiert nach einzelnen Gebieten – sammeln. Alternativ lässt sich auch leicht ein digitales Archiv erstellen. Das ist sinnvoll, da zu erwarten ist, dass Inhalte nach und nach hinter Bezahlschranken verschwinden werden. Zudem erspart man sich das lästige Suchen nach Studien und Informationen, wenn diese gesammelt in einem Ordner auf der Festplatte, in Evernote, Pocket oder in der Dropbox abgelegt sind.

Suchmaschinen – Natürlich können Journalisten Informationen zur Riester-Rente, zu Spargel-Diäten oder Fitness-Tipps einfach googeln. Redakteure können für die Recherche auch Meta-Suchmaschinen wie metacrawler.de verwenden. Der Nachteil dieser Art der Suche über Suchmaschinen ist jedoch, dass viele angegebenen Seiten oft wertlos sind, weil sie keine validen Informationen enthalten. Zudem arten diese Suchen schnell aus. Die Meta-Suchmaschine Metager.de bietet beispielsweise die Möglichkeit, Suchkriterien zu verfeinern. Bei Internetrecherchen sollten Journalisten immer prüfen, wer ihnen die Informationen zur Verfügung stellt und wie alt diese sind. Ein Blick ins Impressum ist Pflicht. Denn hinter vielen Selbsthilfegruppen stecken Pharmakonzerne, hinter so manchem Verbraucherportal Kreditinstitute.

Nur wer weiß, woher die Informationen stammen, kann einordnen, wie er mit diesen umgehen muss.

Experten und Primärquellen konsultieren – Sobald Sie sich in das Thema eingelesen haben, können Sie Experten befragen. Vorwissen ist notwendig, denn nur wenn Sie sich bereits Wissen angeeignet haben, können Sie relevante Fragen stellen. Wer noch keine Kontakte zu Fachleuten hat, kann in bereits veröffentlichten Artikeln nachsehen, wen die Kollegen zum Thema zitieren. Das könnten auch Ihre ersten Ansprechpartner sein. Sie sollten mit den Experten jedoch unbedingt sprechen oder mailen. Es ist verboten, Zitate einfach aus anderen Artikeln zu kopieren, ohne die Quelle zu nennen. Die Copy- und Paste-Methode fliegt oft schneller auf als vermutet. So kam es beispielsweise schon vor, dass Autoren Experten zitierten, die zwischenzeitlich verstorben waren. Oder aber sie gaben den falschen Arbeitgeber des Fachmanns an. Denn den Arbeitsplatz wechseln Fachleute öfter. Solche eklatanten Fehler sind peinlich und offenbaren, dass der Journalist einfach abgeschrieben hat.

Übernehmen Sie Zitate nie ungeprüft aus dem Internet!

Auch wenn es bequem ist, Angaben zu Statistiken oder Studien aus anderen Artikeln zu übernehmen, ist auch hier Vorsicht geboten. Sie können nie sicher sein, dass die Kollegen den Sachverhalt korrekt dargestellt haben. Daher müssen Verbraucherjournalisten immer die Primärquelle konsultieren. Wie peinlich Abschreiben sein kann, zeigte das Beispiel von Karl-Theodor zu Guttenberg. Als dieser zum Wirtschaftsminister berufen wurde, fügte jemand im Online-Lexikon Wikipedia zu den zahlreichen Vornamen den Namen »Wilhelm« hinzu. Da Journalisten gerne voneinander abschreiben, hatte das zur Folge, dass zahlreiche Medien am nächsten Tag den künftigen Wirtschaftsminister um den Vornamen Wilhelm ergänzt hatten, den Guttenberg tatsächlich gar nicht führt:

In eigener Sache: Falscher Wilhelm bei Minister Guttenberg

Karl Theodor Maria Nikolaus Johann Jakob Philipp Franz Joseph Sylvester Freiherr von und zu Guttenberg: So heißt der neue Wirtschaftsminister. Aber nicht auch noch Wilhelm. SPIEGEL ONLINE ist auf einen Fälscher hereingefallen, der den Eintrag des CSU-Politikers in Wikipedia verändert hatte.

 Konsultieren Sie immer die Primärquelle!

Zitate sollten Journalisten autorisieren lassen. Segnet der Zitatgeber die Zitate inhaltlich ab, können Autoren diese so veröffentlichen – selbst wenn der Fachmann sprachliche Änderungswünsche äußert. Wer jedoch auch in Zukunft mit dem Experten zusammenarbeiten möchte, sollte sich um einen Kompromiss bemühen. Gibt der Zitatgeber die O-Töne nicht frei, können Sie diese trotzdem in indirekter Rede wiedergeben. Unüblich ist, Ansprechpartnern den kompletten Artikel zu schicken. Das birgt oft nur unnötigen Ärger und eröffnet Dritten die Möglichkeit, auf Struktur und Inhalt Einfluss zu nehmen. Unerfahrene oder dreiste Pressesprecher bauen in den Text mitunter PR-Phrasen ein und Sie verlieren viel Zeit mit Diskussionen.

Es gibt jedoch auch Ausnahmen von dieser Regel. Wenn Sie sich neu in ein komplexes Thema einarbeiten, können Sie den kompletten Artikel einem Experten Ihres Vertrauens schicken und diesen bitten, ihn auf inhaltliche Fehler zu prüfen. Dann haben Sie die Gewissheit, dass Sie korrekt über das neuartige Krebsmedikament oder die Änderungen im Steuerrecht berichten.

Weitere Informationen einholen – Ist nach den Gesprächen immer noch nicht klar, was die neue Krebstherapie so einzigartig macht oder wie die nachgelagerte Besteuerung genau funktioniert? Dann sollten Sie weitere Quellen konsultieren, Gespräche führen und lesen. Eine Recherche ist erst dann abgeschlossen, wenn alle Fragen beantwortet sind. Achten Sie jedoch darauf, dass Sie nicht in die Breite recherchieren, sondern sich auf einen

Aspekt fokussieren. Eine gute Recherche geht in die Tiefe und nicht in die Breite. Andernfalls werden Sie nie fertig.

Eine gute Recherche geht in die Tiefe und nicht in die Breite.

Ein Beispiel: Sie sollen über die Riester-Rente schreiben. Das gesamte Riester-Universum in einem Artikel zu erläutern, ist von vornherein zum Scheitern verurteilt. Entweder Sie entscheiden sich für einen Überblicksartikel, in dem Sie erläutern, wer Zulagen oder Steuerersparnisse erhält und wie hoch diese ausfallen. Oder Sie beschließen, sich auf Riester-Banksparpläne zu fokussieren. Dann können Sie sich in diese Form der staatlichen Vorsorge akribisch einarbeiten und detailliert darüber berichten. Überlegen Sie vor weiteren Rechercheschritten, welchen Aspekt des Themas Sie genauer unter die Lupe nehmen wollen. Das sollte idealerweise der spannendste sein. Wer es versäumt, die Recherche einzugrenzen, verzettelt sich schnell und kommt nie zu einem Ende.

Küchenzuruf formulieren – Sind alle Gespräche geführt und Fakten zusammengetragen, müssen Sie einen Küchenzuruf formulieren. Welche Kernaussage soll Ihr Text transportieren (s. Kapitel 3.4: Saisonale und wiederkehrende Themen)? Überlegen Sie dann, wie Sie die Informationen auf Text, Grafiken oder Infokästen verteilen können und fangen Sie an, zu schreiben. Wenn der Text geschrieben ist und die Grafiken erstellt sind, sollten Nutzwertjournalisten unbedingt einen Faktencheck machen: Sind alle Informationen inhaltlich korrekt?

4.2 Qualität von Quellen

Seien Sie kritisch. Hinterfragen Sie alle Informationen, die Sie erhalten. Überlegen Sie, welche Absichten Ihre Ansprechpartner verfolgen. Wachsame Journalisten gehen Lobbyisten, Politikern und Wirtschaftsbossen nicht so leicht auf den Leim. Wer nichts hinterfragt, macht sich schnell zum Sprachrohr bestimmter Interessengruppen.

Insbesondere im Internet ist ein Quellencheck zwingend notwendig. Oft verbergen sich hinter Verbraucherseiten Finanzinstitute oder hinter Patientenseiten Pharmakonzerne. So veröffentlicht etwa das Deutsche Institut für Altersvorsorge (DIA) regelmäßig Studien zur privaten Vorsorge in Deutschland. Diese werden auf der Seite auch stark beworben. Wer weiß, dass die Gesellschafter des Instituts u. a. die Deutsche Bank und der Deutsche Herold sind, kann die Informationen besser einordnen. Gleiches gilt beispielsweise für die Seite www.ms-life.de – eine Webseite für MS-Patienten, betrieben von dem Biotechnologieunternehmen Biogen Idec.

Fragen Sie immer, wer hinter den Informationen steckt. Mit welcher Absicht gibt Ihnen der Ansprechpartner die Information?

Es gibt zwei Quellen, die Nutzwertjournalisten immer wieder konsultieren: Verbraucherzentralen und Stiftung Warentest. Journalisten vergessen jedoch oft, auch die Gegenseite zu befragen. Denn nicht nur Konzerne, auch Verbraucherschützer haben eine bestimmte Sicht auf die Dinge. Für eine ausgewogene Darstellung müssen beide Seiten gehört werden. Verweigert ein Ansprechpartner die Aussage, sollten Journalisten das im Artikel entsprechend dokumentieren. So weisen sie eine sorgfältige Recherche nach und belegen, allen Beteiligten zumindest die Möglichkeit einer Stellungnahme gegeben zu haben.

Stiftung Warentest

Stiftung Warentest wurde 1964 gegründet. Die Stiftung testet Produkte und Dienstleistungen. Die Testergebnisse werden in den Zeitschriften TEST und FINANZTEST sowie unter WWW.TEST.DE veröffentlicht. Anders als andere Zeitschriften finanziert sich die Stiftung nicht über Anzeigen. Dadurch können die Experten unabhängig testen. Die Stiftung erhält als Ausgleich für den Verzicht auf Werbeeinnahmen Mittel vom Bundesministerium der Justiz und für Verbraucherschutz. Im Wesentlichen finanziert sich die Stiftung jedoch durch den Verkauf ihrer Publikationen und Testergebnisse. Bei der Stiftung arbeiten unter anderem Wissenschaftler und Redakteure. Wissenschaftler konzipieren und werten Tests aus, Redakteure verpacken in Absprache mit den Projektleitern die Ergebnisse in leicht verständliches Deutsch. Stiftung Warentest gibt zudem Spezialhefte und Bücher heraus. Journalisten, die sich erstmals mit Themen wie »Abgeltungsteuer« oder »Bestattungen« beschäftigen, können sich mit den Spezialheften sehr gut einlesen. Die Hefte TEST und FINANZTEST liefern zudem jeden Monat Ansatzpunkte für Themen. Experten der Stiftung Warentest sind gute Ansprechpartner zu verschiedenen Fachgebieten. Die Fachleute erreichen Sie über die Pressestelle der Stiftung. Diese stellt Journalisten auch Bild-, Radio- und Filmmaterial zur Verfügung und informiert über Pressekonferenzen der Stiftung. Weitere Informationen finden Sie unter www.test.de.

Verbraucherzentralen

Die Verbraucherzentrale Bundesverband ist die Dachorganisation von 41 Verbraucherverbänden mit Sitz in Berlin. Diese kümmert unter anderem darum, dass die Rechte der Verbraucher in Gesetzgebungsverfahren berücksichtigt werden. Wenn ein Gesetz, beispielsweise zur Abgeltungsteuer, verabschiedet werden soll, sind die Experten in der Berliner Zentrale für Journalisten die richtige Adresse. Oft geht es Nutzwertjournalisten jedoch nicht um Politik, sondern um Verbraucherberichterstattung. In diesem Fall sollten sich Journalisten an die Experten in den regionalen Verbraucherzentralen wenden. Das ist für Regionalzeitungen von Vorteil, da sie Experten aus dem Verbreitungsgebiet ihrer Zeitung zum Sachverhalt befragen können. Besorgen Sie sich am besten die direkten Durchwahlen der einzelnen Ansprechpartner. Die Presseabteilungen erweisen sich mitunter als Nadelöhr.

Die Zentrale in Berlin stellt neben Pressemitteilungen auch sendefähige Podcasts und Studien zur Verfügung. Diese sowie den Newsletter ePresseschau – eine aktuelle Übersicht über Nutzwertbeiträge in den Medien – können Journalisten abonnieren. Mehr Informationen unter www.vzbv.de.

Eine gute Quelle ist auch der Informationsdienst Wissenschaft, der idw. Im Newsletter des Informationsdienstes erfahren Journalisten neueste Forschungsergebnisse und erhalten eine Liste von Experten aus der Wissenschaft, die zu verschiedenen Sachverhalten wie beispielsweise Krebstherapien oder Aspekten der Energiewende befragt werden können. Weitere Informationen unter www.idw-online.de.

Nutzwertjournalisten sollten sich mit Experten vernetzen. Abonnieren Sie Newsletter von Verbänden, Bundestag, Bundesrat, Unternehmen, Gerichten und Fachleuten. So sind Sie immer auf dem Laufenden. Das hilft, Themen zu finden, liefert jedoch vor allem auch Quellen, die Sie für die Recherche nutzen können.

Checkliste: Recherche & Quellen

- Haben Sie mindestens zwei voneinander unabhängige Quellen konsultiert?
- Haben Sie den Sachverhalt durchdrungen? Wenn nicht, müssen Sie weiter recherchieren.
- Haben Sie geprüft, ob die Informationen im Text inhaltlich korrekt sind?
- Gibt es einen Experten Ihres Vertrauens, der Ihren Text vor dem Druck auf korrekten Inhalt überprüfen kann?
- Haben Sie bei Inhalten aus dem Internet geprüft, wer die Informationen online gestellt hat?
- Haben Sie sich bei der Recherche auf einen Aspekt konzentriert?
- Haben Sie die Primärquellen konsultiert?

4.3 Umgang mit dem wachsenden Einfluss der PR

Das Kräfteverhältnis zwischen Journalisten und PR verschiebt sich seit Jahren. Die Presseabteilungen rüsten personell auf, die Redaktionen bauen Personal ab. Diese Entwicklung hat Stephan Ruß-Mohl bereits Mitte der 90er-Jahre prognostiziert: Einer »Aufrüstungsspirale« in der PR werde eine »Abrüstungsspirale« in den Medien folgen (Ruß-Mohl 1996). Den Redaktionen wird immer mehr professionell aufbereitetes Gratismaterial angedient, das sich leicht eins zu eins in den Medien publizieren lässt. Diese Angebote fallen in ausgedünnten Redaktionen auf fruchtbaren Boden.

Viele Unternehmen und Verbände haben insbesondere den Nutzwertjournalismus als Einfallstor für PR entdeckt. Diese Form des Journalismus erfordert Fachexpertise und Zeit, die inzwischen in vielen Redaktionen fehlen. Daher veröffentlichen viele Presseabteilungen inzwischen sehr gut gemachte Verbrauchernewsletter. Diese sind nicht nur gut geschrieben, sondern liefern das von Journalisten benötigte Zusatzmaterial wie Grafiken, Fotos oder Beispielrechnungen gleich mit. Diese kostenlosen Angebote sind willkommen, weil viele Redaktionen keinen festen Grafiker beschäftigen und Fotoarchive oft nicht gut bestückt sind.

Unternehmen stellen neben Verbrauchernewslettern auch sogenanntes Footage-Material für Videos zur Verfügung. Das sind Filmausschnitte, die Journalisten in ihren Beitrag einbauen können. Da die kleinen Videoeinheiten der Verlage nicht über ein Archiv verfügen, greifen sie gerne auf dieses Material zurück. In diesem werden Unternehmen in einem besonders guten Licht dargestellt. Besser wäre, der Journalist würde die Aufnahmen mit der Kamera selbst drehen. Das ist jedoch aufwändig. Viele Verbrauchernewsletter sind so gelungen, dass Redaktionen den Inhalt eins zu eins übernehmen. Das hat mit Journalismus jedoch nichts zu tun und verstößt gegen Richtlinie 1.3 des Pressekodex:

> »Pressemitteilungen müssen als solche gekennzeichnet werden, wenn sie ohne Bearbeitung durch die Redaktion veröffentlicht werden.«

Die OSTTHÜRINGER ZEITUNG veröffentlichte beispielsweise online einen Artikel, der Bußgelder für Autofahrer im Ausland thematisiert:

> **Wenn deutsche Autofahrer im Ausland geblitzt werden**
> Wer mit dem Auto im Ausland unterwegs ist, muss sich an so manche fremde Verkehrsregel anpassen. Bußgelder fallen häufig in anderen Ländern nicht nur deutlich höher aus als in Deutschland – sie können hier meist auch vollstreckt werden, sofern sie aus dem EU-Ausland stammen.
> **Welche Strafen drohen?**
> Auf Verkehrsrowdys warten im europäischen Ausland zum Teil harte Strafen. In Frankreich müssen Raser schon beim ersten Mal mit 1500 Euro Bußgeld rechnen, in Österreich können es sogar 2180 Euro werden. Wenig Spaß verstehen die meisten Länder bei Alkohol am Steuer: In Dänemark wird schon bei der ersten Alkoholfahrt ein Monatsgehalt fällig. Bei mehr als 0,8 Promille drohen in Frankreich Gefängnis und ein Bußgeld von 4500 Euro. Und In Italien kann bei 1,5 Promille sogar das Auto enteignet und zwangsversteigert werden. Experten haben zur Orientierung die nebenstehende Tabelle zusammengestellt.

Gerade in der Urlaubszeit ein relevantes Thema. Die Quelle für den Artikel lieferte der Verbrauchertext der Arag-Versicherung, der leicht redigiert und mit einigen Zwischenüberschriften versehen, von der OSTTHÜRINGER ZEITUNG übernommen wurde:

> **Bußgelder im Ausland und wie Sie sich verhalten sollten**
> Wer mit dem Pkw im Ausland unterwegs ist, muss sich an so manche fremde Verkehrsregel anpassen. Sie sollten wissen, dass laut ARAG Experten Bußgelder häufig in anderen Ländern nicht nur deutlich höher ausfallen als in Deutschland – kommen sie aus dem EU-Ausland, können sie hier meist auch vollstreckt werden!

> **Was kosten Verkehrsverstöße im Ausland?**
> Auf Verkehrsrowdys warten im europäischen Ausland zum Teil harte Strafen. In Frankreich müssen Raser schon beim ersten Mal mit 1.500 Euro Bußgeld rechnen, in Österreich können es sogar 2.180 Euro werden. Wenig Spaß verstehen die meisten Länder bei Alkohol am Steuer: In Dänemark wird schon bei der ersten Alkoholfahrt ein Monatsgehalt fällig. Bei mehr als 0,8 Promille drohen in Frankreich Gefängnis und ein Bußgeld von 4.500 Euro. Und In Italien kann bei 1,5 Promille sogar das Auto enteignet und zwangsversteigert werden. ARAG Experten haben zur Orientierung folgende Tabelle zusammengestellt.

Auch die MITTELHESSISCHE ANZEIGEN bedient sich des Newsletters der Arag. Sie übernimmt den Text bis auf eine kleine Variation in der Überschrift eins zu eins. Die Redaktion ist aber immerhin so fair, den Leser am Ende des Beitrags darüber aufzuklären, dass der Text nicht von einem Redakteur geschrieben wurde. Am Ende des Artikels heißt es: »Arag-Experten geben Tipps für die optimale Ferienbetreuung für Vierbeiner«. Das ist zwar ehrlich, hat aber mit Journalismus nichts zu tun:

> **Endlich Urlaub – doch wohin mit Bello?**
> Wenn der Urlaub naht, ist die Vorfreude auf die schönsten Wochen des Jahres zumindest bei zweibeinigen Familienmitgliedern groß. Für viele Vierbeiner hingegen bedeutet eine Fahrt oder gar ein Flug in die Feriendestination Stress pur. Während Hunde dabei noch eher unkomplizierte Reisebegleiter sind und am meisten unter dem Trennungsschmerz vom Herrchen oder Frauchen leiden würden, ist es zum Beispiel bei Katzen ratsam, sie in den eigenen vier Wänden betreuen zu lassen. Sie sind richtige Urlaubsmuffel und fühlen sich in einer vertrauten Umgebung am sichersten. Auch Vögel und andere Kleintiere reagieren auf Klimaveränderungen sehr sensibel und sollten auf jeden Fall zu Hause gelassen werden. (MAZ, 6.08.2014)

Das Original aus der Feder der Arag-Experten:

> **Im Urlaub – wohin mit Bello?**
> Wenn der Urlaub naht, ist die Vorfreude auf die schönsten Wochen des Jahres zumindest bei zweibeinigen Familienmitgliedern groß. Für viele Vierbeiner hingegen bedeutet eine Fahrt oder gar ein Flug in die Feriendestination Stress pur. Während Hunde dabei noch eher unkomplizierte Reisebegleiter sind und am meisten unter dem Trennungsschmerz vom

Herrchen oder Frauchen leiden würden, ist es z. B. bei Katzen ratsam, sie in den eigenen vier Wänden betreuen zu lassen. Sie sind richtige Urlaubsmuffel und fühlen sich in einer vertrauten Umgebung am sichersten. Auch Vögel und andere Kleintiere reagieren auf Klimaveränderungen sehr sensibel und sollten auf jeden Fall zu Hause gelassen werden.

Viele Presseagenturen haben sich auf Nutzwertthemen spezialisiert. Sehr offensiv und mit einigem Erfolg bieten beispielsweise die DEUTSCHE JOURNALISTEN DIENSTE, djd, Ratgebertexte und die Organisation von Telefonaktionen und Chats zu verschiedenen Themen an:

Einige Agenturen wie etwa Audioetage (www.audioetage.com) liefern sendefertige Hörfunk-Beiträge, bezahlt von Unternehmen. Zitiert werden in den Verbraucherbeiträgen Experten des zahlenden Unternehmens. Dieser Service ist praktisch und kostet Redaktionen nichts. Service und Professionalität der PR-Angebote werden offensiv beworben, wie das folgende Beispiel zeigt. Doch Beiträge von Presseagenturen zu senden, hat mit Journalismus nichts zu tun.

> **Hörfunk-PR Umfrage**
>
> audioetage befragte Redakteure von über 100 Radiosendern:
>
> ✓ Beiträge max. 1:50 min
>
> ✓ Wortanteil gestiegen
>
> ✓ Ratgeberthemen werden gebraucht
>
> ✓ Zu werbliche Produktionen haben keine Chance
>
> ✓ Mehr Ergebnisse der Umfrage unter Radioredakteuren...
>
> Mit welchen Gefahren müssen Autofahrer besonders im Herbst rechnen? Wie schütze ich mein Eigenheim am besten gegen Einbruch? Welche Rechte habe ich am Arbeitsplatz? Diese und andere Fragen beantworten unsere regelmäßigen Radio-PR Produktionen im Auftrag der HUK-COBURG.[Mehr erfahren...]

Mit der Praxis, Pressematerial eins zu eins in Zeitungen, Zeitschriften oder im Hörfunk zu übernehmen, schaufeln sich Redaktionen ihr eigenes Grab. Warum sollten Mediennutzer für PR-Material zahlen?

Vorsicht ist auch bei ots-Meldungen geboten, die mit den Texten von Nachrichtenagenturen wie dpa oder Reuters über den Agenturticker angeboten werden. Verbreitet wird dieser Original Textservice (ots) vom dpa-Tochterunternehmen news aktuell. Ots-Meldungen sind Pressemitteilungen und sollten daher nie eins zu eins übernommen werden. Junge Redakteure halten ots-Meldungen oft irrtümlich für Texte von Nachrichtenagenturen.

> München (ots) – Die Kraftstoffpreise in Deutschland sind spürbar gesunken. Die aktuelle ADAC Auswertung zeigt, dass ein Liter Super E10 im Vergleich zur Vorwoche um 2,5 Cent billiger ist und derzeit im bundesweiten Mittel 1,536 Euro kostet. Auch Diesel verbilligte sich deutlich. Ein Liter kostet demnach im Schnitt 1,421 Euro, das ist ein Minus von 2,6 Cent.

Viele Unternehmen lassen ihre Pressetexte mit den anderen Agenturen als ots-Meldung veröffentlichen. Diese ots-Meldungen sind PR-Texte und sollten daher nie eins zu eins übernommen werden.

Eine beliebte Strategie von Pressestellen ist inzwischen, Journalisten Studien und Informationen exklusiv anzudienen. Viele fallen, geblendet von der Exklusivität, darauf herein und veröffentlichen das Material ohne weitere Prüfung. Doch Exklusivität hin oder her. Fragen Sie immer, mit welcher Absicht Ihnen der Ansprechpartner die Informationen gibt. Denn Pressestellen, Wirtschaftsbosse oder Politiker sind nicht so uneigennützig, ausgerechnet Sie mit vermeintlich geheimen Informationen zu versorgen. Vielmehr geht es diesen Interessensgruppen darum, mit einer bestimmten Haltung in der Presse aufzutauchen. Daher sollten Informationen immer kritisch analysiert und die Gegenseite gehört werden.

Prüfen Sie Informationen – erst recht, wenn sie vermeintlich exklusiv sind.

Einige Unternehmen setzen Redaktionen bei kritischer Berichterstattung unter Druck. Viele Konzerne, Politiker oder Verbände wenden sich in ihrem Unmut darüber, dass über sie zu negativ berichtet worden sei, direkt an den Chefredakteur oder die Verlagsleitung. Daher ist es wichtig, dass das, was Sie schreiben, korrekt ist. Welche Konsequenzen kritische Berichte und mitunter die Androhung, Werbung zu streichen, haben, hängt letztendlich vom Rückgrat der Chefredaktion ab. Idealerweise stellen sich die Chefs hinter ihre Leute, wenn diese zwar kritisch, aber inhaltlich korrekt berichten. Als Kompensation für die kritische Berichterstattung vereinbaren einige jedoch »Gefälligkeitsartikel«, in denen die Person oder das Unternehmen positiv dargestellt werden. Dass Einschüchterungsversuche nicht immer erfolgreich sind, zeigen prominente Beispiele. So endete etwa der Anruf des ehemaligen Bundespräsidenten Christian Wulff bei Kai Diekmann, dem Chefredakteur von BILD, in einem Desaster für Wulff. In den Redaktionen erlangte das Verhalten Wulffs zweifelhafte Berühmtheit. Wann immer Unternehmen oder Personen versuchten, Einfluss auf die Berichterstattung zu nehmen, hieß es dort: »Die wulffen«.

Wer unabhängig berichten möchte, sollte auf Einladungen und Geschenke von Unternehmen oder Verbänden verzichten. Bei Pressereisen lohnt es sich, zu prüfen, ob diese den Charakter einer Arbeitsreise haben. Wenn es in erster Linie darum geht, in Vier- oder Fünf-Sterne-Hotels zu logieren, hochwertige Weine zu kosten und Jeep-Safaris zu machen, ähnelt die Veranstaltung eher einem Spaß-Urlaub. Journalisten, die ihre Unabhängigkeit bewahren und weiterhin kritisch und glaubwürdig berichten wollen, sollten diese Art von Pressereisen meiden. Eine Alternative wäre die Reise selbst zu bezahlen oder den Lesern mitzuteilen, dass Grundlage für den Artikel eine Reise ist, die vom Unternehmen x bezahlt wurde.

Checkliste: Einfluss von PR

- Haben Sie Informationen, die Ihnen exklusiv angedient wurden, kritisch hinterfragt?
- Sind die vermeintlich exklusiven Informationen tatsächlich exklusiv?
- Haben Sie ots-Meldungen übernommen? Dann müssen Sie diese streichen oder von Grund auf überarbeiten.
- Nutzen Sie Pressemitteilungen, um Ideen zu sammeln. Vom Inhalt können Sie aber allenfalls Zitate übernehmen.
- Achten Sie auf eine inhaltlich korrekte Berichterstattung.
- Lassen Sie sich nicht unter Druck setzen. Wenn Sie kritisch, aber inhaltlich korrekt berichten, kann Ihnen nicht viel passieren.
- Haben sich Fehler in Grafiken oder Text eingeschlichen? Dann müssen Sie die Leser informieren und die falschen Angaben korrigieren.
- Prüfen Sie Pressereisen auf ihre Sinnhaftigkeit. Stehen Ausflüge oder Vorträge im Vordergrund? Vermeiden Sie Einladungen und Geschenke. Sie beeinträchtigen die Unabhängigkeit und die kritische Berichterstattung.

4.4 Telefonaktionen und Vermögens-Checks

Telefonaktionen sind bei Lesern und Verlagen beliebt – fördern sie doch die Bindung der Leser an die Zeitung oder Zeitschrift. Inzwischen bieten etliche Agenturen einen Rundum-Sorglos-Service bei Telefonaktionen. Sie liefern die Vorabberichterstattung, stellen Fotos, organisieren Experten und die Nachberichterstattung. Für Redakteure, denen das Fachwissen zu Darmkrebs, Erbstrategien oder neuer IT fehlt, ist dieser umfassende Service ein willkommenes Angebot. Sie müssen sich um nichts kümmern. Dem Leser wird eine Telefonaktion angeboten, bei der Redakteure lediglich die Auftraggeber sind und Texte von Presseagenturen ins Blatt heben. Unabhängig davon, was Lesern unter den Nägeln brennt und welche Fragen tatsächlich gestellt werden, schmuggeln die Anbieter mitunter Verbandspropaganda in Form vorgefertigter Fragen und Antworten ein. Inzwischen werden neben den Experten der Verbände oft auch Verbraucherschützer eingeladen. Doch da Fragen und Antworten in der Regel als Textbausteine vorliegen, ist dies für die Berichterstattung irrelevant. Die Strategie ist unter Fachleuten seit Jahren bekannt und wird von Agenturen, beispielsweise unter www.telefonaktion.info/telefonaktion, offensiv beworben:

> Kostenfreier Service für Ihre Redaktion und Ihre Leser:
> Bei Interesse liefern wir Ihnen wie gewohnt rechtzeitig alle notwendigen Materialien bestehend aus: Vorbericht, Fotos der Experten, Featurefotos und Hintergrundinformationen. Das Material für Ihre **Nachberichterstattung erhalten Sie am 19. September ebenfalls per Mail**. Bitte teilen Sie uns rechtzeitig mit, ob Sie sich an dieser Aktion beteiligen möchten – per beiliegendem Antwortfax, Mail oder Telefon.
>
> Alles Weitere übernehmen wir:
> Call-Center und Telefonleitungen; Gebührenaufkommen für 0800-Service; Experten, Fotos und weiteres Redaktionsmaterial. Wir freuen uns auf eine gute Zusammenarbeit!

Telefonaktionen sind beliebt. Oft melden sich Hunderte Leser. Die Redaktionen sind jedoch dünn besetzt, so dass oft die Zeit fehlt, eine Telefonaktion aus eigener Kraft zu organisieren. Wenn Sie die Experten nicht eigenhändig zusammentelefonieren wollen, können Sie auf Anbieter von Telefonaktionen zurückgreifen. Achten Sie aber darauf, dass keine vorgefertigten Frage- und Antwortblöcke in die Zeitung oder Zeitschrift wandern. Bestehen Sie auf eigenen Fragen und Antworten und darauf, dass PR gestrichen wird. Sie haben in diesem Punkt eine starke Verhandlungsposition. Schließlich gibt es inzwischen eine Reihe von Agenturen, die Telefonaktionen anbieten.

Wenn Sie die Expertenrunde bei einer Agentur einkaufen, sollten Sie Fragen und Antworten unbedingt eigenhändig formulieren!

Ein seriöser Nutzwertjournalist sollte aber am besten eine Telefonaktion mit eigenen Experten organisieren. Zum einen können Sie so das Thema frei wählen, zum anderen ist es dadurch möglich, Fachleute aus den unterschiedlichsten Bereichen einzuladen, um dem Leser eine breite Palette an Ansprechpartnern zu bieten. Bei einer Telefonaktion zum Thema Altersvorsorge ist es beispielsweise sinnvoll, Experten zum Thema Fonds, Geldanlage, Bausparen, Immobilien, Versicherungen sowie Experten der gesetzlichen Rentenversicherung einzuladen. So ist garantiert, dass wirklich jede Frage zur Vorsorge beantwortet werden kann.

Doch worauf sollten Journalisten bei der Organisation einer Telefonaktion achten? Zunächst einmal brauchen Sie ein Thema. Dieses ergibt sich aus aktuellen Nachrichten. Erbschafts-, Steuer-, Gesundheits- und Erziehungsthemen funktionieren immer. Gute Ansprechpartner für die Organisation von Telefonaktionen sind Verbände. Diese suchen für Sie Experten, die zum vorgeschlagenen Termin Zeit haben und an der Aktion teilnehmen möchten. Wer beispielsweise eine Telefonaktion zum Thema

Steuern organisiert, kann bei Lohnsteuerhilfevereinen oder Steuerberaterverbänden in der Region nach Unterstützung fragen. Ansprechpartner bei der Suche nach Experten zum Thema Rückenschmerzen sind beispielsweise Patientenberatungsstellen oder der Deutsche Orthopäden-Verband. Die Erfahrung zeigt: Je nach Thema ist es leicht, eine Runde zusammenzustellen, auch wenn Redaktionen – was heute üblich ist – keinen Cent zahlen.

Die Runde sollte je nach Aktualität und Relevanz des Themas aus mindestens drei Experten bestehen. Gibt es zu wenig Ansprechpartner, führt die gut gemeinte Aktion zu Frust unter den Lesern, weil sie sich die Finger wund wählen und die Leitungen ständig besetzt sind. Daher lieber ein, zwei Experten mehr einladen, als zu wenige. Sie können bei der Aktion die Anrufe auch zählen. Moderne Telefonanlagen ermöglichen das. Dadurch erhalten Sie wertvolle Angaben, wie viele Experten Sie bei der nächsten Telefonaktion benötigen. Fordern Sie mit der Einladung auch gleich ein geeignetes Foto der Fachleute an.

Steht der Expertenkreis, müssen noch Raum, Telefone und mindestens eine hilfreiche Kraft organisiert werden, die Sie beim Erfassen von Fragen und Antworten unterstützt. Ratsam ist es, eine Telefonaktion in den Abendstunden oder am Samstagvormittag anzubieten. Dann sind die Leser zu Hause und haben Zeit, Fragen zu stellen. Schreiben Sie vor der Aktion einige Artikel oder eine ganze Serie zum Thema der Telefonaktion. So können Sie in jedem Text in einem Infokasten auf die Aktion hinweisen – eine optimale Werbung. Die BERLINER MORGENPOST weist beispielsweise in ihrer einwöchigen Steuerserie regelmäßig auf die geplante Telefonaktion hin (siehe Beispiel S. 91 oben).

Am Tag der Telefonaktion veröffentlichen Sie die Namen und Fotos der Ansprechpartner sowie die Telefonnummern. Achten Sie unbedingt darauf, dass die angegebenen Nummern korrekt sind. Die BERLINER MORGENPOST etwa führt zudem in das Thema ein und stellt exemplarisch einige Fragen (siehe Beispiel S. 91 unten).

Für die Telefonaktion selbst sollten Sie zwei Stunden ansetzen. Die Experten notieren in Stichworten Fragen der Leser und ihre Antworten. Bitten Sie die Ansprechpartner, die Leitung nicht gleich wieder frei zu machen, sondern zunächst ihre Notizen zu vervollständigen, bevor sie die nächste Frage beantworten. Sonst haben Sie am Ende einen Wust an Gekritzel, mit dem weder der Fachmann noch Sie etwas anfangen können. Geben Sie im Verlauf der Aktion Fragen und Antworten am besten direkt in das Redaktionssystem ein. Die Experten sollten danach noch einen Blick auf das Geschriebene werfen und prüfen, ob der Inhalt korrekt ist.

Steuer-Hilfe
Steuerexperten beantworten Ihre Fragen

Eine Steuererklärung rechnet sich. Im Schnitt erhalten Berliner und Brandenburger 900 Euro von ihrem Finanzamt zurück. Doch Ihnen ist noch nicht ganz klar, wie die einzelnen Altersvorsorgeaufwendungen wie Einzahlungen in die gesetzliche Rente, Riester oder Rürup verrechnet werden müssen? Und Sie sind sich nicht sicher, ob Sie eine Nichtveranlagungsbescheinigung beantragen können und ob Sie überhaupt verpflichtet sind, eine Steuererklärung zu machen? Dann sollten Sie die Möglichkeit nutzen: Sie können am kommenden Samstag alle Fragen zu Ihrer Steuererklärung für 2008 Spezialisten stellen. Es stehen Ihnen sechs Experten des Neuen Verbands der Lohnsteuerhilfevereine und des Steuerberaterverbands Berlin-Brandenburg Rede und Antwort. Sie können Ihre Fragen telefonisch oder per Mail stellen. Am Samstag veröffentlichen wir die Telefonnummern und die Mailadresse.

Sie haben noch Fragen zur Besteuerung von Alterseinkünften oder sind unsicher, ob Sie Steuern zahlen müssen? Dann sollten Sie die Möglichkeit nutzen: Am Samstag bei der **Telefonaktion der Berliner Morgenpost** können Sie Ihre Fragen den Experten des Neuen Verbands der Lohnsteuerhilfevereine und des Steuerberaterverbands Berlin-Brandenburg stellen.

Experten beantworten heute Ihre Fragen zur Steuererklärung

Wer keine Steuererklärung macht, verschenkt viel Geld. Daher sollten sich Steuerzahler Zeit nehmen, um die Bögen für das Finanzamt auszufüllen. Der Lohn ist ansehnlich. Doch Sie sind unsicher, ob Sie als Rentner überhaupt eine Steuererklärung abgeben müssen? Auch wissen Sie nicht, was die Finanzbeamten mit der Steuer-Identifikationsnummer nun alles erfahren und wie Sie sich verhalten sollen, wenn Sie wider besseren Wissens keine Steuererklärung abgegeben haben? Mieter können einen Teil ihrer Nebenkostenabrechnung mit dem Fiskus verrechnen und Eltern die Betreuungskosten steuerlich geltend machen. Sie haben noch Fragen zu diesen oder anderen Steuerthemen? Dann sollten Sie die Möglichkeit nutzen, Spezialisten Ihre Steuerfragen zu stellen. Von elf bis 13 Uhr stehen Ihnen die Experten des Neuen Verbands der Lohnsteuerhilfevereine (NVL) und des Steuerberaterverbands Berlin-Brandenburg (StB) Rede und Antwort. Sie können Ihre Fragen telefonisch oder per Mail stellen.   bbr

Wolfgang Wawro (StB) erreichen Sie unter | Michael von Arps-Aubert (StB) beantwortet Ihre Fragen unter | Marlene Großkreutz (StB) steht Ihnen Rede und Antwort unter | Martina Bruse (NVL) gibt Ihnen Steuertipps unter der Nummer | Uwe Rauhöft (NVL) beantwortet Ihre Steuerfragen unter | Marlies Spargen (NVL) erreichen Sie online unter

So lassen sich – sofern die Journalisten im Thema keine ausgewiesenen Experten sind – inhaltliche Fehler vermeiden.

Achten Sie unbedingt darauf, dass der Text leicht verständlich ist. Steuerberater, Gesundheits- und Vorsorgeexperten haben ein großes Geschick, einfache Sachverhalte mit möglichst vielen Fachbegriffen, Substantiven und Worthülsen in ein unverständliches Kauderwelsch zu verwandeln. Diskutieren Sie mit den Experten alternative Formulierungen. Bleiben Sie hart. Arbeiten Sie so lange an dem Text, bis dieser leicht verständlich ist. In diesem Zusammenhang gilt eine einfache Regel: Wenn Sie das Geschriebene nicht verstehen, verstehen es Ihre Leser auch nicht. Da hilft nur: Überarbeiten.

Im digitalen Zeitalter liegt es natürlich nahe, den Lesern anzubieten, dass sie ihre Fragen auch per Mail, Facebook oder in einem Chat stellen können. Das ist ein toller Service. Die Erfahrung zeigt jedoch: Auch wenn Sie dieses Angebot zeitlich begrenzen, schaffen es die Leute, Hunderte Mails zu schreiben. Diese müssen Sie von Experten beantworten lassen, damit Leser nicht enttäuscht und verprellt ihr Abo kündigen und Sie noch mehr Mails – dann mit Beschwerden – erhalten. Wenn Sie sich nicht noch Tage und Wochen nach der Aktion damit beschäftigen wollen, Fragen von Experten beantworten zu lassen, sollten Sie von der Möglichkeit, Fragen auch per Mail schicken zu können, Abstand nehmen!

In zehn Schritten zur gelungenen Telefonaktion:
1. Suchen Sie ein Thema, das viele Leute bewegt. Oft sind es aktuelle Nachrichten – Gesundheit, Erziehung, Steuern oder Geld funktionieren immer.
2. Rufen Sie bei Verbänden an. Sie helfen Ihnen, Experten für die Telefonaktion zu suchen. Mindestens drei Experten sollten teilnehmen.
3. Planen Sie eine Serie oder zumindest einige Artikel zum Thema. Fügen Sie Infokästen mit Hinweis auf die Telefonaktion ein.
4. Beziehen Sie die Onlineredaktion ein und stellen Sie sicher, dass die Artikel und der Hinweis auf die Telefonaktion auch im Internet veröffentlicht werden.
5. Am Tag der Aktion veröffentlichen Sie die Namen der Ansprechpartner und die Telefonnummern.
6. Haben Sie die Namen korrekt geschrieben? Sind Datum und Uhrzeit richtig erfasst? Stimmen die Telefonnummern? Es hat schon so manche Telefonaktion ohne einen einzigen Anruf gegeben, weil schlichtweg die Nummern falsch angegeben waren. Eine peinliche Situation für Sie, verlorene Zeit für die Experten und wütende und enttäuschte Leser – eine Blamage auf ganzer Linie.
7. Lassen Sie die Experten Fragen und Antworten notieren.

8. Übersetzen Sie das Geschriebene in verständliches Deutsch. Gestalten Sie eine Seite oder einen Artikel mit den spannendsten Fragen und Antworten.
9. Sollten Sie mehr Fragen und Antworten dokumentiert haben als auf eine Seite passen, könnten Sie diese ins Internet stellen und in Print auf den zusätzlichen Service online verweisen.
10. Mit Hilfe moderner Telefonanlagen lässt sich die Zahl der Anrufe bei Telefonaktionen erfassen – ein guter Indikator für die nächste Aktion. Haben viele Leute angerufen, empfiehlt es sich bei der nächsten Telefonaktion zu diesem Thema mehr Experten einzuladen.

Telefonaktionen bieten eine hervorragende Möglichkeit, herauszufinden, was die Leser beschäftigt. Wer beispielsweise ein Expertenforum zum Thema Erben und Vererben anbietet, merkt vielleicht, dass sich Fragen danach häufen, wie die unliebsame Schwiegertochter oder der Schwiegersohn enterbt werden kann. Wenn dem so ist, haben Sie ein Nutzwertthema gefunden, das viele Leute bewegt. Es lohnt daher, diese Frage in einem Artikel aufzugreifen.

Checkliste: Telefonaktionen organisieren

- Haben Sie ein Thema gewählt, das viele Leute bewegt?
- Haben Sie relevante Experten zur Telefonaktion eingeladen? Haben Sie sichergestellt, dass ein Verband nicht überrepräsentiert ist?
- Haben Sie ausreichend Fachleute organisiert? Je nach Thema sollten mindestens zwei bis drei Experten Rede und Antwort stehen.
- Haben Sie rechtzeitig und mehrfach auf die Telefonaktion hingewiesen?
- Sind die Namen der Fachleute richtig geschrieben? Sind die angegebenen Telefonnummern korrekt?
- Haben Sie die Online-Redaktion rechtzeitig informiert und in die Planung eingebunden?
- Wenn Sie die Telefonaktion von einer Presse-Agentur organisieren lassen: Haben Sie die Fragen und Antworten formuliert und kein vorgefertigtes Material übernommen?
- Wenn Sie kein Experte in dem Themengebiet sind: Haben Sie Fragen und Antworten von einem Experten inhaltlich checken lassen?

Vermögens-Checks – Einige Finanzinstitute bieten Vermögens- oder Versicherungs-Checks an. In diesen durchleuchten Experten die Versicherungsordner oder Anlagestrategien von Lesern und geben Tipps, was diese besser machen könnten. Auch bei solchen Checks wird inzwischen oft ein Rundum-Sorglos-Paket geliefert. Redaktionen erhalten Themenvorschläge, fertige Texte und den Service, dass Leser ihr Depot von einem Vermögensberater vor Ort analysieren und sich beraten lassen können. Diesen Service bietet aktuell beispielsweise die V-Bank an. Sie vertritt unabhängige Vermögensverwalter. Viele Regionalzeitungen, aber auch überregionale Medien, nutzen das Angebot der Bank:

> Vermögens-Check
> **Teilnahmebedingungen und Ablauf der Aktion**
> Bedrohen Geldentwertung und niedrige Zinsen meine Ersparnisse? Kann man in der Krise überhaupt noch erfolgreich Geld anlegen? Dann melden Sie sich bis zum 20. Dezember zum Vermögens-Check an. Dabei zeigen bankenunabhängige Experten aus der Region in einem bis zu zweistündigen Gespräch, wie man das eigene Portfolio sinnvoll umstrukturieren kann. mehr ...

> Geldanlage
> **Vermögens-Check 2013: Auf der Suche nach Rendite**
> Niedrigzinsen bedrohen private Vermögen. Doch der schleichende Wertverlust ist kein Schicksal. Beim Vermögens-Check der VDI nachrichten können Sie ihr Portfolio von Vermögensverwaltern analysieren lassen.

Die V-Bank liefert Themenvorschläge, beauftragt freie Journalisten, die die Texte schreiben. Zitiert werden in den Artikeln unabhängige Vermögensverwalter. Die Redaktionen erhalten ein komplettes regionalisiertes Paket, bestehend aus Artikeln und Zusatzmaterialien wie Fotos oder Videos. Ein verlockendes Angebot. Das Angebot ist professionell, jedoch nicht vollkommen unabhängig. Auch wenn die Texte von freien Journalisten geschrieben und an die jeweilige Region angepasst werden, gibt es eine Restriktion: Zitiert werden vor allem unabhängige Vermögensverwalter. Sparkassen oder Volksbanken kommen in der Regel nicht zu Wort. Redakteure können das Material in jedem Fall nutzen, um Themen zu finden oder um Zitate von Vermögensverwaltern in ihren Artikeln einzubauen. Die Redaktionen erhalten gut aufbereitete, regionalisierte Inhalte, die Vermögensverwalter im Gegenzug eine mediale Plattform. Die Aktion Vermögens-Check der V-Bank, bei dem die Geldanlage von Lesern unter die

Lupe genommen wird, führt mitunter zu Ärger mit anderen Finanzinstituten in der Region. Denn diese fürchten oft, über die Aktion Kunden an die Konkurrenz zu verlieren.

4.5   Einsatz Sozialer Medien in der Recherche

Nutzwertjournalisten können Soziale Medien sehr gut in der Recherche und im Eigenmarketing einsetzen. Schließlich benötigen sie für Videos oder Fernsehbeiträge Personen, anhand derer sie den Sachverhalt erzählen können. Auch Beiträge in Print oder Hörfunk gewinnen mit O-Tönen Betroffener. Denn damit lassen sich komplexe Sachverhalte anschaulich in einem Feature darstellen (s. Kapitel 6.3: Feature). Doch diese zu finden, ist nicht ganz einfach. Eine Möglichkeit besteht darin, sich an Verbände oder Selbsthilfegruppen zu wenden. Sie sind oft behilflich bei der Suche nach passenden Personen. Wenn sich diese bereit erklären, mit Ihnen zu reden, dürfen die Verbände die Kontaktdaten weitergeben. Bei einer solchen Anfrage sollten Redakteure jedoch Zeit einplanen. Journalisten von Tageszeitungen können sich de facto davon verabschieden, dass noch am Tag der Anfrage eine Kontaktadresse geliefert wird. Wichtig ist, dass Autoren die Privatsphäre der Betroffenen respektieren und Personen nicht vorführen. Dann landen Sie eventuell einmalig einen Quotenhit – den Kontakt haben Sie jedoch nachhaltig zerstört.

Checkliste: Betroffene finden

- Fragen Sie Verbände oder Selbsthilfegruppen, ob diese einen Kontakt zu Betroffenen herstellen können.
- Respektieren Sie die Privatsphäre der Betroffenen.
- Haben Sie die Möglichkeit, Betroffene über Foren zu finden, genutzt?
- Haben Sie einen Aufruf über verschiedene Soziale Medien gestartet?

Eine weitere Möglichkeit, Betroffene zu finden, ist, Anzeigen oder Aufrufe in Foren zu veröffentlichen. So ist das ARD Magazin *plusminus* beispielsweise im Forum unfallopfer.de auf der Suche nach Betroffenen, deren Versicherung im Schadensfall nicht sofort gezahlt hat:

Hallo,
mein Name ist Sigrid Born und ich arbeite für das ARD Magazin Plusminus. Ich mache gerade einen Beitrag darüber, wie es Versicherungen immer wieder schaffen, Verfahren in die Länge zu ziehen und damit die Anspruchsteller mürbe machen, wohl mit dem Ziel, sie zur Aufgabe oder zur Akzeptierung eines ungünstigen Vergleichs zu bewegen. Konkret suchen wir Betroffene, deren Streit mit der Versicherung sich schon über mehrere Jahre hinzieht und die bereit wären, das vor der Kamera zu erzählen. Ideal wären für uns und unser Thema folgende Fallkonstellation:
- Ein Unfallopfer, das nicht schuld ist und sich mit der gegnerischen Haftpflicht um Schadensersatz und Schmerzensgeld streitet.
- Ein Kunde der Versicherung, der eigentlich Anspruch aus seiner Unfallversicherung hätte, die aber nicht zahlt, z. B. weil sie einen Unfall bezweifelt.
- Ein Patient, der wegen eines Arzthaftungsfehlers mit der Versicherung des Arztes seit Jahren prozessiert.
- Probleme mit der Berufsunfähigkeitsversicherung

Selbstverständlich bin ich auch für andere Fälle offen, wichtig ist mir aber vor allem, dass klar wird, dass die Versicherung das Verfahren künstlich in die Länge zieht.

Eine Produktionsfirma nutzt beispielsweise das Forum forum.mobbing.net, um junge Leute, die Opfer von Cybermobbing waren, zu finden:

Betroffene von Cybermobbing für TV-Magazin gesucht
Liebe Leserinnen und Leser von mobbing.net,
als Produktionsfirma für ein nationales TV-Magazin planen wir einen Beitrag zum Thema Cybermobbing. Darin möchten wir über das Thema aufklären und herausstellen, dass das Mobbing im Netz ein immer größeres und vor allem ernstzunehmendes Problem ist. Dafür sind wir auf der Suche nach jungen Menschen, die persönliche Erfahrungen mit Cybermobbing machen mussten und bereit sind, von ihren Erlebnissen zu berichten.

Dass es sich um ein sensibles Thema handelt, ist uns natürlich bewusst. Dementsprechend sorgsam gehen wir damit um. Persönliche Daten, z. B. E-Mailadressen oder Telefonnummern, werden selbstverständlich vertraulich behandelt und nicht an Dritte weitergegeben.

Die Chancen, einen Betroffenen über Foren zu finden, stehen nicht schlecht. Relevant ist selbstverständlich, wie stark diese Plattformen frequentiert werden und wie seriös die Anfrage formuliert wird. Je persönlicher, umso besser.

Wer sich nicht erst auf die Suche nach passenden Foren machen möchte, kann auch einen Aufruf über die eigene Homepage oder über die Sozialen Medien starten. Sie könnten Leute beispielsweise fragen, wie stark der Beitrag für die private Krankenversicherung erhöht wurde oder welche Erfahrungen sie beim Wechsel ihres DSL-Anbieters gemacht haben. FINANZTEST befragte Twitter-Nutzer beispielsweise zu ihren Erfahrungen beim Wechsel der Kfz-Versicherung:

FinanztestRecht @FinanztestRecht
Leser-Befragung: Welche Erfahrungen haben Sie beim Wechsel Ihres Autoversicherers gemacht? bit.ly/ObjU8w

Journalisten sollten jedoch berücksichtigen, dass nach Informationen des Globalwebindex Ende 2012 gerade einmal sechs Prozent der deutschen Bevölkerung bei Twitter aktiv war. Eine Minderheit. Aufrufe sollten daher auch über Facebook, Google Plus oder die eigenen Medien verbreitet werden.

Soziale Medien können Journalisten nicht nur nutzen, um Betroffene zu finden, sondern auch, um auf Geschichten oder Entwicklungen aufmerksam zu machen:

Stiftung Warentest @warentest
#Elterngeld: Wechsel der Steuerklasse kann Plus von mehreren 1000 Euro bedeuten. So geht's: bit.ly/16YRUxE

Mehr Informationen zum Eigenmarketing via Soziale Medien finden Sie in Kapitel 9.1.

Checkliste: Recherche und Quellen

- Haben Sie mindestens zwei voneinander unabhängige Quellen befragt?
- Kommt neben den Verbraucherschützern auch die andere Seite zu Wort?
- Haben Sie sich bei Ihrer Recherche fokussiert?
- Sind die Zitate mit den Ansprechpartnern abgestimmt?

- Sind die Zitate leicht verständlich?
- Haben Sie die Quelle der Information geprüft?
- Mit welcher Intention werden Ihnen die Informationen zur Verfügung gestellt?
- Ist vermeintlich exklusives Material auf Exklusivität überprüft?
- Haben Sie gecheckt, ob die Informationen plausibel sind?
- Haben Sie trotz Zeitnot eine Telefonaktion eigenhändig organisiert?
- Wenn Sie die Telefonaktion organisieren lassen: Haben Sie geprüft, dass keine vorgefertigten Fragen und Antworten ins Blatt wandern?
- Zu welchen Themen gibt es viele Fragen? Das, was viele Leser bewegt, sollten Sie in einem Artikel aufgreifen.
- Haben Sie einen Aufruf in Foren oder Sozialen Medien gestartet, um Betroffene oder Beispiele zu finden?

Literatur

Grabowski, Peter (2010): Fact-Checking Journalistenwerkstatt. Salzburg-Eugendorf: Medienfachverlag Oberauer.

Haller, Michael (2008): Recherchieren. Konstanz: UVK.

Leif, Thomas (Hrsg.) (2010): Trainingshandbuch Recherche. Wiesbaden: VS-Verlag.

Lilienthal, Volker (2014): Recherchieren. Konstanz: UVK.

5 Formate

Gelungener Nutzwert ist ein Gesamtkunstwerk. Er besteht im Idealfall nicht nur aus einem Lauftext, sondern aus vielen kleinen Bestandteilen. Die große Herausforderung liegt darin, die Informationen in leicht konsumierbare Häppchen zu zerlegen und entsprechend darzustellen. Dafür stehen Journalisten zahlreiche Möglichkeiten wie Infokästen, Checklisten oder Tabellen zur Verfügung. Über die optimale Form der Aufbereitung entscheiden letztendlich der zur Verfügung stehende Platz, Zusatzmaterial wie Tabellen, Beispielrechnungen oder Grafiken sowie die Zeit, die in die Recherche und Seitengestaltung investiert wird. Es ist eben ein Unterschied, ob Sie einen Artikel, eine komplette Seite, eine mehrteilige Serie oder eine Beilage mit Verbraucherthemen bestücken. Im Folgenden werden für verschiedene Platzverhältnisse passende Darstellungsformen genannt sowie deren Besonderheiten und Herausforderungen aufgezeigt:

- Artikel,
- Ratgeber- bzw. Sonderseiten,
- Serien,
- Beilagen.

5.1 Artikel

In vielen Fällen schreiben Autoren lediglich einen Artikel und gegebenenfalls noch einen Kasten oder Kommentar zu einem Thema. Das sind in Zeitungen oft überschaubare Berichte oder Features, in Zeitschriften kann sich ein Artikel über mehrere Seiten erstrecken. Steht für das Thema wenig Platz zur Verfügung, sind die Gestaltungsmöglichkeiten begrenzt. Doch auch in diesem Fall können Journalisten die folgenden klassischen Darstellungsmöglichkeiten nutzen. Lauftext, Infokästen und Tabellen bilden das Grundgerüst für jeden Nutzwertjournalisten:

- Haupttext (Bericht, wenn möglich Feature mit szenischem Ein- und Ausstieg),
- Frage-Antwort-Text,
- Infokasten,

- Tabelle,
- Beispielrechnung,
- Bilder.

Bei Tageszeitungen und Online-Medien muss es oft schnell gehen. Ein Gericht entscheidet, eine gehaltvolle Studie landet auf dem Schreibtisch, die Regierung verabschiedet ein Gesetz. Journalisten sollten dann die Konsequenzen dieser Neuigkeiten für die Leser herausarbeiten und mögliche Fragen beantworten.

Haupttext – Diesen Service können Journalisten am einfachsten in einen Bericht verpacken. Die relevante Nachricht steht gleich zu Beginn des Textes, danach folgen Detail- und anschließend Hintergrundinformationen (s. Kapitel 6: Textsorten). Das erfordert lediglich einige Telefonate mit Experten. Eine Alternative zum Bericht wäre, den Text »anzufietschern« oder mit einem szenischen Ein- und Ausstieg eine Klammer zu konstruieren. Ein Feature ist aber auch mit mehr Aufwand verbunden. Denn zum einen müsste sich einer der Experten für einen beschreibenden Einstieg eignen oder Sie müssen einen betroffenen Verbraucher finden, der Ihnen Rede und Antwort steht. Journalisten können zwar über Soziale Netzwerke einen Aufruf starten. Doch es bedarf auch etwas Glück, dass sich eine passende Person vor Redaktionsschluss meldet, die zudem bereit ist, sich im Text zitieren oder filmen zu lassen. Gelingt Ihnen das, können Sie szenisch ein- und aussteigen. Doch unabhängig davon, wie Sie Ihren Text beginnen: Bei längeren Texten sollten Sie Zwischenüberschriften einbauen.

Zwischenüberschriften geben Texten eine äußere Gliederung und erleichtern somit auch die Verständlichkeit des Textes.

Frage-Antwort – Wenn es einmal schnell gehen muss, empfiehlt es sich, einen Nutzwerttext in der Form »Die wichtigsten Fragen zu …« darzustellen. Die Fragen sind zügig formuliert, die Antworten ebenso. Schließlich müssen Autoren keinen Gedanken an den Aufbau des Textes oder eine griffige These verschwenden. Die Leserforschung zeigt, dass solche Texte gerne gelesen werden. Wer schon Experte in einem Themenbereich ist, sollte fachliche Laien fragen, welche Fragen sie sich zu Riester, zur Glyxx-Diät oder zum neuen Trendsport Slacklining stellen. Das sind in der Regel auch die Fragen, die Leser von Zeitungen oder Publikumszeitschriften haben. Besonders gut verkaufen sich die Artikel, wenn Sie noch mit einer bestimmten Anzahl von Fragen werben. So listet BRIGITTE.DE beispielsweise sieben Fragen und Antworten zur Fußpflege auf:

> **Gepflegte Füße: Sieben Fragen & Antworten**
> Endlich können wir die Sandalen wieder aus dem Schrank holen. Und damit ihre Zehen darin auch hübsch aussehen, geben wir Ihnen tolle Tipps zum Thema gepflegte Füße.

DIE WELT beantwortet die wichtigsten Fragen zu Fehlbuchungen mit der 22-stelligen Kontonummer IBAN:

> SEPA
> **Wie werden bei der IBAN Fehlbuchungen verhindert?**
> Ab 1. August führt an der 22-stelligen Kontonummer IBAN kein Weg mehr vorbei. Die Verunsicherung ist groß – dabei sind viele Sorgen unbegründet. DIE WELT beantwortet die wichtigsten Fragen.

Das Format Frage-Antwort hat jedoch auch seine Tücken. Es eignet sich wunderbar dafür, einzelne Bausteine aus PR-Texten oder früheren Artikeln in die Antworten zu kopieren. Nutzen Journalisten Copy und Paste, macht das die Textform oft spröde, schwer lesbar oder langweilig. Attraktiv sind Fragen und Antworten nur, wenn Autoren diese in leicht verständlicher Sprache verfassen. In den Text sollten Journalisten mit den spannendsten Fragen einsteigen, die möglichst viele Leser betreffen. Spezifischere Fragen gehören an den Schluss. Bei komplexen Themen mit verschiedenen Aspekten und viel Platz bieten sich Zwischenüberschriften an. Angenommen, Sie beantworten die wichtigsten Fragen zur jüngsten Steuerreform. Dann können Sie mit Hilfe der Zwischenüberschriften Rubriken bilden wie beispielsweise Familien, Sparer, Rentner, so dass sich die Leser im Text leicht zurechtfinden. Autoren sollten darauf achten, dass in den Antworten ein klarer Standpunkt zum Thema erkennbar ist. Eine Gefahr dieses Formats besteht auch darin, dass sich der Autor nicht ent-

Frage-Antwort	
schnell geschrieben	+
leicht zu lesen	+
Gefahr, PR-Versatzstücke einzubauen	–
Gefahr widersprüchlicher Aussagen	–

scheidet, sondern ein Einerseits – Andererseits präsentiert. Dieses oder widersprüchliche Angaben helfen Lesern nicht, sie verwirren lediglich.

Infokästen – Infokästen sind ideal, um relevante, aber sperrige Informationen zum Thema auszulagern. Zahlen, Fachbegriffe, Termine, Internetlinks oder Literaturtipps sind wertvolle Informationen für den Leser, stören aber den Lesefluss. Autoren können daher in Infokästen beispielsweise relevante Fachbegriffe erläutern oder Zahlen verbannen, die sich grafisch nicht darstellen lassen. Das entrümpelt den Haupttext und hat zudem den entscheidenden Vorteil, dass diese Informationen nicht im Text untergehen. Die ALLGEMEINE ZEITUNG nutzt den Infokasten beispielsweise, um auf einen Musterbrief der Verbraucherzentrale zu verweisen:

> **Musterbrief**
> Die Verbraucherzentrale Rheinland-Pfalz bietet im Internet unter www.vz-rlp.de/vermieter-gasversorger einen Musterbrief, mit dem Mieter den Hauseigentümer zum Wechsel des Gasanbieters auffordern können. Der Musterbrief kann auch in den Beratungsstellen der Zentrale abgeholt werden.

Infokästen müssen, wie im vorliegenden Beispiel, mit einem Schlagwort versehen werden, so dass der Leser sofort weiß, worum es geht. Viele Redaktionen bestehen sogar darauf, Schlüsselbegriffe in Infokästen zu fetten. Vermeiden sollten Autoren zu allgemeine Überschriften wie »Infos« oder »Infokasten«.

 Prüfen Sie immer, ob der Infokasten den Lesern einen echten Mehrwert bietet. Finden sich im Kasten wirklich zusätzliche Informationen, die nicht im Text enthalten sind?

Nutzwertjournalisten sollten darauf achten, dass sie die Leser nicht mit allzu banalen Tipps langweilen. Denn wer seine Leser darauf aufmerksam macht, dass sie auf das Kleingedruckte achten sollten oder sich an Verbraucherzentralen wenden können, hat es sich oft zu leicht gemacht. Es ist die Aufgabe von Nutzwertjournalisten, möglichst viele potenzielle Fragen der Leser zu beantworten und vor konkreten Tricks im Kleingedruckten zu warnen. Das verlangt jedoch eine intensive Beschäftigung mit der Materie.

Infokästen

übersichtliche Darstellung von Fakten, Daten, Terminen …	+
Haupttext wird entschlackt und leicht lesbar	+
Gefahr inhaltlicher Doppelungen	–
Gefahr irrelevanter Informationen, wenn Infokästen vor allem aus optischen Gründen eingebaut werden	–

Tabellen – Nutzwert ohne Tabelle ist ein wenig wie Sommer ohne Sonne. In Tabellen lassen sich Vergleiche von Produkten oder Angeboten übersichtlich darstellen. Doch diese Darstellungsform bereitet – sofern Autoren sie eigenhändig erstellen – viel Arbeit. Journalisten müssen dabei nicht nur bestimmte Kriterien beachten, sondern auch viel Zeit in die Abfrage und Aufbereitung der Informationen investieren. Der große Vorteil eigener Tabellen ist, dass Sie das Thema wirklich durchdringen. Denn nur wer eigenhändig Tabellen erstellt, weiß, wo die Haken und Ösen und Tricks der Anbieter liegen (s. Kapitel 5.5: Vergleiche und Produkttests). Einige Produkte sind jedoch derart komplex, dass es sich anbietet, diese von unabhängigen Instituten prüfen zu lassen.

Tabellen kommen bei Lesern gut an. Das dokumentieren Anrufe in der Redaktion. In diesen bemängeln Leser oft, dass die Schrift in den Tabellen zu klein sei: Man solle doch lieber etwas Text weglassen und dafür die Übersicht größer drucken. Nicht gerade motivierend für die Schreiber. Doch dass die Lektüre der Tabellen bei einigen Lesern zum festen Tagesablauf gehört, zeigt auch der Sturm der Entrüstung, wenn die Tabelle mit den Telefontarifen, den Heizölpreisen oder den Preisen für Schlachtschweine von den Redakteuren einmal vergessen wird.

Für Journalisten ist es deutlich einfacher und mit weniger Aufwand verbunden, sich fertige Tabellen schicken zu lassen. Für wiederkehrende Tabellen zu Börse, Tages- und Festgeld oder Strompreisen ist dies ohnehin üblich. Aber auch für einzelne Artikel lassen sich heute schnell passende Tabellen beschaffen. Anbieter gibt es genug. Oft liefern sie die Tabellen sogar im Layout der Zeitung. Denn viele Regionalzeitungen haben keine fest angestellten Grafiker. Allerdings sind nur wenige Tabellenlieferanten wirklich unabhängig. Detaillierte Informationen zum Erstellen und Einkaufen von Tabellen finden Sie in den Kapiteln 5.5 und 5.6.

Achten Sie bei Beispielrechnungen und Tabellen unbedingt auf die Quelle. Ist diese nicht unabhängig, sollten Sie die Gegenseite um eine Einschätzung bitten oder auf die Zusatzelemente verzichten.

Beispielrechnungen – Beispielrechnungen bieten sich an, um Lesern zu verdeutlichen, welche Auswirkungen Gesetze oder Urteile in Euro und Cent auf ihr Haushaltsbudget haben. Viele Experten und Verbände liefern heute zu ihren Pressemitteilungen Beispielrechnungen mit. Doch selbst, wenn diese extra angefragt werden, benötigen Experten nicht mehr wie noch Ende der 90er-Jahre Tage oder Wochen, um die Auswirkungen der Steuerreform für Familien, Rentner oder Alleinstehende zu berechnen. Inzwischen erhalten Journalisten – sofern sie sich vormittags melden – noch im Laufe des Tages die angefragten Zahlen.

Doch wie bei Tabellen ist auch bei Beispielrechnungen die Quelle entscheidend. Wie relevant sie ist, zeigt das folgende Beispiel. Nach Einführung der Riester- und Rürup-Rente waren Beispielrechnungen zur drohenden Rentenlücke im Alter gefragt. Institute lieferten diese Informationen bereitwillig. Oft ergab sich in den Beispielen eine eklatante Lücke. Denn einige Institute kalkulierten mit Inflationsraten von vier Prozent und mehr. Schließlich ging es ums Geschäft. Je höher die prognostizierte Inflation, umso größer die Lücke und umso größer die Notwendigkeit, privat für das Alter vorzusorgen. Die Institute hegten die Hoffnung, Verbraucher würden in die Filialen stürmen, um Verträge für die private Vorsorge abzuschließen. Deshalb sollten Sie die Angaben in den Beispielrechnungen prüfen und nicht unreflektiert übernehmen. Auch durch Annahmen und Eckdaten ergeben sich Möglichkeiten der Manipulation.

Berechnungen in Euro und Cent veranschaulichen Auswirkungen von Gesetzen oder Urteilen. Das zeigt der folgende Artikel der STUTTGARTER ZEITUNG. In diesem rechnen die Journalisten vor, welche Konsequenzen die Gebührenerhöhung der Notare für die Verbraucher hat. Gut ist, dass der Autor nicht nur die Interhyp AG, sondern auch die andere Seite, die Notarkammer, zu Wort kommen lässt:

Mehr Geld für den Notar

[ ] Die Interhyp AG, ein Vermittler von privaten Baufinanzierungen in Deutschland, macht folgende Beispielrechnung auf: Beim Kauf einer Immobilie im Wert von 200.000 Euro entrichtete der Käufer für die Beurkundung, den Vollzug und die Betreuung bislang Notargebühren in Höhe von rund 1085 Euro plus Mehrwertsteuer. Seit dem 1. August sind für die gleiche Tätigkeit 1305 Euro fällig. Das entspreche einer Gebührensteige-

rung von 20 Prozent. Diese Zahl wird von der Notarkammer Baden-Württemberg gar nicht infrage gestellt. Anna Fessler, Geschäftsführerin der Notarkammer Baden-Württemberg, hält die Erhöhung der Gebühren aber für längst überfällig. So seien anders als bei den Gerichten und Rechtsanwälten, die im Jahr 2004 eine Erhöhung erhalten haben, die Notargebühren zuletzt im Jahr 1986 erhöht worden.

Beispielrechnungen	
verdeutlichen Auswirkungen in Euro und Cent	+
erläutern komplexe Sachverhalte	+
verdeckter Einfluss von PR	–

Viele Redaktionen bieten auf ihren Internetseiten Rechner an. Oft entscheidet jedoch der Preis und nicht die Unabhängigkeit oder Qualität, welche Rechner dort angeboten werden. Fachleute werden in die Entscheidung oft nicht eingebunden. Doch Nutzwertjournalisten sollten bei der Auswahl der Rechner, die auf der Internetseite des Mediums angeboten werden, mitreden können.

Bilder – Nutzwert zu bebildern ist je nach Thema eine große Herausforderung. Während sich für Tipps zu Ernährung, Erziehung oder Sport mit etwas Mühe gute Fotos finden lassen, haben es Wirtschaftsjournalisten schwer. Wie lassen sich Versicherungen, Geldanlage, Pflege oder Energiesparen ansprechend bebildern? Viele Redaktionen haben zudem kein allzu großes Fotoarchiv. Gute Fotos haben ihren Preis, sprengen das Budget vieler Regionalzeitungen und kommen daher nicht infrage.

Viele Journalisten bedienen sich der Bilder, die die von Redaktionen abonnierten Nachrichtenagenturen wie dpa oder Reuters anbieten oder nutzen Agenturen wie Shutterstock. Die Aufgabe, passende Fotos für den Artikel zu finden, ist im Zuge von Sparmaßnahmen verschiedener Verlage auf Redakteure übertragen worden. Und die sind auf der Suche nach passenden Bildern oft nicht sonderlich kreativ oder ausdauernd. Das zeigt beispielsweise das Thema Altersvorsorge. Dieses wird immer wieder mit dem gleich langweiligen Motiv bebildert: Alte Menschen auf einer Bank. In den folgenden drei Beispielen jeweils ein Foto der Nachrichtenagentur dpa, veröffentlicht in der SCHWÄBISCHEN ZEITUNG, im HAMBURGER ABENDBLATT und auf STERN.DE:

Schlimmer noch als die immer gleichen langweiligen Motive sind oft sogenannte Stockfotos – gestellte Bilder, die auf Vorrat ohne Auftrag produziert wurden. Einige der Stockfotos für Verbraucherthemen bieten kaum einen Anreiz, in den Text einzusteigen. Die unteren Beispiele zeigen Fotos von dpa, die auf RTL.DE, LVZ ONLINE und RUHRNACHRICHTEN.DE veröffentlicht wurden:

Besser wäre in diesem Fall, Grafiken beispielsweise zu Hauptoptiken auf der Seite aufzuwerten. Und wo möglich, sollten Redaktionen lokale Fotos machen. Das setzt allerdings voraus, dass sich Redakteure Gedanken gemacht haben, mit welcher Optik der Sachverhalt versehen werden kann. Das ist bei einigen Themen eine große Herausforderung und sollte am besten im Team diskutiert werden. Findet sich keine gute Idee für ein Bild, empfiehlt es sich, die Nutzwertgeschichte nicht zu bebildern. Seiten können auch mit Solo-Optiken zu einem anderen Thema layoutet werden. Diese Lösung ist oft besser, als unschöne Stockfotos.

Wer Geld hat, kann auch Illustrationen anfertigen lassen. Magazine nutzen oft diese Möglichkeit, um abstrakte Themen zu bebildern.

5.2 Ratgeberseiten

Eine komplette Seite in einer Tageszeitung oder mehrere Seiten in einer Zeitschrift bieten viel Platz, um ein Nutzwertthema umfassend darzustellen. Allerdings eignet sich bei weitem nicht jedes Thema, um eine komplette Seite zu füllen. Leser sind schnell genervt, wenn im unteren Teil der Seite (Fußtext) erneut Sachverhalte thematisiert werden, die an anderer Stelle schon besprochen wurden. Daher ist die alles entscheidende Frage vor dem Konzipieren: Trägt das Thema eine komplette Seite? Wenn nicht, empfiehlt es sich, diese nicht monothematisch, sondern mit verschiedenen Sachverhalten zu bestücken oder eine Spalte mit Meldungen zu füllen. Die meisten Zeitungen stellen auf ihren Ratgeberseiten mehrere Themen dar, um eine größere Leserschaft anzusprechen. Gelungene und aufwändig aufbereitete monothematische Seiten werden von Lesern oft herausgerissen und aufbewahrt. Quasi als persönliches Archiv, damit Informationen zur Verfügung stehen, wenn das Thema akut wird.

Wenn Sie eine Seite monothematisch aufbereiten, bieten sich zahlreiche Elemente an, um Lauftexte sinnvoll zu ergänzen. Neben den bereits vorgestellten Darstellungsformen wie Lauftext, Frage-Antwort-Text, Infokästen, Tabellen und Beispielrechnungen gibt es weitere Aufbereitungsmöglichkeiten:
- Fallgruppen,
- Infografiken,
- Leserfragen,
- Experteninterviews,
- Checklisten,
- Pro und Contra,
- Tests,
- Selbstversuche,
- Schritt-für-Schritt-Anleitungen.

Vor dem Schreiben sollten sich Journalisten Gedanken über die Aufteilung der Inhalte machen. Welche Informationen und Zusatzelemente wie Grafiken oder Tabellen gibt es bereits? Welche sollten unbedingt noch beschafft werden, um dem Leser einen größtmöglichen Nutzwert zu bieten? Verbraucherjournalisten müssen es dem Leser möglichst einfach machen. Informationen sollten leicht verständlich, pointiert und attraktiv aufbereitet sein. Den Leser auf einer Ratgeberseite mit einem Textblock ohne Zwischenüberschriften zu konfrontieren, ist kein guter Nutzwertjournalismus. Es zeugt von wenig Engagement und verstößt gegen die Regeln guter Gestaltung und professioneller Leserführung, bei einem Artikel über Zinsen bei ausländischen Kreditinstituten auf Vergleichstabellen oder Infokästen komplett zu verzichten.

Zwar enthalten die Meldungen zu den einzelnen Banken auf der folgenden Zeitungsseite zweifelsohne interessante Aspekte. Doch sind das die

Informationen, die Verbraucher benötigen, wenn sie überlegen, ihr Geld bei einem ausländischen Kreditinstitut anzulegen? Sicher nicht. Ohne eine übersichtliche Tabelle, wie hoch die Zinsen bei den einzelnen Anbietern ausfallen und bis zu welcher Höhe die Einlagen abgesichert sind, ist der Mehrwert des Artikels für die Leser gleich Null. Viel wäre gewonnen, wenn Journalisten auf der Seite Tabellen, Beispielrechnungen oder Infokästen eingebaut hätten. Auf diesem Weg werden dem Leser mehrere Einstiegspunkte und leicht konsumierbare Informationshäppchen geboten. Dieser Ansatz fehlt auf der dargestellten Seite nahezu komplett:

Fallgruppen – Bei einigen Themen sollten Journalisten Fallgruppen wie beispielsweise Alleinstehende, Familien oder Senioren bilden. Denn nicht immer bietet es sich an, allen Bevölkerungsgruppen dieselben Informationen oder Lösungen an die Hand zu geben. Eine Familie benötigt beispielsweise andere Versicherungen als ein Lehrling oder Rentner. Und abhängig vom Sexualleben sind mitunter unterschiedliche Verhütungsmethoden sinnvoll. Bei diesen Themen bieten sich Gruppen an. Die FRANKFURTER ALLGEMEINE SONNTAGSZEITUNG bildet etwa unterschiedliche Altersgruppen, denen sie verschiedene Altersvorsorgewege ans Herz legt: Der Ledige, der Familienvater und der Mitfünfziger. In einem Infokasten wird dargelegt, was sich mit der Rentenreform verändert. In den Grafiken können Leser ablesen, was dies konkret für verschiedene Betroffene bedeutet:

FORMATE

Fallgruppen

| gute Übersicht, mehrere Einstiegsstellen in den Text | + |
| Gefahr, ungeeignete Fallgruppen zu bilden | − |

Infografiken – Grafiken sind hervorragend geeignet, um Informationen leicht verständlich darzustellen. Voraussetzung ist allerdings, dass sie nicht überfrachtet sind, sondern sich auf das Wesentliche beschränken. Ist die Grafik gelungen, speichert der Leser diese oft wie ein Bild in seinem Gedächtnis ab. Die übersichtliche Form der Darstellung kommt dem flüchtigeren Lesen entgegen. Mit der Zeitschrift FOCUS haben gut gemachte Infografiken in Deutschland Einzug gehalten. Da Datenjournalismus – also die Analyse und Darstellung von Daten – immer wichtiger wird, gewinnen auch Grafiken an Bedeutung. Die NEW YORK TIMES hat eine Gruppe von Mitarbeitern, die sich um die Visualisierung von Daten kümmert. Gute Grafiken sind jedoch sehr aufwändig und erfordern eine enge Teamarbeit zwischen Redakteur und Grafiker. Viele Redaktionen haben jedoch keinen eigenen Grafiker und kaufen Grafiken daher bei Nachrichtenagenturen ein. Inzwischen gehören Infografiken jedoch auch in Deutschland zum festen Repertoire von Zeitschriften und Zeitungen, um

Sachverhalte verständlich darzustellen, die mit Worten schwer beschrieben werden können. So stellt die BERLINER MORGENPOST.DE anhand einer interaktiven Grafik anschaulich dar, wie hoch die Mieten in den einzelnen Bezirken der Hauptstadt ausfallen – »Wo Sie sich Berlin leisten können« (http://interaktiv.morgenpost.de/mietkarte-berlin/#2-1650):

Infografiken	
schnell und leicht erfassbar	+
Grafiken in guter Qualität sind aufwändig und teuer	–

Leserfragen – Viele Redaktionen bieten die Möglichkeit, Leserfragen an sie zu richten, die dann von Experten beantwortet werden. Dieses Angebot bindet Leser ans Blatt. Voraussetzung ist natürlich, dass Redaktionen eine Adresse angeben, an die die Fragen geschickt werden können. Einige Zeitungen und Zeitschriften geben keine Kontaktadresse und denken sich die »Leserfragen« einfach aus. Wer keine Adresse, Mail oder Telefonnummer angibt, kann es mit dem Angebot nicht sonderlich ernst meinen. Können Leser ihre Fragen hingegen tatsächlich mailen oder schicken, macht dieser Service selbstverständlich Arbeit. Verdeutlichen Sie den Lesern deshalb, dass die Redaktion nur ausgewählte Fragen beantwortet. Sonst bleibt für anderes außer Leserbriefen keine Zeit mehr oder die Leser reagieren verärgert, wenn ihr Schreiben unbeantwortet bleibt. Eine Kontaktadresse finden Leser beispielsweise beim *SZ-Jobcoach*:

> Frage an den SZ-Jobcoach:
> **Darf ich im neuen Job gleich in Elternzeit?**
> SZ-Leser Michael K. fragt: Ich bin im Gespräch für eine Anstellung als Projektmanager ab August 2014 in einer Firma mit nur acht Mitarbeitern. Im Herbst werde ich Vater und möchte gern ein Jahr Elternzeit nehmen. Dies fällt natürlich ungünstig mit dem Übergang in den neuen Job zusammen, ich würde dann gerade mal drei Monate dort arbeiten. Ich weiß um meinen Rechtsanspruch und um die einzuhaltenden Fristen. Meine Frage: Wie verhalte ich mich dem neuen Arbeitgeber und den Kollegen gegenüber möglichst fair und gleichzeitig rechtssicher, ohne meine Anstellung oder die Elternzeit zu gefährden?

Wichtig ist, kompetente Experten auszuwählen, die die Leserfrage in leicht verständlicher Sprache beantworten. Das ist in der Regel nicht allzu schwer. Mitunter gibt es aber Ärger mit anderen Fachleuten aus demselben

Sachbereich. Sie beschweren sich, dass sie nicht auch gefragt wurden. Daher empfiehlt es sich, die Experten zu variieren. Oder aber Redaktionen verpflichten Fachleute, die dauerhaft als Ansprechpartner zur Verfügung stehen. Ein Klassiker in dem Bereich ist das Dr.-Sommer-Team von BRAVO. Das Team ist Ansprechpartner für alle Sorgen und Nöte Jugendlicher und beantwortet typische Leserfragen:

Extreme Regelschmerzen!
Kelli, 15: Ich leide unter extremen Regelschmerzen und nichts hilft dagegen. Kein Tee, kein Sport, einfach nichts. An Schmerztabletten trau ich mich nicht ran, weil meine Eltern sagen, dass sich das schlecht auf die Gesundheit auswirkt. Was soll ich tun?

Dr.-Sommer-Team: Geh zur Frauenärztin!
Liebe Kelli, Du hast jetzt schon vieles gegen Deine Regelschmerzen unternommen, um die Einnahme von Schmerztabletten zu vermeiden. Doch wenn all das keine Linderung bringt, solltes Du Dich für andere Möglichkeiten öffnen. Denn starke Regelschmerzen muss kein Mädchen aushalten.

Auch andere Magazine wie BILD DER FRAU oder MEN'S HEALTH haben Experten für verschiedene Bereiche verpflichtet.

> Viele unserer sympathischen Experten kennen Sie bereits aus der BILD DER FRAU, wie zum Beispiel Wolfgang Büser, unseren Experten für Fragen rund um die Themen Geld, Rente und Steuern. Einige andere Fachleute möchten wir Ihnen hier kurz vorstellen. Sie alle werden sich bemühen, Ihre Fragen schnell und auf den Punkt zu beantworten.

Leserfragen	
gute Bindung der Leser an das Blatt	+
je nach Experte Plattform für PR	−

Experteninterview – Ein Interview mit einem Experten kann eine sinnvolle Ergänzung auf einer Ratgeberseite sein. Der Fachmann kann seine Einschätzung zum Thema geben, was insbesondere bei strittigen Sachverhalten gut ist. Auf Interviews sollten Autoren jedoch verzichten, wenn sie zu liebesdienerisch sind. Die Gefahr ist groß, weil es in Deutschland anders als beispielsweise in Großbritannien üblich ist, Interviews autorisieren zu lassen. Das Ergebnis ist meist Weichgespültes zum Thema. Starke Thesen oder Statements, die im Gespräch geäußert wurden, werden oft gestrichen und PR eingebaut. Nutzwertjournalisten sollten darauf achten, dass die Antworten der Fachleute leicht verständlich und frei von Eigenwerbung sind. Experten verwenden oft Fachjargon, den Laien nicht ohne weiteres verstehen. Daher gilt es, diesen zu übersetzen. Bei Ärger mit der Abstimmung der Antworten haben Sie als Ultima Ratio immer die Möglichkeit, das Interview nicht zu veröffentlichen. Mehr Informationen zu Interviews finden Sie in Kapitel 6.5.

Checklisten – Bei einigen Themen bieten sich Checklisten an. Geben Sie den Lesern Fragen und Punkte an die Hand, die sie abhaken können. Anhand welcher Kriterien erkennen Verbraucher eine seriöse Anlageberatung? Wie kann ich prüfen, welches Pflegeheim das beste für meine Eltern ist? Die Autoren von SÜDDEUTSCHE.DE liefern beispielsweise eine Checkliste, die Lesern hilft, das passende Fitnessstudio zu finden. Eine solche Checkliste können Redakteure leicht eigenhändig erstellen. Letztendlich geht es hier um die Auflistung wesentlicher Punkte zum Thema.

> Überraschungen vermeiden
> **Checkliste für die Studio-Auswahl**
> Ein Vertrag im Fitness-Studio ist schnell unterschrieben. Ärgerlich, wenn sich dann herausstellt, dass es die falsche Wahl war. Diese Checkliste hilft, böse Überraschungen zu vermeiden.

BRIGITTE.DE veröffentlicht beispielsweise eine Checkliste zum Hochzeitstag, die Brautleute abhaken und so sicherstellen können, dass am entscheidenden Tag auch wirklich nichts vergessen wird:

> Liste zum Hochzeitstag
> **Was Sie nicht vergessen sollten**
> Brautstrauß
> Accessoires (Stola, Handschuhe, etc.)
> zweites Paar Strümpfe
> ein Paar bequeme Ersatzschuhe
> Blasenpflaster
> Lippenstift, Puder

FOCUS SCHULE bietet Eltern eine Checkliste an, mit der sie die Sprachkompetenz ihres Nachwuchses testen können. Beim Erstellen komplexer Listen helfen auch Experten:

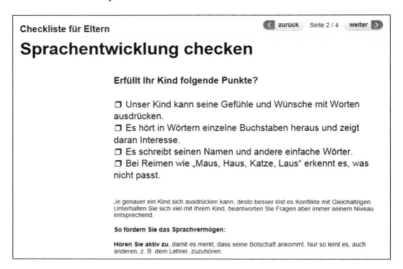

Checklisten sollten mit relevanten Aspekten gefüllt werden. Oft enthalten sie Banalitäten. Wenn Sie das Gefühl haben, dass Sie einzelne Aspekte lediglich notieren, um noch Platz zu füllen, sollten Sie die Checkliste streichen. Diese sollten Sie wirklich nur anbieten, wenn die Liste für Leser Relevantes bietet.

Pro und Contra – Das Für und Wider eines Themas abzuwägen, kann ein zusätzliches informatives Element sein. Journalisten listen in diesem Fall etwa Argumente für und gegen das Bausparen auf. Im Nutzwertjournalismus ist dies immer der ultimative Ausweg, wenn Autoren nach ihren Recherchen keine Stellung beziehen möchten. Ist Pflege-Bahr sinnvoll? Was spricht für, was gegen die Pille als Verhütungsmittel? Da es jedoch Aufgabe von Nutzwertjournalisten ist, ausreichend zu recherchieren und differenzierte Informationen zum Sachverhalt zu notieren, sollten Journalisten diese Darstellungsform nur bei wirklich strittigen Themen einsetzen. FAZ.NET thematisiert beispielsweise in einem Pro und Contra das von der damaligen Arbeitsministerin Ursula von der Leyen vorgeschlagene Verbot von Arbeitshandys in der Freizeit.

Pro & Contra
Bleibt das Arbeitshandy abends aus?
Ursula von der Leyens Mitarbeiter im Arbeitsministerium dürfen ihre Handys jetzt offiziell in der Freizeit abschalten. Hilft diese Regel? Sollte sie für andere Firmen zum Vorbild werden? Die Redaktion streitet.

Tests – Tests sind eine unterhaltsame Ergänzung zu Verbraucherartikeln und in Frauenmagazinen weit verbreitet. Letztendlich können sich Leser dort für so ziemlich jeden Lebensbereich testen. So bietet BRIGITTE.DE beispielsweise Tests, mit denen Leser prüfen können, ob sie essgestört sind oder wie leicht sie sich erholen. Seriöse Tests können Sie in der Regel nur mit Hilfe von Experten formulieren. Auch hier ist die Quelle entscheidend. So könnte beispielsweise ein Burnout-Test von Experten, die Reha-Kliniken für erschöpfte Patienten betreiben, schneller zum Ergebnis Burnout kommen als alternative Tests. Daher geht es nicht darum, den Test zu drucken, der sich schnell, kostenlos und ohne großen Aufwand beschaffen lässt. Relevant ist, dass der Test von unabhängigen Experten erstellt wird – auch wenn das mitunter mit mehr Mühe oder Kosten verbunden ist. Oft ist anhand der Fragen schon ersichtlich, was der Leser ankreuzen muss, um ein gewünschtes Ergebnis zu erhalten. Das ist eigentlich nicht Sinn solcher Tests:

Test: Wie gut erholen Sie sich im Alltag?
Wie gut Sie sich im Alltag erholen können, hängt nicht nur davon ab, ob Sie einen stressigen Job haben. Es kommt darauf an, wie zufrieden Sie jeden Tag sind. Testen Sie sich.

Selbstverständlich müssen Sie nach den Fragen auch eine Auswertung liefern. Im Internet lassen sich solche Tests interaktiv gestalten:

Frage 1 von 12:

Schließen Sie doch einmal die Augen und denken 30 Sekunden an nichts. Und: Wie war es?

○ So ein Quatsch. Das machen Sie nicht mit.
○ Sie haben es versucht, aber tausend Gedanken funkten dazwischen.
○ Das war eine schöne Mini-Auszeit.

weiter zur nächsten Frage

Selbstversuch – Eine beliebte Darstellungsform im Nutzwertjournalismus ist der Selbstversuch. Für Schlagzeilen sorgte 2013 und 2014 immer wieder »Das Jenke-Experiment«. In einem dieser Experimente trank Reporter Jenke von Wilmsdorff beispielsweise vier Wochen lang exzessiv Alkohol und ließ diese Zeit von einem Fernsehteam dokumentieren. Der Sinn des Versuchs wurde heftig debattiert. Ein Selbstversuch muss jedoch nicht immer gesundheitsgefährdend für den Reporter sein. Viele Preise erhielt beispielsweise 2004 die Dokumentation von Barbara Hardinghaus im HAMBURGER ABENDBLATT. Sie lebte einen Monat von Arbeitslosengeld II und beschrieb ihre Erfahrungen. Dieser Ansatz wurde bis heute vielfach kopiert.

> **Wie lebt es sich mit zehn Euro am Tag?**
> Test: Abendblatt-Redakteurin will vier Wochen mit Arbeitslosengeld II auskommen
> Das ist ein Versuch. Er dauert vier Wochen, und Ziel des Abendblattes ist es, zu erfahren, wie jemand klar kommt, der plötzlich mit dem Arbeitslosengeld II nach Hartz IV auskommen muss. Ab Januar 2005 ist genau das ein Stück deutsche Wirklichkeit. Es ist auch der größte Einschnitt in unser Sozialsystem seit 1949, wenn die bisherige Arbeitslosenhilfe und Sozialhilfe verschmelzen. Schon jetzt ist Hartz IV überall präsent. In den Reden der Politiker, den Berichtern der Journalisten. Aber was bedeutet es tatsächlich? Wie lebt es sich mit 331 Euro Regelsatz monatlich im Osten, 345 Euro im Westen? Kosten für Strom und Wasser gehen davon noch ab. Es bleiben knapp zehn Euro am Tag.

Selbstversuche bergen jedoch das Risiko, dass der Reporter zu »ich-zentriert« berichtet. Auch wenn der Redakteur das Thema ungemein spannend findet, so sind die Leser nicht automatisch an seinen Versuchen und Berichten interessiert. Denn wie sich beispielsweise die Übernachtung in einem 5-Sterne-Hotel anfühlt, dürfte in erster Linie den Reporter interessieren. Wenn die Schilderung nicht wenigstens unterhaltsam geschrieben wird, ist der Mehrwert für einen durchschnittlichen Leser in diesem Fall gleich null. Gut ist hingegen, wenn der Verbraucher aus den Schilderungen Rückschlüsse auf seine Situation ziehen kann. Der Reporter der FRANKFURTER ALLGEMEINEN SONNTAGSZEITUNG macht sich in dem folgenden Beispiel auf die Suche nach seiner Rente. Er hatte vor vielen Jahren beim Presseversorgungswerk eine private Rente abgeschlossen. Welche Auswirkungen hat die Finanzkrise auf die Auszahlung? Zudem gibt der Reporter Informationen zu den verschiedenen Versorgungswerken:

Schritt-für-Schritt-Anleitung: Erfordert beispielsweise das Zimmern eines Regals, das Backen eines Marmorkuchens oder das Installieren einer Software mehrere Arbeitsschritte, so lassen sich diese leicht nachvollziehbar in einer Schritt-für-Schritt-Anleitung darstellen. Die Zeitschrift GLAMOUR nutzt diese Form der Darstellung beispielsweise, um den Leserinnen Schritt für Schritt zu erläutern, wie ihnen eine aufwändig geflochtene Frisur für das Oktoberfest gelingt. Neben der Beschreibung bildet die Redaktion zu jedem Schritt ein Foto ab, so dass die Leser die einzelnen Schritte nicht nur im Text, sondern auch auf den Bildern leicht nachvollziehen können:

Zopffrisur fürs Oktoberfest
Fesche Flechtkreation
Erfordert etwas Mut, ist aber auf jeden Fall ein Hingucker: GLAMOUR-Redakteurin Jessica Reiling ließ sich bei Thomas Kemper Friseure in München eine Zopffrisur fürs Oktoberfest zaubern. Wie die fesche Flechtkreation gelingt, zeigen wir Schritt für Schritt im Frisuren How-To

Zopffrisur Step 2
Zwischen Mittelscheitel und Ohr einen Zickzackscheitel ziehen
(Foto: Claudia Herold)

5.3 Serien und Beilagen

Bei komplexen Themen, die zahlreiche Aspekte umfassen, bieten sich Serien und Beilagen an. So können Leser beispielsweise im Frühling mit einem täglichen Rezept und Vorschlägen für die körperliche Betätigung

Tipps zum Abnehmen erhalten. Auch wer das Thema Erben und Vererben oder Jahressteuererklärung umfassend aufbereiten möchte, muss einzelne Aspekte des Themas auf verschiedene Erscheinungstage verteilen oder in einer Zeitschrift einen mehrseitigen Schwerpunkt anbieten.

Serien

Prinzipiell sind Serien ein guter Service – liefern sie dem Abonnenten doch einen umfassenden Überblick zu einem Thema. Der entscheidende Nachteil von mehrteiligen Serien ist jedoch, dass Leser schnell ermüden – insbesondere wenn sich diese in Wochen- oder Monatsmagazinen über mehrere Monate erstrecken. Von Nachteil ist auch, wenn es zu Beginn keine stringente Planung gibt und Serienteile immer dann veröffentlicht werden, wenn gerade Platz ist. Wenn Sie danach vorgehen, können Sie die Serie auch gleich beerdigen. Denn wenn Leser nicht wissen, wann der nächste Teil erscheint, ergibt eine Serie wenig Sinn. Zudem bereiten unkoordinierte Serien Arbeit. Die Zahl der Leseranrufe steigt exponentiell, weil viele wissen wollen, wann der nächste Teil erscheint.

Serien und Beilagen sind etwas für Strategen. Ein wesentlicher Teil der Arbeit ist die Planung. Die Serie muss vor dem Erscheinen des ersten Teils stehen. Dabei müssen Journalisten auch mit der Anzeigenabteilung verhandeln. Wann kann eine komplette Seite mit Artikeln zur Serie gefüllt werden? Der verfügbare Platz entscheidet letztendlich mit darüber, wann welcher Teil der Serie veröffentlicht wird. Zum ersten Teil gehört ein Ablaufplan, wie viele Teile insgesamt geplant sind und wann diese erscheinen werden. Kündigen Sie zudem an, dass die komplette Serie am Ende als pdf heruntergeladen werden kann oder – idealerweise – als Sonderdruck erscheint. So reduzieren Sie Nachfragen von Lesern, die einen Serienteil verpasst haben. Das ist zum einen Service für den Leser. Zum anderen schützt gute Planung Journalisten vor bösen Überraschungen. Fehlt diese, können Serienteile oft nicht wie gewünscht veröffentlicht werden, weil just an diesem Tag eine ganzseitige Anzeige die benötigte Seite schmückt.

Für die erfolgreiche Konzeption von Serien bieten sich die folgenden acht Schritte an:
1. Wie viele Teile soll die Serie haben?
2. Welche Themen gibt es? Welche Zusatzelemente wie Infokästen, Infografiken oder Beispielrechnungen bieten sich bei den einzelnen Teilen an?

3. Wie viel Platz wird für die einzelnen Teile benötigt?
4. Wie soll der Inhalt auf die einzelnen Serienteile verteilt werden? In welchem Rhythmus sollen die einzelnen Teile erscheinen? Hierfür sind nicht nur inhaltliche Kriterien, sondern vor allem auch der verfügbare Platz relevant. Sprechen Sie mit der Anzeigenabteilung ab, wie viel Platz sie an welchem Erscheinungstag für die Serie freihalten soll.
5. Bestellen Sie im Layout oder in der Grafik ein Logo für Ihre Serie. Dieses dient als Wiedererkennungsmerkmal. Denken Sie daran, das Logo, die Nummer des Serienteils sowie den Ablauf der Serie immer anzugeben.
6. Binden Sie die Online-Redaktion mit ein. Informieren Sie über die Serie und darüber, welche Zusatzelemente eingeplant sind.
7. Denken Sie daran, die Serie auf der Titelseite oder online prominent anzukündigen.
8. Bieten Sie die komplette Serie zum Herunterladen im Internet oder als Sonderdruck an.

Ein mögliches Vorgehen zeigt das folgende Beispiel. Es geht um eine siebenteilige Steuerserie mit Tipps zur Steuererklärung für das Jahr 2012. Diese ist im April 2013 in der SCHWÄBISCHEN ZEITUNG erschienen. Die Serie bestand aus sechs Teilen sowie einer Telefonaktion zum Thema, bei der die Leser Experten ihre Steuerfragen stellen konnten. Entscheidend, wann welcher Teil der Serie erschien, war der zur Verfügung stehende Platz. Teile, die größere Grafiken erforderten, wurden an den Tagen eingeplant, an denen eine komplette Seite mit dem Thema gefüllt werden konnte. Die Serie hat ein Logo als Wiedererkennungsmerkmal sowie eine Leiste, aus der die Leser entnehmen können, wann die kommenden Teile mit welchem Inhalt erscheinen werden (siehe Beispiel S. 120 oben)

Beilagen

Wie Serien müssen auch Beilagen von Redaktionen geplant werden. Zu unterscheiden sind Beilagen, die regelmäßig erscheinen wie beispielsweise das SZ- oder das ZEIT-MAGAZIN. Es gibt aber auch eine Reihe von Beilagen mit Nutzwertthemen wie etwa zu Abgeltungsteuer, Geldanlage, Gesundheit oder Messeneuheiten. Mit diesen Angeboten bieten Verlage oft ein »anzeigenfreundliches Umfeld«. Der Umfang dieser speziellen Beilagen bemisst sich in der Regel danach, wie viele Anzeigen geschaltet werden. Je

mehr Werbung, desto mehr Seiten. Der KÖLNER EXPRESS veröffentlicht beispielsweise Finanz-Ratgeber, Life & Balance, die WELT AM SONNTAG erklärt für Kinder leicht verständlich, was klimafreundlich bedeutet:

Steht die Seitenzahl, gilt es zu überlegen, mit welchen Inhalten und Darstellungsformen wie Tabellen, Infografiken und Beispielrechnungen die einzelnen Seiten gefüllt werden sollen. Ein limitierender Faktor sind dabei die Anzeigen. Befindet sich eine größere Werbung auf der Seite, entfallen beispielsweise ausführliche Tabellen als Darstellungsform.

Eine Beilage sollte mit einem Text einsteigen, der die wesentlichen Aspekte des Inhalts zusammenfasst. Zudem sollte angekündigt werden, welche Artikel den Leser in der Beilage erwarten. Ein ähnliches Vorgehen empfiehlt sich auch für Dossiers im Internet. Sie sind de facto digitale Beilagen. So liefert STERN.DE eine Übersicht, was Leser in dem Schwerpunkt zur Baufinanzierung erfahren. Online müssen die Nutzer nicht umständlich blättern, sondern können direkt das Thema anklicken, das sie interessiert:

> **Alle Themen des Ratgebers Eigenheim im Überblick**
>
> **EIGENHEIM - JA ODER NEIN?**
>
> - Bauen oder kaufen: **So wird der Traum vom Eigenheim wahr**
> - In die eigenen vier Wände: **Warum Sie ein Haus bauen sollten**
> - Machen Sie den Test: **Sind Sie fit für Wohneigentum?**
> - Betongold: **Was Immobilien als Geldanlage taugen**
> - Die eigenen vier Wände: **Welcher Haustyp zu Ihnen passt**

5.4 Crossmediale Aufbereitung

Heute ist es selbstverständlich, dass Journalisten bereits vor der Recherche überlegen, wie sich nutzwertige Inhalte multimedial darstellen lassen. Einige Redaktionen – allen voran die Welt-Gruppe in Berlin – haben das Prinzip »Online First« ausgerufen. Demnach sollen Autoren ihre Texte samt Zusatzelementen zunächst für den Internetauftritt aufbereiten. Am Abend wird dann mit einer Auswahl dieser Inhalte die Zeitung für den kommenden Tag bestückt.

Es lohnt, sich mit multimedialen Darstellungsformen zu beschäftigen. Denn wer Slideshows, Podcasts und Videos erstellen kann, hat einen entscheidenden Wettbewerbsvorteil gegenüber vielen älteren Redakteuren, die sich der neuen Technik verweigern. In Verlagen und Sendern sind Leute gefragt, die verschiedene Informationskanäle beherrschen und sich auch Sozialer Medien bedienen. Dabei geht es nicht darum, zu einer eierlegenden Wollmilchsau zu mutieren. Journalisten sollten aber verschiedene Darstellungsformen kennen, um Ideen zu entwickeln, wie Sachverhalte crossmedial dargestellt werden können.

Noch stärker als in Print müssen Journalisten im Internet Inhalte in leicht konsumierbare Häppchen verpacken. Insbesondere auch, weil Nutzer online nicht linear lesen, sondern den Inhalt scannen. Daher sollten Sie dem Leser viele Einstiegsstellen bieten, um ihm die Lektüre besonders leicht zu machen (s. Kapitel 7.4: Texten für Online). Auch wenn das Internet viele Darstellungsformen bietet, so bedeutet das nicht automatisch, dass diese immer alle bedient werden müssen. Im Gegenteil: Oft machen Redaktionen den Fehler, crossmediale Möglichkeiten über Gebühr zu strapazieren. Bevor Sie mit Kamera und Aufnahmegerät losziehen, sollten Sie sich fragen, welche Darstellungsform für welchen Inhalt die optimale ist. Nur weil die Redaktion jetzt ein tolles Schnittprogramm besitzt, bedeutet das nicht, dass zu jedem geschriebenen Beitrag ab sofort ein Video gehört. Denn nichts ist beispielsweise langweiliger, als ein langes Experteninterview im Film. Videos, die 1:30 Minuten übersteigen, goutieren Internetnutzer ohnehin nicht. Im Internet haben Leser oft wenig Geduld. Da sind mehrminütige Interviews in der Regel fehl am Platz (s. Kapitel 6.6: Crossmediale Darstellungsformen).

Mit Hilfe interaktiver Grafiken lassen sich online Zusammenhänge anschaulich erläutern. So stellen die Autoren von STERN.DE anhand einer interaktiven Pyramide dar, welche Lebensmittel gesund sind und welche nur in Maßen genossen werden sollten:

Wer beispielsweise Biergärten, Eisdielen, Weihnachtsmärkte oder Möglichkeiten zum Public Viewing testet, kann diesen Vergleich ahnhand einer interaktiven Karte darstellen. Das lässt sich leicht mit Programmen wie beispielsweise www.thinglink.com oder der Google-Maps-Option »Google Maps personalisieren« realisieren. So haben die Nutzer die Möglichkeit, auf der Karte zu sehen, wo sich beispielsweise die einzelnen Biergärten befinden. Ein zusätzlicher Service ist, dass sich Leser gleich auch die Wegbeschreibung von ihrem Ort zum entsprechenden Biergarten anzeigen lassen können. SÜDDEUTSCHE.DE hat beispielsweise Biergärten in München unter die Lupe genommen und diese in einer interaktiven Karte dargestellt:

Weitere crossmediale Darstellungsformen finden Sie in Kapitel 6.6.

5.5 Vergleiche und Produkttests

Vergleiche – Ein Nutzwerttext ohne eine Vergleichstabelle oder Grafik ist wie Obstkuchen ohne Obst – ein entscheidendes Element fehlt. Einfache Vergleiche wie etwa die unterschiedlichen Gebühren für Girokonten, die Preise in Eisdielen oder Parkgebühren in der Region lassen sich mit etwas Aufwand eigenhändig recherchieren. Dazu müssen Journalisten die Webseiten der Kreditinstitute oder die Speisekarten der Eisdielen durchforsten, Parkplätze ablaufen, telefonieren oder vor Ort nachfragen. Das Ergebnis ist eine Tabelle, aus der die Leser entnehmen können, welche Bank in der Region das günstigste Girokonto bietet oder welche Eisdiele das preiswerteste Eis verkauft.

Ebenso können Sie beispielsweise untersuchen, wie hoch die Kreditzinsen einzelner Institute sind. Da die Banken diese Information gerne verschweigen, müssen Sie bisweilen in den Pressestellen nachfragen oder persönlich vorbeigehen. Aber auch dieser Vergleich lässt sich mit etwas Mühe und Zeit gut anstellen.

Eine Seite zu den schönsten Biergärten in der Stadt oder Region bietet einen guten Service für die Leser. Der Vergleich ist etwas aufwändig – etwa wenn Sie nachfragen, wie viele Plätze der Garten bietet, was das Bier kostet und welche Küche geboten wird. Doch am Ende haben Sie, wie die Redakteure der STUTTGARTER ZEITUNG, einen Nutzwertartikel gestaltet, der auf großes Interesse stößt:

Draußen sitzen in Stuttgart
Diese Terrassen und Biergärten laden zum Verweilen ein

Die TZ beschäftigt sich mit dem Oktoberfest und bietet den Lesern einen tollen Service. In welchen Zelten kann ich reservieren und was kostet mich das Ganze?

Wer eigenhändig verschiedene Angebote vergleicht, muss einige Punkte beachten. Es empfiehlt sich folgendes Vorgehen:

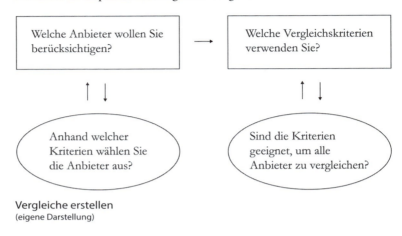

Vergleiche erstellen
(eigene Darstellung)

Ein Beispiel: Sie wollen Biergärten in der Region vergleichen. Dann müssen Sie zunächst entscheiden, welche Biergärten Sie im Vergleich berücksichtigen. Ist die Anzahl der Angebote in der Region limitiert, lassen sich mitunter alle testen. Doch was, wenn Sie eine Auswahl treffen müssen? Dann sollten Sie sich Kriterien überlegen, anhand derer Sie auswählen. Das können die größten, die ältesten, oder die Biergärten mit dem günstigsten Bierangebot sein. Die Kriterien sollten objektiv nachvollziehbar sein. Letztendlich müssen Sie begründen können, warum Biergarten A und B im Vergleich auftauchen, C jedoch nicht. Fehlt ein Anbieter, führt das insbesondere in der Lokal- und Regionalredaktion oft zu erbosten Anrufen. Wichtig ist daher, dass Sie alle relevanten Anbieter berücksichtigen und argumentieren können, warum C nicht auftaucht.

 Haben Sie im Vergleich alle relevanten Anbieter berücksichtigt?

Stehen die Kandidaten fest, müssen Sie Testkriterien festlegen. Das können bei einem Vergleich von Biergärten beispielsweise die Preise für Bier, für Grillhähnchen und Radi, die Anzahl der Plätze oder die Öffnungszeiten sein. Nach der Recherche bereiten Sie die Ergebnisse in einer Tabelle auf.

Überprüfen Sie die Angaben in der fertigen Tabelle. Dort befinden sich sehr oft Zahlendreher, falsch geschriebene Namen, inkorrekte Verortungen auf Karten und andere Fehler.

Produkttests – Was aber, wenn Sie die Qualität komplexer Produkte wie Versicherungen vergleichen oder die Vor- und Nachteile von neuen Automodellen, Tablet-PCs oder Hifi-Anlagen analysieren wollen? Das ist ohne externe Dienstleister kaum machbar, da in den meisten Redaktionen die Labore, Messstände und die Expertise fehlen, solche Produktvergleiche juristisch sicher anzugehen. Zudem mangelt es in vielen ausgedünnten Redaktionen an Zeit und Geld für aufwändige Tests.

Produkttests müssen neutral, objektiv und sachkundig durchgeführt werden. Tester sollten unabhängig, also neutral, sein. Geld darf zwischen den Prüfern und den Unternehmen, deren Produkte getestet werden, nicht fließen. Auch müssen sich die Tester um eine größtmögliche Objektivität bemühen. Das Deutsche Institut für Normung hat Normen entwickelt, wie Warentests durchgeführt werden sollten. Prüfer müssen sich zwar nicht an diese Normen halten. Doch wer diese beachtet, macht sich bei seinen Tests weniger angreifbar. Zudem ist Sachkunde gefragt – sowohl bei der Auswahl der Testverfahren als auch bei den Testkriterien (s. Kapitel 8: Rechtliche Fragen).

Prinzipiell gehen Sie bei Produkttests wie bei Vergleichen vor. In einem ersten Schritt wählen Sie die zu untersuchenden Produkte aus. Diese sollten miteinander vergleichbar sein. Zudem sollten Sie Kriterien offenlegen, anhand derer Sie die Produkte auswählen. Diese sollten objektiv sein: beispielsweise Preis oder Ausstattung. Anschließend erarbeiten Sie mit einem unabhängigen Labor Testverfahren bzw. -kriterien und überlegen, wie diese gewichtet werden. Der Test muss sachkundig umgesetzt werden und nachvollziehbar sein. Die Forderung nach Sachkunde ist die größte Hürde für Redaktionen, die eigenständig Tests durchführen wollen.

> »Insbesondere im Bereich der Sachkunde dürften die wesentlichen Gefahren für die Redaktionen liegen, die Tests selbst veranstalten und sich nicht auf die Ergebnisse der Arbeit der Stiftung Warentest verlassen oder die Dienste anderer unabhängiger und entsprechend ausgestatteter Institute in Anspruch nehmen können oder wollen« (Soehring 2010, 532).

Nun müssen Sie entscheiden, ob Sie die Produkte in Supermärkten erwerben oder ob Sie sich diese von Herstellern schicken lassen. Stiftung Warentest kauft die Produkte, die getestet werden, in verschiedenen Märkten und Geschäften ein. Das hat den Vorteil, dass die Geräte nicht optimiert werden können, bevor die Hersteller das Paket in die Redaktion schicken. Das ist jedoch kostspielig. Tageszeitungen können auch Kooperationen mit Fachredaktionen eingehen. Diese führen dann die Tests durch und andere Medien berichten darüber. Rechtliche Informationen zur Konzeption von Tests erhalten Sie in Kapitel 8.

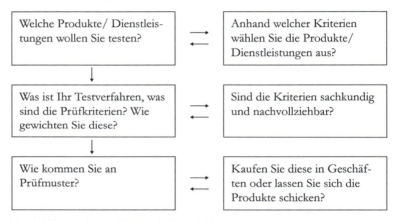

Vergleiche von Produkten und Dienstleistungen
(eigene Darstellung)

Checkliste: Vergleiche von Produkten und Dienstleistungen

- Nach welchen Kriterien wählen Sie Angebote, Produkte und Dienstleistungen aus, die getestet bzw. verglichen werden sollen?
- Haben Sie alle relevanten Angebote berücksichtigt?
- Nach welchen Kriterien wird getestet?
- Haben Sie ein geeignetes Vergleichsverfahren gewählt?
- Ist das Testlabor auch wirklich unabhängig?
- Sind die Tester sachkundig?
- Haben Sie alle Kriterien nach bestem Wissen recherchiert?
- Haben Sie die Ergebnisse übersichtlich in einer Tabelle dargestellt?
- Sind die Angaben in der Tabelle korrekt?
- Sind Auswahl- und Vergleichskriterien transparent, nachvollziehbar und sinnvoll?

5.6 Zusammenarbeit mit Tabellenlieferanten

Für kleine oder schlecht besetzte Redaktionen ist es eine Alternative, eine fertige Vergleichstabelle von einem der vielen Anbieter im Internet anzufordern. Das ist einfach, schnell und praktisch. Inzwischen gibt es für jeden Lebensbereich das passende Vergleichsportal. BESTATTUNGEN.DE vergleicht die Preise für Beerdigungen, STROMPREISE.DE ermittelt günstige Gas- und Strompreise und das Werkstattportal von AUTOSCOUT24.DE preiswerte Werkstätten. Anbieter wie CHECK24.DE, IBLICK.DE oder VERIVOX.DE liefern die angeforderten Tabellen schnell und zuverlässig – und vor allem kostenlos. Dieser Service hat jedoch einen entscheidenden Haken: Kaum eines der Vergleichsportale ist wirklich unabhängig. Das haben unter anderen Recherchen von ÖKOTEST belegt. Auch nimmt die Kritik an der mangelnden Transparenz der Anbieter in den Medien zu:

> **Vergleichsportale für Hausratversicherungen**
> Vergleichsrechner im Internet könnten helfen, die richtige Hausratversicherung zu finden. Leider geht es den meisten Anbietern darum nicht, wie unser Test zeigt.

Wie seriös und repräsentativ die Vergleiche einzelner Portale sind, können Sie leicht anhand der folgenden drei Kriterien prüfen:
1. Wie viele Anbieter und Tarife werden in dem Vergleich berücksichtigt? Ein Vergleich kann nicht seriös sein, wenn das Portal lediglich einen Bruchteil der verfügbaren Tarife unter die Lupe nimmt und beispielsweise Anbieter mit einem hohen Marktanteil nicht berücksichtigt.
2. Danach lohnt ein Blick in die Allgemeinen Geschäftsbedingungen (AGBs). Dort ist oft verzeichnet, dass die Portale als Vermittler auftreten, die eine Provision kassieren, wenn über die Webseite ein Vertrag abgeschlossen wird. Für den Abschluss einer Kfz-Versicherung beispielsweise erhält ein Portal im Schnitt 80 Euro.
3. Wie unterschiedlich die Ergebnisse der Portale ausfallen, können Sie einfach prüfen. Denken Sie sich ein konkretes Profil aus: Beispielsweise eine Frau, 38 Jahre, die in Berlin im 3. Stock in einer 100 Quadratmeterwohnung eines Mehrfamilienhauses mit guter Bauweise wohnt und weder Fahrraddiebstahl noch Elementarschäden mit absichern möchte. Geben Sie dieses Profil bei unterschiedlichen Portalen ein: Sie erhalten mitunter vollkommen unterschiedliche Ergebnisse. Ein eindeutiger Testsieger zeichnet sich – sofern mehrere Vergleichs-

portale konsultiert wurden, hinter denen verschiedene Anbieter stecken – oft nicht ab.

Der Markt der Vergleichsportale ist unübersichtlich und wächst. Eigentlich sollen sie für Klarheit sorgen. Doch oft steckt hinter verschiedenen Portalen ein und derselbe Anbieter. Zudem kassieren die meisten Portale für jeden über die Seite abgeschlossenen Vertrag eine Provision. Im Vergleich selbst werden oft nur die Unternehmen aufgenommen, die zahlen. Obwohl der Druck, Transparenz zu schaffen, steigt ist auf vielen Portalen nach wie vor nicht ersichtlich, wie viele Tarife in dem Vergleich überhaupt berücksichtigt werden.

Die Tücken von Vergleichsportalen offenbart auch eine Analyse von TEST. Die Zeitschrift hat in der Ausgabe 3/2013 Stromtarifrechner verglichen. Das Ergebnis: Die getesteten Portale sind bestenfalls befriedigend. Das Manko vieler Portale sind die Voreinstellungen. Tarife mit Vorkasse oder einem ordentlichen Neukundenbonus landen in einigen Vergleichsportalen auf den vorderen Plätzen. Doch das bedeutet nicht, dass die Tarife langfristig günstig sind. Zudem gewähren viele Anbieter einen Neukundenbonus erst nach einem Jahr. Die Monate davor ist die Ersparnis de facto null. Daher raten Verbraucherschützer seit längerem, mehrere Vergleichsportale zu konsultieren. Das ist insofern wichtig, als bei einigen Portalen wesentliche Versicherer fehlen (Dohms/Krüger 2012).

Umfassende und unabhängige Tabellen zu beschaffen, ist kein leichtes Unterfangen. Wer die Augen offenhält und kritisch fragt, deckt leicht Ungereimtheiten auf. Es lohnt, mehrere Anbieter miteinander zu vergleichen. Provisionsfreie Tabellen erstellen die Redaktionen von TEST und FINANZTEST (www.test.de). Die Stiftung finanziert sich aus dem Verkauf ihrer Publikationen sowie aus Mitteln des Bundes und ist daher nicht von Anzeigenkunden abhängig. Das Problem bei diesen Tabellen ist, dass die Stiftung Tabellen mit Testergebnissen grundsätzlich nicht zum Nachdruck anbietet. Journalisten können lediglich auf die entsprechende Ausgabe oder die Veröffentlichung auf test.de verweisen. Mitunter bietet Stiftung Warentest jedoch einen Tabellenauszug in Pressemitteilungen an.

Einige Verbraucherzentralen arbeiten für ihre Versicherungsvergleiche mit dem Analyseportal Morgen & Morgen (www.morgenundmorgen.de) zusammen. Dort können Journalisten detaillierte Vorgaben zu den einzelnen Policen machen.

Verfolgen Sie die Termine im Bundestag und Bundesrat. Besorgen Sie sich die Terminankündigungen der Gerichte. Stehen relevante Gesetzesvorhaben oder Urteile an? Bieten sich dazu Vergleichstabellen an? Dann sollten Sie diese rechtzeitig bestellen, um am entscheidenden Tag einen guten Mehrwert für die Leser liefern zu können.

Bei Wirtschaftsjournalisten bekannt sind auch die Anbieter Horst Biallo (www.biallo.de) und Max Herbst (www.fmh.de). Diese Portale vergleichen Spar- und Kreditzinsen, die Konditionen von Bauspardarlehen und vieles mehr. Zahlreiche überregionale und regionale Zeitungen kooperieren mit diesen Anbietern und lassen sich von ihnen Tabellen erstellen. Dieser Service ist jedoch nicht immer kostenlos. Für Horst Biallo arbeiten zudem rund 50 Autoren, die zu den einzelnen Verbraucherthemen nicht nur Tabellen, sondern auch Texte liefern. Da viele Zeitungen und Zeitschriften Tabellen und Texte von Biallo einkaufen, ist der Einfluss des Unternehmens im Verbraucherjournalismus inzwischen sehr groß.

Checkliste: Tabellen einkaufen

- Wie viele Anbieter und Tarife werden im Vergleich berücksichtigt?
- Wie transparent sind die Angaben zu Anbietern und Tarifen im Vergleichsportal?
- Werfen Sie einen Blick in die AGBs. Wie finanziert sich das Portal?
- Vergleichen Sie die Ergebnisse mit denen anderer Vergleichsportale.

Ein Vorteil der Nutzwertberichterstattung ist, dass sie in weiten Teilen planbar ist. Wichtige Urteile oder Gesetzesänderungen werden angekündigt, oft gibt es Themen, die sich jede Saison wiederholen. So wechseln Kunden ihre Kfz-Versicherung immer im November, die Steuererklärung ist im Mai fällig. Daher haben Sie mit etwas Planung oft ausreichend Zeit, Tabellen zu bestellen und von Grafikern vorbereiten zu lassen. Auch zu aktuellen Ereignissen lassen sich Tabellen vorbereiten. Dass die Regierung den Pflege-Riester verabschieden wird, war Tage vorher bekannt. Bestellen Sie rechtzeitig einen Vergleich verschiedener privater Pflegeversicherungen. Was bieten die Versicherungen heute ohne Förderung und wie viel muss ich zahlen, wenn ich mich privat für den Pflegefall absichern möchte? Dann haben Sie bei Verabschiedung der Regelung einen aktuellen, umfassenden Vergleich – und das ohne Zeitdruck. Ein guter Leserservice!

Checkliste: Nutzwert attraktiv darstellen

- Wie viel Platz steht Ihnen zur Verfügung?
- Welche Darstellungsformen bieten sich an?
- Variieren Sie die Darstellungsformen. Verlassen Sie ausgetretene Pfade. Probieren Sie auch einmal etwas Neues aus.
- Haben Sie sich trotz geringem Platz um Infokästen, Tabellen oder Beispielrechnungen bemüht?
- Machen Sie es dem Leser so einfach wie möglich?
- Haben Sie die Beispielrechnungen auf Plausibilität geprüft? Sind die Annahmen so realistisch und nachvollziehbar?
- Haben Sie die Serie geplant, den Platz mit der Anzeigenabteilung geklärt, ein Logo entworfen? Dann können Sie mit dem Schreiben beginnen.
- Gibt es die Möglichkeit, Inhalte crossmedial – etwa mit interaktiven Grafiken oder Karten aufzubereiten?

Checkliste: Produktvergleiche erstellen

- Ist die Auswahl der Anbieter und Produkte für Ihren Vergleich nachvollziehbar?
- Sind die Testkriterien sinnvoll und nachvollziehbar?
- Sind die Produkttester sachkundig?
- Haben Sie beim Kauf von Tabellen geprüft, wie viele Anbieter und Tarife in dem angeforderten Vergleich berücksichtigt werden?
- Haben Sie einen Blick in die AGBs geworfen und geprüft, wie sich das Vergleichsportal finanziert?

Literatur

Küpper, Norbert (2002): Werkstatt Infografik. Salzburg-Eigendorf: Oberauer GmbH.
Wolff, Volker; Reckinger, Gabriele (Hrsg.) (2011): Finanzjournalismus. Konstanz: UVK.

6 Textsorten

Der ideale Aufbau journalistischer Texte hängt in erster Linie davon ab, für welche Darstellungsform Sie sich entscheiden. Am häufigsten nutzen Verbraucherjournalisten Feature und Bericht, um ihre journalistische Lebenshilfe zu verpacken. Doch alle folgenden tatsachenbetonten Textsorten eignen sich für Nutzwerttexte:
- Meldung,
- Bericht,
- Feature,
- Magazingeschichte,
- Interview.

Selbstverständlich können Nutzwertjournalisten auch auf meinungsbetonte Darstellungsformen wie Kommentar oder Leitartikel zurückgreifen. Doch im Verbraucherjournalismus liegt die Herausforderung vor allem darin, komplexe Themen leicht verständlich darzustellen. Ein Kommentar kann dabei eine sinnvolle Ergänzung sein. Er alleine trägt aber kein Verbraucherthema.

Bevor Sie über die geeignete Darstellungsform nachdenken, muss nach der Recherche die Kernaussage – der Küchenzuruf – formuliert werden. Nur mit einer klaren Aussage können Sie einen attraktiven Text mit einem roten Faden schreiben. Ein Küchenzuruf ist im Übrigen auch unabdingbar, um das Thema in der Redaktionskonferenz gut verkaufen zu können (s. Kapitel 3: Themen finden). Die stringente Gliederung eines Textes zu finden, ist nicht immer leicht. Doch mit Hilfe einiger Modelle lässt sich problemlos ein roter Faden spinnen. Zwei solche Modelle werden in diesem Kapitel erläutert. Grundsätzlich bieten sich auf dem Weg zum roten Faden fünf Arbeitsschritte an:
- Schritt 1: Recherche,
- Schritt 2: Notieren der Rechercheergebnisse,
- Schritt 3: Notieren markanter Szenen,
- Schritt 4: Anordnen von Informationen und Szenen,
- Schritt 5: Schreiben.

Bevor es ans Schreiben geht, sollten Sie zunächst einmal die gesammelten Informationen und markante Szenen auf Zettel, Post-its oder Karteikarten schreiben – pro Szene und Information jeweils ein Blatt. Diese können Sie dann gemäß Ihres geplanten Textaufbaus anordnen. Dazu bieten sich zwei Möglichkeiten an: Wäscheleine und Eisenbahnzug.

Zum einen können Sie die Zettel in entsprechender Reihenfolge mit Wäscheklammern an einer Leine – Ihrem »roten Faden« – befestigen. So haben Sie den geplanten Aufbau Ihres Textes immer im Blick und können schnell umdisponieren. Fragen Sie sich bei jedem Zettel: Stützen die Szene oder die Information meinen Küchenzuruf? Wenn nicht, verlieren sich Autoren in Nebenschauplätzen. In diesem Fall sollten Sie den Zettel und damit auch die Information oder Szene aus Ihrem Text verbannen.

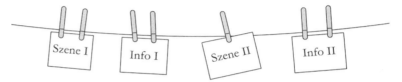

Möglichkeit 1: die Wäscheleine als »roter Faden«
(eigene Darstellung)

Eine andere Hilfe für einen gelungenen Aufbau besteht darin, sich den Text als Eisenbahnzug vorzustellen. Dabei symbolisiert die Lokomotive das Thema: den Küchenzuruf. Dieser muss möglichst attraktiv formuliert sein. Ähnlich einer Lok muss ein Thema »ziehen«, wie es im Redakteursjargon heißt. Neben der Lokomotive gibt es Güter- und Personenwaggons. Güterwagen transportieren in unserem Modell Informationen, Personenwagen die Szenen. Sie stehen für Personen im Text: Dort kommen Betroffene oder Experten zu Wort. Wie bei Zügen vor 100 Jahren unterscheiden wir nicht zwischen Personen- und Gütertransporten. In unserem Modell werden Güter und Personen von einer Lokomotive gezogen.

Soweit unser Modell. Versehen Sie nun jeden Waggon mit einer Szene, einer Information oder einem Zitat und ordnen Sie diese entsprechend an. Wenn Sie die Zettel an der Leine oder die Zugabteile je nach Inhalt auch noch farbig gestalten, erleichtert dies den Textaufbau. Denn wer sich nach Darstellungsformen richtet, sollte einige Kriterien zum Aufbau von Bericht, Magazingeschichte oder Feature beachten.

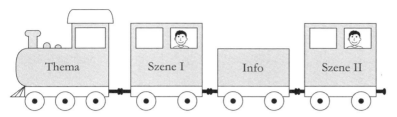

Möglichkeit 2: die Lokomotive für einen stringenten Aufbau
(eigene Darstellung)

6.1 Textsorten im Verbraucherjournalismus

Schreiber von Nutzwerttexten können sich aller tatsachenbetonten journalistischen Darstellungsformen bedienen. Restriktionen ergeben sich aus der Recherche. Haben Sie Zeit, Betroffene zu suchen? Jemanden, der etwa viel Gewicht mit der Spargel-Diät verloren hat oder der seit Monaten auf die Auszahlung seiner Versicherung wartet. Nicht immer findet sich ein Verbraucher, mit dem Sie reden und den Sie im Artikel zu Wort kommen lassen können. Nutzwertjournalisten sollten jedoch alles daran setzen, Betroffene zu finden. Sie machen Schilderungen authentisch. An ihnen lassen sich komplexe Sachverhalte erläutern. Bei der Suche helfen Selbsthilfegruppen oder Verbände. Die Organisationen stellen – sofern die Person einverstanden ist – einen Kontakt her. Alternativ können Sie auch einen Aufruf über Soziale Netzwerke oder in Foren starten. Das ist unkompliziert und mit geringem Aufwand möglich (s. Kapitel 4.5: Einsatz Sozialer Medien in der Recherche).

Ratgebertexte laufen auch Gefahr, konstruiert, belehrend oder von oben herab zu wirken. Schilderungen von Betroffenen entstauben Nutzwerttexte, hauchen ihnen Leben ein und helfen, Sachverhalte leicht nachvollziehbar auf Augenhöhe mit dem Leser zu beschreiben. Wenn Autoren mit betroffenen Personen gesprochen haben, bietet es sich an, mit der Schilderung eines Falls in die Geschichte einzusteigen – also ein Feature, eine Magazingeschichte oder eine Reportage zu schreiben. Findet sich jedoch niemand, der bereit ist, mit Ihnen etwa über die Schwierigkeiten beim Wechsel des Telekommunikationsanbieters oder die Abzocke von Unternehmen zu sprechen, entfällt der szenische Einstieg. Alternativ kommen dann noch der klassische Bericht oder das Interview in Frage. Berichte sind insbesondere in Tageszeitungen weit verbreitet. Viele Journalisten verlassen für die Recherche ihren Schreibtisch nicht mehr, lässt sich doch heute vieles einfach und schnell telefonisch und per Mail in Erfahrung bringen. Oft fehlt im Nutzwertjournalismus zudem die Zeit, Betroffene zu suchen. Doch die schnelle Recherche am Schreibtisch ist der Tod für jeden szenischen Einstieg.

Suchen Sie Betroffene, an denen Sie den Sachverhalt erläutern können. Sie machen Ihren Artikel lebendig und helfen, komplizierte Sachverhalte zu verdeutlichen.

Ganz gleich, für welche Darstellungsform Sie sich entscheiden: Sie müssen stets mit einem Paukenschlag einsteigen. Das Wichtigste, Spannendste gehört an den Anfang. Schließlich buhlen Sie in einem immensen Angebot an Medien um Zeit und Aufmerksamkeit der Leser. Und die sind unerbittlich, entscheiden innerhalb von Sekunden, ob sie sich mit einem Artikel weiter befassen wollen. Da bringt auch ein geschliffener Text oder ein fabelhaft konstruierter Beitrag nichts, wenn Sie einen Großteil der Nutzer schon gleich am Anfang verlieren (s. Kapitel 7.3: Überschrift und Einstieg).

Der Einstieg muss Leser fesseln. Doch wie geht es dann weiter mit dem Erzählen? Das hängt auch von der gewählten Darstellungsform ab. Denn jede verlangt einen spezifischen Aufbau. Nachfolgend finden Sie Anleitungen, wie die einzelnen Textsorten im Nutzwertjournalismus idealtypisch konstruiert werden. Quasi ein Schema F, auf das Redakteure unter Zeitdruck und unerfahrene Schreiber immer zurückgreifen können. Nichts desto trotz sollte in jeder Redaktion das honorige Prinzip gelten: Der Meister bricht die Form.

6.2 Meldung und Bericht

Meldung

Eine Meldung ist kurz und knackig. Oft bestehen die kleinen Textblöcke, in denen Leser über Neuigkeiten informiert werden, aus gerade einmal drei Sätzen. Eine Meldung kann auch ein oder zwei Sätze mehr enthalten, wenn es der Verständlichkeit dient. Die klassische Meldung beantwortet die relevanten »W-Fragen«: Wer hat was wann warum wo und wie getan? Für den Aufbau stehen Autoren drei Elemente zur Verfügung:

- Kernbotschaft – Küchenzuruf – Lead,
- Detailinformationen,
- Hintergrundinformationen.

Diese sollten entsprechend einer »umgekehrten Pyramide« angeordnet werden. Das Wichtigste gehört an den Anfang, die weiteren Informationen folgen dem Prinzip der abnehmenden Wichtigkeit. Die Meldung steigt mit der Kernbotschaft ein. Relevantes gehört in den ersten Satz, den Lead, und beantwortet die Frage: Wer hat was getan? Im folgenden Satz bringen Autoren Detailinformationen zum Thema unter. Diese beantworten weitere W-Fragen und werden oft genutzt, um die Quelle der Informationen anzugeben. Im dritten und letzten Teil der Meldung ist Platz für Hintergrundinformationen. Sie helfen, den Sachverhalt einzuordnen. In Redaktionen ist oft nicht nur die Rede von Meldungen, sondern auch von Nachrichten. Volker Wolff differenziert die beiden Begriffe:

»Die Nachricht ist der prägende Inhalt aller Darstellungsformen, die informieren sollen. Meldung und Bericht sind die in Zeitungen und Zeitschriften hauptsächlich zur Information über Ereignisse verwendeten Darstellungsformen.« (Wolff 2011, 51)

Hier ein Beispiel für eine Meldung aus FINANZTEST – bestehend aus Lead, Detail- und Hintergrundinformationen (siehe Abbildung S. 138 oben).
   Nutzwertjournalisten sind anfällig dafür, PR-Material zu übernehmen. Viele Unternehmen haben diesen Bereich als Einfallstor erkannt. Daher sollten Journalisten Pressemitteilungen nie einfach kopieren und sämtliche Informationen kritisch prüfen (s. Kapitel 4.3: Umgang mit dem wachsenden Einfluss der PR). Lösen Sie sich von den Vorlagen. Legen Sie alle Unterlagen zur Seite und überlegen Sie, was Sie sagen wollen. Skizzieren Sie das Lokomotiv-Modell für Meldungen. Klären Sie in einem nächsten Schritt, mit welchen Informationen Sie die einzelnen Waggons bestücken. Was gehört zur Kernaussage, was sind Detail- und was wiederum Hintergrundinformationen? Wie müssen diese angeordnet werden, damit sie logisch aufeinander aufbauen? (siehe Abbildung S. 138 unten)

Eltern von Zwillingen bekommen doppelt Elterngeld.

Ihnen steht der Betrag für jedes Kind einzeln zu, insgesamt also zweimal 14 Monate. Hinzu kommt der monatliche Zuschlag von 300 Euro für Mehrlingsgeburten (Bundessozialgericht, Az. B 10 EG 3/12 R und B 10 EG 8/12 R).

Der Fall: Die Elterngeldstelle hatte für beide Kinder insgesamt nur einmal 14 Monate gezahlt. Den doppelten Zuschuss gibt es aber nur, wenn beide berufstätig sind. Das Elterngeld beträgt 65 Prozent des Nettoeinkommens, maximal 1800 Euro pro Monat.

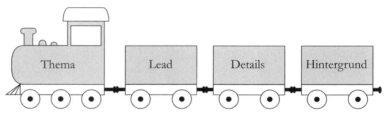

Aufbau einer Meldung
(eigene Darstellung)

Bericht

Der Bericht ist die große Ausgabe der Meldung. Er hat mindestens 40 Zeilen (à 35 Anschläge inklusive Leerzeichen). Der Aufbau gleicht dem einer Meldung. Mit einem entscheidenden Unterschied: Die Kriterien zum Aufbau beziehen sich nicht auf einzelne Sätze, sondern auf Abschnitte. Autoren sollten beim Schreiben von Berichten überlegen, wie sie den Sachverhalt leicht verständlich und stringent erzählen. Denn es ist ein Unterschied, ob Leser gerade einmal wenige Zeilen einer Meldung durchlesen oder über 180 Zeilen durchhalten sollen. Gute Ansätze dazu liefert das Storytelling.

Der Aufbau folgt wie bei der Meldung dem Prinzip der abnehmenden Wichtigkeit. Der erste Absatz – der Leadabsatz – muss die wesentlichen Informationen enthalten und Antwort geben auf die Frage: Wer macht was wann wo warum? Im zweiten Abschnitt, dem Detailabsatz, liefern Autoren detaillierte Informationen zur Nachricht. Der dritte Absatz enthält Hintergrundinformationen (Hintergrundabsatz). In diesem werden Zusammenhänge aufgezeigt und erläutert. Die Anzahl der Absätze ist dabei nicht starr festgelegt. Vielmehr variiert – je nach Komplexität des Themas – die Anzahl der Abschnitte mit Detail- oder Hintergrundinformationen. Strikt an den Aufbau Lead, Details, Hintergrund halten sich Nachrichtenagenturen. Der Vorteil ist, dass sich Texte so leicht von hinten kürzen lassen, wenn die Redaktion dem Thema beispielsweise weniger Platz einräumt als die Agentur.

Zitate beleben Artikel. Sie sollten jedoch nicht allzu lang sein und keine reinen Fakten transportieren. Sollten Gesprächspartner beim Autorisieren der Zitate diese unnötig aufblasen, mit PR oder Fachtermini versehen, sollten sich Journalisten zur Wehr setzen. Lange, unverständliche Zitate führen dazu, dass ein Großteil der Leser aussteigt.

Zitate sind nicht dafür gedacht, reine Fakten zu transportieren. Sie bieten Raum für Gefühle, Einschätzungen und Meinungen.

Um den Aufbau von Berichten an einem Beispiel zu erläutern, zerlegen wir einen Artikel zum Thema Lebensversicherungen in seine Bestandteile: Lead-, Detail- und Hintergrundabsatz. Der Artikel punktet zwar nicht mit brillanter Sprache, jedoch mit einem soliden Aufbau.

Im ersten Absatz erhalten die Leser alle relevanten Informationen zum Thema. Bereits der erste Satz vermittelt die Kernaussage des Textes: »Lebensversicherungen sind laut einer Stichprobe von ‚Ökotest' als Altersvorsorge nicht empfehlenswert«. Im weiteren Verlauf erfahren die Leser, warum. Sie lesen von einer Untersuchung des Magazins ÖKOTEST, erfahren, wie viele Versicherungen unter die Lupe genommen wurden und wie das Ergebnis der Analyse lautet:

> Lebensversicherungen sind laut einer Stichprobe von »Ökotest« als Altersvorsorge nicht empfehlenswert. Die Renditen von Lebensversicherungen seien einer Untersuchung des Magazins zufolge in den vergangenen Jahrzehnten in den meisten Fällen niedriger ausgefallen als bei einer

Anlage des Geldes in Sparplänen mit Bundesanleihen. Im Vergleich hätten Verbraucher dabei auf 1,23 bis 2,35 Prozent Rendite verzichtet, heißt es in dem Bericht von »Ökotest«. Der Bericht stützt sich auf eine nicht repräsentative Analyse von 76 abgelaufenen Kapitallebensversicherungen und sieben Rentenversicherungen, die zwischen 1963 bis 2001 abgeschlossen worden waren. (FAZ.NET, 28.08.2013)

Im folgenden Abschnitt erhalten Leser detaillierte Informationen zum Ergebnis der Studie (Detailabsatz). So erfahren Verbraucher, dass von den 83 untersuchten Fällen lediglich vier mit ihrer Lebensversicherung eine höhere Rendite erwirtschaftet haben als mit einer alternativen sicheren Geldanlage.

Der Untersuchung zufolge brachten die Policen, die der Zeitschrift von der Verbraucherzentrale Hamburg anonymisiert übergeben worden waren, Renditen zwischen 3,10 und 4,49 Prozent pro Jahr. Eine parallele Anlage des Geldes in Schatzbriefen hätte demnach aber Renditen von 4,33 bis 6,73 Prozent gebracht. Auch Policen, die lange vor der jetzigen Niedrigzinsphase abgeschlossen worden seien, seien mit ihren Erträgen somit hinter den Vergleichssparplänen zurückgeblieben, teilte »Ökotest« mit. Die Gründe lägen zum Teil bei den hohen Kosten, die insbesondere in den sechziger und siebziger-Jahren extrem hoch gewesen seien. Die Ablaufrendite sei zudem stets niedriger gewesen als die Prognose des Anbieters, sagte »Ökotest«. Nur in vier der untersuchten 83 Fälle habe der Kunde am Ende besser abgeschnitten als bei der Vergleichsanlage. (FAZ.NET, 28.08.2013)

Im dritten Absatz liefert der Autor Hintergrundinformationen zu Lebensversicherungen (Hintergrundabsatz). Dabei geht es um die Anlageform an sich und die Probleme, mit denen Kapitallebensversicherungen in Zeiten niedriger Zinsen zu kämpfen haben. Diese Informationen sind hilfreich für die Einordnung des Themas. Der Abschnitt ist für das Verständnis des Sachverhalts jedoch nicht zwingend notwendig und könnte daher problemlos gestrichen werden.

Derzeit haben Lebensversicherungen mit dem niedrigen Zinsniveau zu kämpfen, was sich auf die Rendite der Sparer auswirkt. Schuld sind die extrem niedrigen Renditen für krisensichere Staatsanleihen, in die die Anbieter ihre Kundengelder anlegen müssen. Das senkt die Gewinnausschüttung im Vergleich zu früher noch weiter ab. Bundesanleihen zählen zu diesen besonders krisenfesten Anleihen, die als »sichere Häfen« betrachtet und deshalb in Zeiten von Finanz- und Wirtschaftskrisen bei den professionellen Anlegern beliebt sind. Das drückte ihre Rendite auf historische Tiefststände. (FAZ.NET, 28.08.2013)

In Meldungen und Berichten werden Fakten vermittelt. Meinungen haben in diesen Darstellungsformen nichts zu suchen.

Berichte können nach dem folgenden Schema konstruiert werden. Autoren sollten überlegen, welche Informationen und welche Zitate sie in welchen Waggon packen. Achten Sie darauf, dass die einzelnen Informationen aufeinander aufbauen.

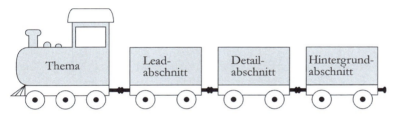

Aufbau eines Berichts
(eigene Darstellung)

6.3 Feature

Das Feature ist die prädestinierte Darstellungsform für Nutzwerttexte. Bei dieser geht es darum, abstrakte Sachverhalte anhand konkreter Beispiele zu erläutern. Dadurch lassen sich Nutzwertthemen attraktiver präsentieren und veranschaulichen. In Redaktionen ist oft nicht klar definiert, was konkret ein Feature ist und was es insbesondere von anderen Darstellungsformen wie Magazingeschichte oder Reportage abgrenzt. Eine treffende Definition führt Udo Flache an:

> »Der Feature-Schreiber rückt [...] den abstrakten Themen zu Leibe, durchleuchtet sie, löst sie in Handlung und Bilder auf und ersetzt den aufklärenden Aufsatz.« (Flache 1963, 112, zitiert in La Roche 1995, 141)

Experten unterscheiden drei verschiedene Feature-Formen:
- szenischer Einstieg,
- szenischer Ein- und Ausstieg,
- Wechsel von Fakten und Szenen.

Szenischer Einstieg – In Redaktionen am weitesten verbreitet ist der Ansatz, einen Bericht »anzufietschern«. Das bedeutet, dass vor den sachlich geschriebenen Nutzwerttext ein szenischer Einstieg gesetzt wird. Diesen dürfen Autoren nicht erfinden. Entweder gibt es die betroffene Person oder den Experten und Sie haben mit ihm gesprochen. Dann können Sie szenisch einsteigen. Andernfalls entfällt diese Form des Einstiegs. Journalismus und Fiktion schließen sich kategorisch aus. In Nutzwerttexten wird der szenische Einstieg oft genutzt, wie das Beispiel in der WIRTSCHAFTS-WOCHE zeigt:

> Als Bernhard S. die Tür seiner Wohnung zur Besichtigung öffnet, hat der Frankfurter sein schönstes Pokerface aufgesetzt. Eigentlich ist sein Angebot unschlagbar: Penthouse in bester Lage, Dachterrasse, Blick über die Skyline. Selbst die Maklercourtage will er dem Nachmieter ersparen – Mieter Bernhard S. ist bereit, den Kontakt zum Vermieter herzustellen. Nur eine kleine Bedingung hat er: Bernhard S. schiebt einen Vertrag über die Arbeitsplatte. 15.000 Euro, 18 Monatsmieten, soll der Nachmieter für die Küche mit den acht Jahre alten Geräten hinblättern. Und in einem Abwasch unterschreiben, dass er die Wohnung renoviert. Falls nicht, könne S. die Daten des Interessenten leider nicht an den Eigentümer weitergeben. (WIRTSCHAFTSWOCHE 17/2012)

Eine große Herausforderung stellt der Übergang vom szenischen Einstieg zu den Fakten dar. Oft greifen Schreiber zu Floskeln wie »Bernhard S. ist kein Einzelfall« oder »So wie Bernhard S. ergeht es vielen Menschen in Deutschland«. Natürlich müssen Autoren nach dem szenischen Einstieg verdeutlichen, dass es nicht ausschließlich um das Schicksal von Bernhard S. geht. Doch da diese Übergangs-Floskeln im Nutzwert inzwischen inflationär gebraucht werden, sollten Autoren davon Abstand nehmen. Es geht auch besser – auch wenn das etwas Nachdenken erfordert. Die Autorin der WIRTSCHAFTSWOCHE entscheidet sich leider für eine banale Variante à la »Bernhard S. ist kein Einzelfall«:

> Auf Figuren wie Bernhard S. trifft immer häufiger, wer in begehrten Metropolen eine Wohnung mieten oder kaufen will. (WIRTSCHAFTSWOCHE 17/2012)

Im dann folgenden Lead verdeutlichen die Autoren die Relevanz des Themas und erläutern, worum es im Text geht. Der Aufbau eines »angefietscherten Berichts« sieht in unserem Lokomotive-Modell folgendermaßen aus:

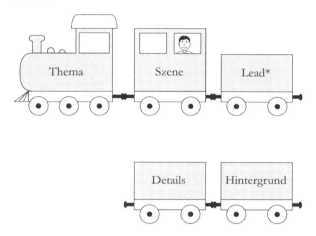

* mit Verallgemeinerung des Themas

Feature mit szenischem Einstieg
(eigene Darstellung)

Szenischer Ein- und Ausstieg – Ein szenischer Anfang findet sich auch in dem folgenden Artikel von SPIEGEL ONLINE. Im Einstieg geht es in diesem Fall nicht um eine betroffene Person, sondern um eine Expertin, die die Leute im Ernstfall berät. Ernstfall bedeutet, dass die Personen die Beiträge für ihre private Krankenversicherung nicht mehr bezahlen können. Um das Büro von Frau Elß oder anderen Experten detailliert beschreiben zu können, müssen die Autoren von SPIEGEL ONLINE vor Ort gewesen sein.

> Zu Dörte Elß kommen die Opfer von Ulla Schmidt. Der Taxifahrer, der Angestellte mit dem Mini-Rentenanspruch, die geschiedene Beamtengattin. Alle eint, dass sie Schwierigkeiten haben, ihre private Krankenversicherung zu zahlen. Elß ist Verbraucherschützerin in Berlin. In ihrem kargen, kleinen Büro am Bahnhof Zoo gibt sie für 20 Euro pro halbe Stunde Tipps, wie man Krankenversicherungsbeiträge drückt. »Viele kann ich aber nur weiter zur Schuldnerberatung schicken«, sagt Elß. (SPIEGEL ONLINE, 8.03.2012)

In vielen Fällen haben betroffene Personen oder befragte Experten mit ihrem Auftritt in den ersten Zeilen ihre Schuldigkeit getan. Sie sind Mittel zum Zweck, um Interesse zu wecken. Im Verlauf des Schreibens geraten die Personen jedoch oft in Vergessenheit. Damit vergeben Autoren die Möglichkeit eines szenischen Ausstiegs – quasi als Belohnung für alle Leser, die so lange durchgehalten haben. Mit einem szenischen Ein- und Ausstieg lässt sich eine schöne Klammer bilden, die die eigentliche Geschichte umrahmt. SPIEGEL ONLINE lässt Expertin Elß am Ende noch einmal zu Wort kommen. Der Aufbau wirkt dadurch stringent und durchdacht.

> Dörte Elß ist der Fall einer Angestellten besonders in Erinnerung geblieben: Die Frau stand kurz vor der Rente, hat immer ordentlich verdient. Doch mit Anfang 50 hat sie den entscheidenden Fehler gemacht: Sie wechselte in die private Krankenversicherung. Da sie wegen ihren Kindern aber länger im Job ausgesetzt hat, fällt ihre Rente mit rund 1000 Euro eher schmal aus. Ihr monatlicher Beitrag liegt bereits jetzt bei 600 Euro – und könnte noch deutlich steigen. Was kann sie tun? Elß sieht keinen wirklichen Ausweg. Zurück in die gesetzliche Krankenversicherung darf die Frau nicht mehr, das ist nur bis 55 Jahre möglich. »Leider kommt sie von dieser Last wohl nicht mehr runter, es sei denn, sie wechselt in einen anderen Tarif oder reduziert ihre Leistungen.« (SPIEGEL ONLINE, 08.03.2012)

SPIEGEL ONLINE wählt zudem einen gelungenen Übergang von Szene zu Fakten. Der Autor verzichtet auf die Konstruktion à la »Herr X ist kein Einzelfall«, was dem Artikel sehr gut tut:

> Die Misere ist im Lauf der vergangenen drei Jahre entstanden. Früher warfen Kassen Mitglieder, die ihre Beiträge nicht zahlten, einfach raus. (SPIEGEL ONLINE, 08.03.2012)

Überlegen Sie sich einen attraktiven Übergang von der Einstiegsszene zum ersten Teil, in dem Sie Fakten transportieren. Übergänge à la »Herr X ist kein Einzelfall« sollten Sie vermeiden.

Im theoretischen Aufbau sieht ein Feature mit szenischem Ein- und Ausstieg, also einer Klammer, folgendermaßen aus:

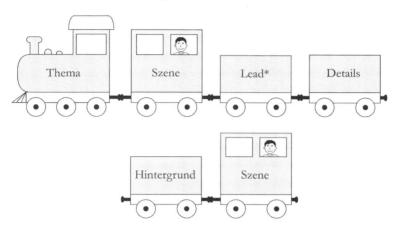

* mit Verallgemeinerung des Themas

Feature mit szenischem Ein- und Ausstieg – Klammer
(eigene Darstellung)

Wechsel von Fakten und Szenen – Die Kür stellt eine dritte Variante des Features dar. In dieser wechseln Fakten und Beispiele einander ab. Das erfordert nicht nur einen komplexen Aufbau – nämlich einen Faktenstrang und einen mit Beispielen –, sondern auch eine aufwändige Recherche. Denn in diesem Fall ist es nicht damit getan, Fakten zum Thema zusammenzutragen. Es müssen zusätzlich relevante Beispiele gesammelt werden, anhand derer sich komplexe Sachverhalte anschaulich erläutern lassen. Bei der Suche nach Betroffenen und der Konstruktion von Beispielen sind Verbände behilflich. Beispiele sind nur dann gut gewählt, wenn sich in diesen möglichst viele Leser wiederfinden. Daher ist es wichtig, seine Zielgruppe zu kennen (s. Kapitel 3.2: Zielgruppen). Die CAPITAL-Autoren haben für den Aufbau des Artikels »Jetzt steuerfrei schenken« die komplexe dritte Variante des Features gewählt. Sie verweben Fakten und anschauliche Beispiele. Der Artikel steigt mit dem folgenden Beispiel ein:

> Andrea Rehmsmeier (35) ist frischgebackene Eigentümerin eines Zweifamilienhauses in Herford. Obwohl Vater Hans-Heinrich und Mutter Gisela selbst erst 65 und 60 Jahre alt sind, entschlossen sie sich, das Haus schon

jetzt auf die Tochter zu übertragen. »Damit haben wir einen ersten Schritt gemacht, unser Erbe zu regeln. Künftig wird das sicher teuer«, erklärt der Vater, ein pensionierter Schulleiter. Nun überlegen die Eheleute, ob es sinnvoll wäre, ihre vier weiteren Immobilien ebenfalls aus den Händen zu geben. (CAPITAL, 11/2006)

Die Autoren verzichten beim Übergang von Einstiegsszene zu Fakten auf den plumpen Satz »Familie Rehmsmeier ist kein Einzelfall«. Auf das Beispiel folgt in diesem Fall das Zitat eines Experten. Nun mag man trefflich darüber streiten, ob es geschickt ist, die Kernaussage des Textes in den Mund eines Experten zu legen. Gut gelöst ist dies mit dem Zitat sicher nicht, aber allemal besser als »Familie Rehmsmeier ist kein Einzelfall«:

> »Mit Plänen zur vorweggenommenen Erbfolge beschäftigen sich derzeit viele gut situierte Familien«, sagt Thomas Wachster, Notar aus Osterhofen. Aus gutem Grund: Schließlich rechnen viele Experten damit, dass das Bundesverfassungsgericht bestehende Privilegien im Erbschaft- und Schenkungsteuerrecht kippt. (CAPITAL, 11/2006)

Im weiteren Verlauf des Textes taucht Familie Rehmsmeier immer wieder auf. Dadurch lässt sich die doch sehr komplexe Materie anschaulich und nachvollziehbar schildern. Einmal wird die Familie als Übergang im Text genutzt, um zu verdeutlichen, dass bei vielen Betroffenen noch Handlungsbedarf besteht.

> Allerdings sind längst nicht alle so entscheidungsfreudig wie die Rehmsmeiers. (CAPITAL, 11/2006)

Ein anderes Mal dient die Familie als anschauliches Beispiel, um das Nießbrauchmodell zu erläutern. Denn anstatt abstrakt zu berichten, was es damit auf sich hat, nutzen die Autoren die Möglichkeit, die Vorgänge beim Nießbrauchmodell am Beispiel der Familie zu verdeutlichen.

> So entschieden sich auch die Rehmsmeiers aus Herfod bei ihrem ersten Schritt zum Generationenwechsel für ein Nießbrauchmodell: Mieten fließen weiter aufs Konto der Eltern. Die zahlen auch Betriebskosten und Reparaturen. Nur im Grundbuch steht Tochter Andrea. Ergebnis: Der Familienbesitz wechselte den Eigentümer zum Nulltarif. (CAPITAL, 11/2006)

Im Artikel von CAPITAL wechseln Informationen und Beispiele einander ab. Zwar überwiegen die theoretischen Erläuterungen in dem fast vier Seiten umfassenden Text. Doch nicht nur Beispiele, auch Einschätzungen von Experten beleben den Text – sofern diese nicht in fachlichem Kauderwelsch verfasst sind. Der optimale Aufbau einer Nutzwertgeschichte ist ein Wechsel von Fakten und Beispielen. Auf theoretische Erläuterungen folgen konkrete Beispiele oder Einschätzungen von Experten. So können Leser leicht nachvollziehen, was Betroffene beachten sollten und welche Schwierigkeiten sich ergeben können.

Mit der Kombination aus Beispielen und Fakten lässt sich Kompliziertes anschaulich und nachvollziehbar darstellen. Ein- und Ausstieg sollten szenisch gestaltet sein.

In unserem Lokomotive-Modell sieht der Aufbau folgendermaßen aus:

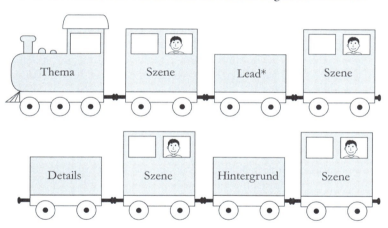

* mit Verallgemeinerung des Themas

Feature – Wechsel zwischen Szenen und Fakten
(eigene Darstellung)

Wenn Personen im Text auftauchen sollen, empfiehlt sich, wie beim Film oder Fernsehen eine Art Casting zu machen. Sind die Fälle geeignet, um den komplexen Sachverhalt zu verdeutlichen? Findet sich in dem Beispiel ein Großteil der Leser wieder? Denken Sie bei der Konzeption des Textes auch an ein Theaterstück. Wann lassen Sie welche Person auf der Bühne erscheinen? Welche Rolle übernimmt sie an dieser Stelle? Wenn Ihnen kein Argument einfällt, warum Sie die Person im Text gerade an dieser Stelle auftauchen lassen, sollten Sie sie besser streichen.

6.4 Magazingeschichte

Die Magazingeschichte oder der Magazinbericht sind letztlich Artikel, die in SPIEGEL, STERN, FOCUS, WIRTSCHAFTSWOCHE oder CAPITAL erscheinen. Sie haben eine starke These. Die Artikel werden zugespitzt und oft bleiben Informationen unerwähnt, die die Kernaussage nicht stützen.

Konkrete Beschreibungen dieser Darstellungsform sind selten, eine einheitliche Bezeichnung existiert nicht. So spricht Volker Wolff vom Magazinbericht (2011, 80), Michael Haller hingegen von Nachrichtenmagazingeschichte und Newsstory (1997, 82). In Redaktionen ist der Begriff Magazingeschichte verbreitet.

Da seit langem gefordert wird, dass Tageszeitungen im Kampf gegen sinkende Auflagen mehr Hintergrund und Orientierung bieten sollen, steigt auch die Relevanz der Magazingeschichte. Ressortleiter verlangen zunehmend eine starke These bei einordnenden Geschichten – ganz nach dem Vorbild der Texte von SPIEGEL, STERN & Co.

Doch eine These allein macht keine Magazingeschichte. Die Darstellungsform erfordert eine aufwändige Recherche und ist oft stark personalisiert. Redakteure tragen zahlreiche Informationen zusammen, decken Zusammenhänge und Abläufe auf. Sie lassen sich die Atmosphäre bei Verhandlungen beschreiben, um szenische Schilderungen einflechten zu können. Die Rechercheergebnisse münden in einer starken These. Dass sich Magazingeschichten von klassischen Berichten unterscheiden, hat einen einfachen Grund: Magazine können nicht mit Aktualität punkten. Sie müssen andere Mittel und Wege finden, um Leser zu überzeugen. Das Ergebnis ist die Magazingeschichte, in der Informationen pointiert aufbereitet werden. Für die klassische Nutzwertberichterstattung ist die Magazingeschichte nur bedingt geeignet, da sie – je nach Medium – sehr tendenziös sein kann. Wenn ein Autor Argumente ausblendet, die seine These nicht stützen, kann von einer ausgewogenen Berichterstattung nicht die Rede sein. Und die ist für Verbraucherjournalisten unabdingbar.

Die Magazingeschichte steigt klassischerweise mit einer Szene ein und entlässt den Leser auch mit einer solchen Szene aus dem Text. Der STERN beginnt den Artikel zur Berufsunfähigkeitsversicherung mit einem Beispiel:

Jürgen Goschler war ein begabter Kicker, doch als er mit Ende 20 an Rheuma erkrankte, zerstob sein Traum vom Profifußball. Er ließ sich zum Krankengymnasten ausbilden und machte sich selbstständig. Doch auch dieses Glück währte nicht allzu lange, denn zum Rheuma kam eine Nervenerkrankung. Goschler ist nun zu 80 Prozent schwerbehindert. Seinen Job kann er nur noch stark eingeschränkt machen. Aussicht auf Heilung gibt es nicht: Goschler, erst 38 Jahre alt, weiß schon heute, dass er seinen Beruf nie wieder voll wird ausüben können. Als hätte er geahnt, was einmal auf ihn zukommen würde, versicherte er sich bereits 1992, mit 25 Jahren, gegen Berufsunfähigkeit. Seine damalige Frau war schwanger, und er wollte für sich und seine Familie eine gesicherte Zukunft auch dann, wenn ihm etwas zustoßen sollte. Bei der Debeka schloss er eine Lebensversicherung mit Berufsunfähigkeitszusatzversicherung ab. (STERN 15/2005)

Nach der Szene folgt die größte Herausforderung dieser Darstellungsform: das Portal. In diesem wird die nachfolgende Geschichte in Kurzfassung erzählt, eine zugespitzte These formuliert. Dieser Abschnitt enthält relevante Informationen, darf aber nicht alles verraten oder vorwegnehmen. Schließlich soll das Portal nicht nur informieren, sondern vor allem auch zum Lesen animieren. Die Autoren des STERN haben in ihrem Artikel zur Berufsunfähigkeitsversicherung nach der Szene die These der Geschichte formuliert. Die Leser erfahren dort, was sie im folgenden Artikel erwartet. Wer wissen möchte, wie er eine Versicherung findet, die im Ernstfall zahlt, muss den Artikel lesen.

Der Fall Goschler ist ein Lehrstück: Ohne private Absicherung droht jedem Berufstätigen in Deutschland der Absturz in die Armut, wenn es mit der Arbeit auf einmal nicht mehr geht. Und: Der Weg zur richtigen Versicherung, die im Schadensfall auch wirklich zahlt, ist steinig ...
(STERN 15/2005)

Im weiteren Verlauf des Textes muss der Autor seine These belegen, sein Versprechen einlösen, das er im Portal gegeben hat. Einige Autoren bedienen sich dabei der klassischen »Rolle rückwärts«. Die Geschichte wird chronologisch von Anfang an erzählt, der Leser mit auf die einzelnen Stationen einer Reise genommen. Der Ausstieg aus der Magazingeschichte ist klassischerweise wieder eine Szene.
　In unserem Modell der Lokomotive benötigen wir nun ein weiteres Element: einen Kohlewagen für das Portal der Geschichte. Er befeuert das

Thema. Im Portal wird die Geschichte ganz nach angelsächsischem Vorbild »in der Nussschale erzählt«. Kurz, pointiert, ohne alles zu verraten.

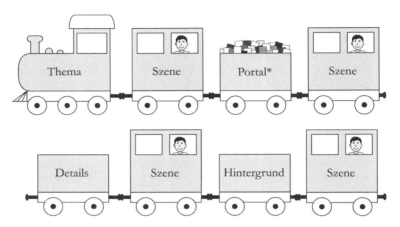

* These, ohne alle Aspekte der Geschichte zu verraten

Magazingeschichte mit Portal – Geschichte in der Nussschale
(eigene Darstellung)

Einige Verbraucherjournalisten nutzen, wenn auch selten, die Darstellungsform der **Reportage**. Da es sich dabei jedoch um eine vergleichsweise subjektive Darstellung handelt, ist diese Textsorte für Nutzwertjournalisten weniger geeignet. Bei einer Reportage ist der Journalist vor Ort. Er beobachtet mit all seinen fünf Sinnen. Ähnlich einem Dokumentarfilmer. Wie laut ist es? Wie sieht es da aus? Wie jedes Feature oder jede Magazingeschichte fordert auch eine Reportage akribische Vorbereitung. Einfach mal eine Klofrau besuchen oder mit einer Polizeistreife mitfahren und beobachten, was passiert, funktioniert in der Regel nicht. Im Zweifel passiert nämlich nichts. Besonders schlimm sind dann die Journalisten, die das Projekt nicht begraben, sondern die Leser über 200 Zeilen damit langweilen, dass nichts passiert ist. Journalisten müssen sich auch bei Reportagen fragen: Warum soll der Leser das jetzt lesen? Da fällt die Antwort bei Besuchen in Polizeistationen, in öffentlichen Toiletten, Notfallambulanzen oder 5-Sterne-Hotels mitunter schwer. Oft steckt hinter solchen Geschichten nicht mehr als das ureigene Interesse des Journalisten, einmal mit auf Streife zu gehen.

Nicht nur das Thema einer Reportage sollte gut gewählt sein, ebenso die Protagonisten, die im Text auftauchen. Die Recherche muss vor dem Verlassen der Redaktion de facto abgeschlossen sein. Sinn einer Reportage ist nicht, die vier Wände zu verlassen, um dann Fakten abzufragen. Sie müssen beobachten, was vor sich geht, Personen bei typischen Handlungen begleiten. Daher sollten Autoren die Protagonisten vorher casten. Eignet sich die Person für die Geschichte? Will ich als Leser die Hauptperson kennenlernen? In welchen Situationen sollte ich diese begleiten? Journalisten dürfen in Reportagen – anders als in Magazingeschichten – nur das beschreiben, was sie tatsächlich gesehen haben. Dass diese Regel streng beachtet werden sollte, zeigt der Skandal um den Henri-Nannen-Preis im Jahr 2011. Damals hatte der SPIEGEL Autor René Pfister den renommierten Preis für sein Porträt über Bayerns Ministerpräsidenten Horst Seehofer erhalten. Den Preis musste Pfister jedoch kurz nach seiner Auszeichnung wieder zurückgeben, weil herauskam, dass er die Modelleisenbahn in Horst Seehofers Keller nie mit eigenen Augen gesehen hatte. Er hatte sie aber im Einstieg seines Artikels beschrieben.

6.5 Interview

Eine weitere Darstellungsform im Verbraucherjournalismus ist das Experteninterview. Sinnvoll ist ein Interview im Nutzwertjournalismus jedoch lediglich als Zusatzelement – etwa ein Kurzinterview mit einem Verbraucherschützer, einem Gesundheits- oder einem Gartenexperten. Ein Interview allein kann ein Thema nicht ausgewogen darstellen. Diese Darstellungsform ist in Redaktionen beliebt, weil sie mitunter weniger Mühe bereitet. Beim Kurzinterview können Journalisten per Mail einem Experten fünf Fragen stellen und erhalten – wenn es gut läuft – brauchbare Antworten. Diese Form hat jedoch den entscheidenden Nachteil, dass den Befragten eine wunderbare Plattform für PR geboten wird. Eine Gesprächssituation können Sie via Mail nicht konstruieren. Auch wenn ein Interview manchmal etwas weniger Arbeit macht als ein Artikel, sollten Sie immer zuerst überlegen: Ist es die optimale Darstellungsform? Oder ist es informativer, den Experten in einigen O-Tönen im Lauftext zu Wort kommen zu lassen?

Vor dem Gespräch sollten Journalisten Informationen zu Gesprächspartner und Thema recherchieren. Achten Sie im Interview darauf, dass der Gesprächspartner die Fragen tatsächlich beantwortet. Oft nutzen versierte Politiker oder Unternehmer das Interview, um ihre Botschaften unterzujubeln. Die Enttäuschung ist dann groß, wenn Sie das Tonband abhören und feststellen, dass zwar viel gesagt wurde, aber kaum Inhalte transportiert wurden.

 Zeichnen Sie das Interview am besten digital auf. Dann können Sie es leicht archivieren und sich auf das Gespräch konzentrieren.

Das klassische Interview mit Frage und Antwort hat in Redaktionen und bei Lesern zu Recht an Attraktivität eingebüßt. In Deutschland ist es üblich, dass Interviews autorisiert werden. Das Ergebnis ist dann oft enttäuschend. Spannende Passagen sind gestrichen und, wenn es ganz schlecht läuft, sind auch noch Werbebotschaften eingebaut. Soll es schnell gehen und fehlen Alternativen, werden diese Interviews oft gedruckt. Wer mit dem weichgespülten Text nicht einverstanden ist, muss verhandeln und um einzelne Sätze feilschen. Journalisten sollten sich davon jedoch nicht abschrecken lassen. Sie sitzen letztendlich am längeren Hebel und können damit drohen, das Interview nicht zu drucken – natürlich nur, sofern es einen Platzhalter gibt. Dass selbst das nicht zwingend notwendig ist, zeigt das Beispiel der TAZ. Sie hat am 28.11.2003 aus Protest gegen die Autorisierungspraxis ein geschwärztes Interview auf der Titelseite gedruckt. Gleiches findet sich in der TAZ-Ausgabe vom 10.09.2013 – dieses Mal ein Interview mit Philipp Rösler ohne Antworten (siehe Beispiele S. 153).

Nutzwertjournalisten müssen darauf achten, dass nicht nur die Fragen leicht verständlich sind, sondern insbesondere auch die Antworten. Denn in der Regel befragen Nutzwertjournalisten Experten. Und die antworten oft in ihrem Fachjargon. Daher müssen Sie Fachbegriffe erläutern und kryptische Formulierungen übersetzen. Und da Sie die Antworten ohnehin vorlegen, sollten Sie diese in sehr guter Sprache und in einem klaren Aufbau schreiben. Es geht beim Interview nicht darum, alles Wort für Wort aufzuschreiben, vielmehr sollte daraus ein ansprechendes und interessantes Gespräch gemacht werden. Und der Gesprächspartner wird es Ihnen ohnehin danken, wenn Sie unvollständige Sätze vervollständigen, ähs tilgen und grammatikalische Ungereimtheiten korrigieren.

 Sind die Antworten des befragten Experten auch für Laien verständlich? Wenn nicht, müssen Sie umformulieren und mit dem Zitatgeber notfalls um verständliche Formulierungen feilschen.

taz: Hat dieser SPD-Parteitag einen großen Verlierer und heißt der Olaf Scholz?

Olaf Scholz: ~~...~~ führen.

Der Scholz ist erledigt, sagen viele in der Partei. ~~...~~

Fühlen Sie sich als Opfer?

Das war ein Kindergartenaufstand, sagen einige Genossen und meinen, dass Wolfgang Clement und Sie nur stellvertretend für die ganze Parteiführung abgestraft worden sind. ~~...~~ nicht beteiligen.

taz: Herr Rösler, wir möchten mit Ihnen über Hass sprechen.

Philipp Rösler: …… ……. …… ……… ……… .

Ihr Pressesprecher will auch lieber, dass wir das Thema "Stil und Anstand im Wahlkampf" nennen.

…… …… ……. .

6.6 Crossmediale Darstellungsformen

Im Internet bieten sich neben den klassischen weitere Darstellungsformen wie Audio-Slideshows, Podcasts oder Videos an. Vor allem Audio-Slideshows und Videos lassen sich als zusätzliche Elemente einsetzen, um komplexe Sachverhalte zu erläutern oder um Betroffene zu Wort kommen zu lassen. Daher sollten Journalisten vor den Gesprächen immer überlegen, welche Darstellungsformen in Frage kommen. Denn danach richtet sich, ob Sie ein Aufnahmegerät, einen Camcorder oder einen Fotoapparat zum Termin mitnehmen. Auch ein gutes Smartphone macht brauchbare Bild- und Tonaufnahmen.

Audio-Slideshows

Audio-Slideshows können im Verbraucherjournalismus durchaus ein ergänzendes atmosphärisches Element sein. Eine Audio-Slideshow ist eine Abfolge von Fotos, untermalt von O-Tönen, Geräuschen, Musik oder einer Sprecherstimme. Sie sind hervorragend geeignet, um eine dichte Atmosphäre zu vermitteln. Slideshows sind nicht hektisch, der Autor kann die einzelnen Bilder wirken lassen. Auch wenn im Internet Videos dominieren: Einige Internetseiten wie SÜDDEUTSCHE.DE oder FAZ.NET bieten regelmäßig Audio-Slideshows an. Der Journalist Matthias Eberl (2009) unterscheidet bei Slideshows vier unterschiedliche Darstellungsformen (http://rufposten.de/weblog/Journalismus/Theorie/typologie_audioslideshow.html). Für Nutzwertjournalisten kommt die Variante in Betracht, in der betroffene Personen oder Experten zu Wort kommen. Ein gutes Beispiel für derart konstruierte Audio-Slideshows ist das Projekt der NEW YORK TIMES – »One in 8 million« (www.nytimes.com/packages/html/nyregion/1-in-8-million). In diesem porträtieren die Autoren verschiedene New Yorker und lassen sie ihre Geschichte erzählen. Dieses Format wurde inzwischen von deutschen Internetseiten wie BERLINER-MORGENPOST.DE oder TAGESSPIEGEL.DE kopiert. Ein Fundus an vielen gelungenen Audio-Slideshows.

Ähnlich wie Berliner oder New Yorker in den Beispielen, können Verbraucherjournalisten Betroffene zu Wort kommen lassen. Lassen Sie eine überschuldete Person erzählen, wie es so weit gekommen ist. Wie sieht ihr Leben heute aus? Was sind ihre Wünsche, wovor fürchtet sie sich? Oder dokumentieren Sie den Alltag einer alleinerziehenden Mutter. Welche täglichen Herausforderungen gibt es? In einem Text können Sie dann nutzwertige Informationen bieten. Wie kommen Menschen aus der Schuldenfalle heraus? Welche staatliche Unterstützung gibt es für Alleinerziehende? Die Audio-Slideshow ist dann ein bereicherndes atmosphärisches Element.

 Achten Sie darauf, interessante Protagonisten zu Wort kommen zu lassen.

Auch wenn Sie beispielsweise Restaurants, Kneipen oder Biergärten testen, bietet es sich an, skurrile Angebote in einer Slideshow zu präsentieren. Wichtig ist dabei, dass der Erzähler – in diesem Fall der Protagonist der Geschichte – eine spannende Persönlichkeit ist und es Spaß macht, ihm zuzuhören. Sehr gut gelungen ist dies beim Porträt des Kneipiers Isi Yilmaz auf SÜDDEUTSCHE.DE. Die Audio-Slideshow wurde 2009 mit dem Reporterpreis in der Kategorie Online ausgezeichnet:

TEXTSORTEN

Vor den Aufnahmen empfiehlt es sich, ein Casting zu machen. Ist die Person interessant? Lässt sich die Geschichte gut bebildern? In einem zweiten Schritt können Sie überlegen, was Sie überhaupt erzählen möchten. Es bietet sich in der Regel an, zuerst die Fotos zu machen. Sie können dem Protagonisten dann die Bilder vorlegen und ihn bitten, seine Geschichte zu erzählen. Diese Vorgehensweise hat den Vorteil, dass die Person nicht allzu sehr abschweift. Denn schwierig wird die Bebilderung der Erzählung immer dann, wenn der Protagonist von Zeiten und Orten erzählt, von denen Sie keine Fotos haben.

Achten Sie darauf, nicht nur den O-Ton, sondern auch Atmosphäre aufzunehmen.

Videos

Vodcasts oder Videos sind geeignete Darstellungsformen, um komplexe Sachverhalte oder Abläufe zu visualisieren. In den kurzen Filmbeiträgen können komplexe Themen nach dem Vorbild der *Sendung mit der Maus* dargestellt werden. So erläutern Autoren auf STERN.DE in mehreren Beiträgen anschaulich und leicht nachvollziehbar die verschiedenen Möglichkeiten der Altersvorsorge. Eine sehr gute Ergänzung zu einer Artikelserie zu diesem Thema:

Auch *Ratgeber Recht* in der ARD greift am 31.08.2013 zu Zeichnungen, um Elternunterhalt anschaulich und nachvollziehbar zu erläutern. Diese Form der Aufbereitung mit Bildern ist jedoch vergleichsweise aufwändig:

Videos können eine sehr gute Ergänzung in Themenpaketen sein. Oft lässt sich damit Kompliziertes leicht verständlich darstellen. Allerdings sind Videos aufwändig zu produzieren. Und oft fehlen in Redaktionen Zeit und Budget. Zwar macht es die Technik Videojournalisten (VJs) inzwischen leichter, eigene Beiträge zu produzieren. Doch sollten Journalisten eine Kamera bedienen, einen passablen Ton aufnehmen und ein Schnittprogramm bedienen können. Und sie sollten wissen, wie Beiträge gebaut werden. Welches Element, welche Information folgt als Nächstes?

Überlegen Sie, wie Sie komplexe Sachverhalte visualisieren können.

Martin Giesler liefert in dem Abschlussfilm seines Volontariats beim ZDF eine sehr schöne Anleitung, wie ein holzschnittartiger Beitrag nach Schema F gebaut wird (http://120sekunden.com/2012/04/wie-man-einen-beitrag-baut/). Der Aufbau von Beiträgen ist erschreckend oft identisch. Zu Beginn wird ein betroffener Verbraucher gezeigt, dann folgt der Übergang: Herr X ist kein Einzelfall. Anschließend wird der Sachverhalt erläutert, ein Experte kommt zu Wort. Der Beitrag endet mit dem betroffenen Verbraucher vom Anfang.

Fernsehsender haben den Vorteil, dass sie auf ein Archiv zurückgreifen können. Dies ist in Verlagen, die Videos für Online drehen, nicht möglich. Unternehmen wissen um diesen Mangel und stellen daher gerne so genanntes Footage-Material zur Verfügung, das sie in besonders gutem Licht erscheinen lässt. Daher ist bei diesem Material Vorsicht geboten. Wenn möglich, sollten Journalisten die Bilder für ihre Beiträge eigenhändig drehen.

Der klassische von Giesler skizzierte Aufbau funktioniert immer (siehe Abbildung S. 158 oben). Doch wie in Print gilt auch hier die Regel: Der Meister bricht die Form.

TEXTSORTEN

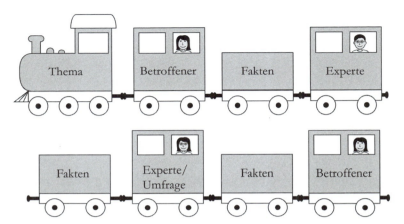

Aufbau eines Videobeitrags
(eigene Darstellung)

 Checkliste: Aufbau von Nutzwerttexten

- Ist Ihre Darstellungsform richtig gewählt?
- Verleitet Ihr Einstieg zum Weiterlesen?
- Bauen die Informationen in Ihrem Text aufeinander auf?
- Ist ein stringenter Aufbau erkennbar?
- Bietet sich ein szenischer Einstieg an?
- Können Sie die Einstiegsszene am Ende des Textes noch einmal aufgreifen?
- Helfen die Beispiele, den Sachverhalt zu verstehen?
- Stützen alle Szenen und Fakten im Text Ihren Küchenzuruf?
- Welche Darstellungsformen bieten sich online an?
- Gibt es Betroffene, die so spannend sind, dass Journalisten ihre Geschichte erzählen sollten?
- Lassen sich getestete Produkte oder Dienstleistungen in einer Audio-Slideshow darstellen?
- Bietet sich ein Video zu dem Thema an?
- Gibt es Filmmaterial, das Sie nutzen können?

Literatur

Bleher, Christian: Das Feature. Journalistenwerkstatt. Salzburg-Eugendorf: Medienfachverlag Oberauer.
Heijnk, Stefan (2011): Texten fürs Web. Heidelberg: dpunkt.verlag.
Hündgen, Markus (2012): Tipps & Tricks Webvideo. Journalistenwerkstatt. Salzburg-Eugendorf: Medienfachverlag Oberauer.
Kremer, Simon: Die Multimedia-Reportage. Journalistenwerkstatt. Salzburg-Eugendorf: Medienfachverlag Oberauer.
Seibt, Constantin (2013): Shitdetector reloaded: Thesen zu Thesen. In: Deadline, http://blog.tagesanzeiger.ch/deadline/index.php/2232/shitdetector-reloaded-thesen-zu-thesen/, veröffentlicht am 04.01.2013, aufgerufen am 16.08.2014.
Wolff, Volker (2011): Zeitungs- und Zeitschriftenjournalismus. Konstanz: UVK.

7 Sprache

Leser sind unerbittlich. Sie entscheiden innerhalb weniger Sekunden, ob sie den Text lesen werden, oder nicht. Sind Überschrift und Vorspann misslungen, blättern sie weiter oder widmen sich einem anderen Teaser auf der Internetseite. Texte werden nur gelesen, wenn sie leicht verständlich sind. Und selbst wenn der Leser die Lektüre des Artikels beginnt, bedeutet das nicht automatisch, dass er diesen auch bis zum Ende liest. Viele Zahlen, Fachbegriffe oder Zitate führen dazu, dass der Leser aufgibt. Einen Artikel werden selten alle Leser bis zum Ende lesen. Mit guter Sprache kann der Autor jedoch dazu beitragen, dass möglichst viele lange dabeibleiben.

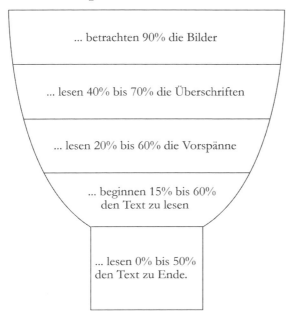

Aufmerksamkeitstrichter (Haller 1999)

Autoren müssen sich um eine leicht verständliche Sprache bemühen, wenn sie gelesen werden möchten. Das gilt vor allem für Nutzwerttexte. Denn in diesen sollen komplexe Sachverhalte leicht verständlich dargestellt werden. Dabei gilt die Regel: Je einfacher und klarer, desto besser. Viele junge Leute verstehen jedoch nicht, warum sie einfach formulieren sollen. Schließlich lernen sie in der Schule und im Studium möglichst verschachtelte Sätze zu bilden und wo möglich mit Fachtermini zu glänzen. Zudem herrscht nach wie vor der Irrglaube vor, eine verschwurbelte Sprache lasse den Autor besonders intellektuell erscheinen:

> »Die meisten Menschen haben einen heiligen Respekt vor Worten, die sie nicht begreifen können; und betrachten es als ein Zeichen der Oberflächlichkeit des Autors, wenn sie ihn begreifen können.« (Einstein 1956, 90)

Doch mit Fachjargon und langen Sätzen gespickte Reden und Texte schätzen allenfalls Experten auf Fachkonferenzen. Für den Alltag, die Kommunikation von Unternehmen mit ihren Kunden oder den Verbraucherjournalismus, gilt dies nicht. Wer am Abend in einer Wirtschaftszeitschrift blättert, um sich über rentable Formen der Altersvorsorge zu informieren, will keine anstrengende Lektüre. Auch Leser von Frauenzeitschriften mögen keine wissenschaftlichen Abhandlungen über Diäten, die sie womöglich mehrfach lesen müssen, um sie zu verstehen. Komplexe Sachverhalte leicht verständlich darzustellen, ist neben der Recherche die Kernaufgabe von Nutzwertjournalisten. Das verständliche Formulieren bedeutet jedoch Arbeit. Oft ist es leichter, Fachtermini und Schachtelsätze zu übernehmen, als zu überlegen, wie der Sachverhalt in einfachen Worten wiedergegeben werden kann.

Die richtige Ansprache im Text setzt voraus, dass Sie die Zielgruppe kennen. Denn nur wer seine Leser kennt, weiß, wie er schreiben muss. Schreiben Sie für ein Fachpublikum, das Vorkenntnisse mitbringt? Dann müssen Sie nicht jeden Fachbegriff erläutern. Anders sieht es hingegen aus, wenn Sie für Laien schreiben. Dann sollten Sie so verständlich wie möglich formulieren und auf Fachbegriffe verzichten. Nutzwertjournalisten sind – sofern sie nicht für Fachmagazine schreiben – gut beraten, beim Leser keinerlei Kenntnisse vorauszusetzen. Wie unterschiedlich die Ansprache der Leser – einmal für Laien, ein anderes Mal für Experten – ausfallen kann, zeigen Artikel im Magazin für Computertechnik C'T und in COMPUTERBILD. In beiden Texten geht es um Microsofts neues Betriebssystem Windows 8.1. COMPUTERBILD richtet sich an Leute ohne Vorkenntnisse und verzichtet daher weitestgehend auf Fachbegriffe. Die Redakteure arbeiten zudem heraus, welche der Neuerungen für den gemeinen Computernutzer besonders interessant sein könnten. So meldet COMPUTERBILD, dass Microsoft den Video-Messenger Skype in Windows 8.1 einbaut:

> Windows-Update kommt mit Video-Messenger
> **Microsoft baut Skype in Windows 8.1 ein**
> Windows 8.1 bringt den Video-Messenger Skype als App und Desktop-Programm mit. Eine Extra-Installation ist künftig nicht mehr notwendig. Am 18. Oktober 2013 kommt das kostenlose Update von Windows 8 auf Windows 8.1. Neben ein paar zusätzlichen Funktionen wird das neue Windows auch den Video-Messenger Skype mitbringen. Mit dem allseits beliebten Programm lassen sich Unterhaltungen per Tastatur und Video-Chats führen.

Die Redakteure des Computermagazins C'T, das sich an »fortgeschrittene und ambitionierte Computeranwender« richtet, legen einen anderen inhaltlichen Schwerpunkt und verwenden Begriffe wie »OEM-PC-Hersteller« oder »Build Nummer«. Die richtige Ansprache für die Zielgruppe der C'T – zu kryptisch für Leser ohne Fachkenntnisse:

> **Windows 8.1 ist fertig**
> Zwar fehlt noch die offizielle Bestätigung, doch die Spatzen pfeifen es von den Dächern: Microsoft hat die Entwicklung des Updates für Windows 8 abgeschlossen und mit der Auslieferung an die OEM-PC-Hersteller begonnen. Die Build-Nummer der fertigen Version soll 9600.16384.130821-1623 lauten. Sie braucht wohl keinen neuen Installationsschlüssel, sondern akzeptiert den von Windows 8.

Viele Redaktionen diskutieren, ob Leser direkt angesprochen werden sollen. Formulierungen wie »So finden Sie die günstigste Haftpflichtversicherung« sind in vielen Redaktionen gewünscht. Sie wirken unmittelbarer, distanzlos und signalisieren dem Leser, dass er persönlich betroffen ist. Einigen Medien ist das jedoch zu viel der Nähe so dass sie eine direkte Ansprache strikt ablehnen. Sie halten diese Form für zu werblich, da ja auch Reklame direkt adressiert. Dann jedoch steht der Autor vor der Herausforderung, besonders viele Synonyme für Verbraucher zu finden. Mit einer Ansammlung von Verbrauchern, Nutzern, Anwendern, Betroffenen und Bürgern büßt jeder Text an Attraktivität ein.

Ob Leser angesprochen werden dürfen, ist meist in den Leitlinien von Redaktionen geregelt. In diesen wird auch geklärt, wie mit Abkürzungen oder Firmenschreibweisen zu verfahren ist und welche Kriterien beim Schreiben zu beachten sind. Es empfiehlt sich – auch als Praktikant und freier Mitarbeiter – sich nach einem solchen Leitfaden zu erkundigen. Es finden sich dort oft hilfreiche Hinweise.

Erkundigen Sie sich, ob in dem Medium, für das Sie schreiben, Leser direkt angesprochen werden dürfen.

7.1 Verständlichkeitsforschung

Das Hamburger Verständlichkeitsmodell liefert gute Ansätze, auf welche Kriterien Nutzwertjournalisten achten müssen, um einen Text so verständlich wie möglich zu gestalten. Das Modell haben in den 70er-Jahren die Wissenschaftler Inghard Langer, Friedemann Schulz von Thun und Reinhard Tausch entwickelt. Anders als die Lesbarkeitsforschung liefern die Hamburger Forscher konkrete Hinweise, wie Texte verständlicher aufbereitet werden können. Sie haben vier Merkmale der Verständlichkeit herausgearbeitet (2011):
- Einfachheit,
- Gliederung/Ordnung,
- Kürze/Prägnanz,
- anregende Zusätze.

Einfachheit – Ein Text sollte – in Bezug auf Wortwahl und Satzbau – möglichst einfach geschrieben sein. Autoren sollten kurze und einfache Sätze konstruieren sowie geläufige Wörter verwenden.

Gliederung/Ordnung – Bei der Gliederung unterscheiden Langer/Thun/Tausch zwischen einer inneren und einer äußeren Gliederung. Eine äußere Gliederung gruppiert inhaltlich zusammenhängende Teile optisch wie beispielsweise Abschnitte oder Zwischenüberschriften. Bei der inneren Gliederung handelt es sich im Wesentlichen um den roten Faden eines Textes.

Kürze/Prägnanz – Ein Text muss – gemessen am transportierten Inhalt – eine angemessene Länge haben. Informationen sollten nicht zu dicht gedrängt sein. Der Autor sollte aber auch nicht zu weitschweifig berichten.

Anregende Zusätze – Unter anregenden Zusätzen verstehen die Hamburger Forscher beispielsweise Ausrufe, wörtliche Rede, direktes Ansprechen des Lesers oder witzige Formulierungen (Langer/Thun/Tausch 2011, 27).

Autoren sollten darauf achten, dass ihr Text insbesondere die ersten beiden dieser vier Kriterien erfüllt. Ob Ihnen das gelungen ist, lässt sich leicht testen. Lassen Sie einen Freund Ihren Text lesen und bitten Sie ihn, den Inhalt kurz zusammenzufassen. Gelingt ihm das leicht, haben Sie es geschafft: Ihr Text ist verständlich.

Je leichter ein Leser den Inhalt eines Textes in seinen eigenen Worten wiedergeben kann, umso verständlicher ist ein Text.

7.2 Tipps für gutes Schreiben

Das Verständlichkeitsmodell bietet eine gute Grundlage für verständliches Schreiben, sollte aber an die journalistische Praxis angepasst werden. Das geschieht in diesem Abschnitt. Denn die vier wesentlichen Kriterien für die Verständlichkeit von Texten zu kennen, ist eine Sache. Sie beim Schreiben zu beherzigen und anzuwenden, eine andere. Erschwerend kommt hinzu: Nicht jeder ist ein Franz Kafka oder ein Thomas Mann. Schreiben ist allerdings ein Handwerk, das jeder noch so Talentfreie lernen kann – sofern er einige Regeln beherzigt und viel schreibt. Nutzwertjournalisten stehen beim Schreiben vor einer besonderen Herausforderung: Oft sind die Vorlagen in Fachsprachen verfasst und da ist es umso schwerer, leicht verständlich und sachlich korrekt zu formulieren.

Es empfiehlt sich, nach Gesprächen und Lektüre die Unterlagen zur Seite zu legen und zu überlegen, was man eigentlich erzählen möchte. Wie würden Sie den Sachverhalt einem Freund erzählen? Die Antwort hilft, zu fokussieren und sich klar zu werden, was das eigentlich Spannende an der Geschichte ist. Denn in der Regel steigen die Leute gerade damit in Gespräche ein.

Fangen Sie erst an zu schreiben, wenn Sie sämtliche Informationen gesammelt haben.

Schreibexperten empfehlen übrigens, nach der Lektüre von Sachtexten ein, zwei Seiten gute Literatur zu lesen, um die Fachsprache aus dem Gehirn zu tilgen. Nach einigen Seiten Karl May oder Joanne K. Rowling und etwas Distanz zu den Vorlagen gelingt es eher, Fachtexte in leicht verständliches Deutsch zu übersetzen.

Einfachheit – Sätze

Regel 1 – Formulieren Sie kurze Sätze.

Unser Kurzzeitgedächtnis hat eine begrenzte Aufnahmefähigkeit. Menschen können maximal sieben plus minus zwei Informationseinheiten gleichzeitig in ihrem Kurzzeitgedächtnis behalten (Miller 1956). Alles, was darüber hinausgeht, überfordert Leser und Zuschauer. Ist ein Satz zu lang, haben sie am Ende des Satzes schon wieder vergessen, wovon am Anfang die Rede war. Lesen Sie sich den folgenden Satz laut vor. Haben Sie verstanden, worum es konkret geht?

> Der Zusammenschluss von Deutscher Börse und NYSE Euronext hat aufgrund der weltweit führenden Stellung in allen Segmenten – aber insbesondere auch bei Derivaten – sowie der zusätzlichen Wachstumschancen das Potential zu einem klar höheren Gewinn-Multiplikator als derzeit die Deutsche Börse am Markt bewertet zu werden, während bei ICE und Nasdaq aufgrund einer Verwässerung des Gewinnwachstums und der hohen Verschuldung eher mit einem niedrigeren Bewertungsmultiplikator als derzeit zu rechnen ist. (Francioni 2011)

Dann ahnen Sie, wie es den Zuhörern bei der Hauptversammlung der Deutschen Börse 2011 ging, als der Vorstandsvorsitzende Reto Francioni seine Rede hielt. Der Satz besteht aus 67 Wörtern, ist eindeutig zu lang, mit Fachwörtern gespickt, und somit unverständlich. Forscher behaupten, Sätze mit 13 bis 18 Wörtern würden am besten verstanden. Doch anstatt Wörter zu zählen, gibt es eine einfachere Regel: Ein Satz sollte nie länger sein als der Atem reicht. Reto Francioni dürfte spätestens bei »Segmenten« die Puste ausgegangen sein. Wenn Sie beim Lesen eines Satzes zu oft Luft holen müssen, sollten Sie ihn in kleinere Stücke zerteilen.

Lesen Sie Ihren Satz laut vor. Müssen Sie zwischendurch Luft holen? Dann ist Ihr Satz zu lang.

Das bedeutet nicht, dass Sie nur noch kurze Sätze schreiben sollen. Sie sollten die Satzlänge variieren. Denn nichts ist langweiliger, als wenn sich die Satzlänge wiederholt. Durch eine Reihung allzu ähnlich konstruierter Sätze entsteht ein Stakkato. Dies lässt sich leicht mit der »D-Regel« überprüfen. Beginnen viele Sätze mit »D« (der, die, das, …)? Dann laufen Autoren Gefahr, ein solches Stakkato zu produzieren.

Relevant für ein leichtes Verständnis ist ohnehin nicht nur die Länge, sondern insbesondere auch die Konstruktion eines Satzes. Leser erwarten, dass Sätze nach dem einfachen Muster Subjekt – Prädikat – Objekt konstruiert sind. Alles, was von diesem gängigen Muster abweicht, macht dem Gehirn erst einmal Mühe und erschwert das Verständnis. Daher empfiehlt es sich, in Nutzwerttexten vor allem den klassischen Satzbau Subjekt – Prädikat – Objekt zu verwenden.

Regel 2 – Entwirren Sie Schachtelsätze. Verzichten Sie auf Einschübe (Parenthesen).

Nutzwertjournalisten sollten Schachtelsätze und Einschübe – sogenannte Parenthesen – vermeiden. Einschübe zerpflücken den Hauptsatz, der Leser hat Schwierigkeiten, zu folgen. So weiß der Leser in den unten aufgeführten Beispielen erst einmal nicht, wie der Hauptsatz nach »brachen« und »Leistungsbilanz« weitergeht.

> Wir brachen – als die Sonne hinter den Bergen verschwand und die ersten Rehe auf die Lichtung trabten – in Richtung Norden auf.

> Besonders Staaten mit einem Defizit in der Leistungsbilanz – zu der neben dem Handel mit Waren auch Dienstleistungen und Kapitalflüsse gehören – gerieten unter Druck.

Einschübe verleiten Autoren zudem dazu, gleich mehrere Informationen in einem Satz unterbringen. Das jedoch überfordert die Leser. Sie vertragen ohne Mühe maximal einen Gedanken pro Satz, nicht mehr. Schon im 19. Jahrhundert verteufelte Philosoph und Sprachkritiker Arthur Schopenhauer Einschübe wegen deren Unverständlichkeit:

> »Der leitende Grundsatz der Stilistik sollte seyn, daß der Mensch nur einen Gedanken zur Zeit deutlich erkennen kann; daher ihm nicht zuzumuthen ist, daß er deren zwei, oder gar mehrere, auf ein Mal denke. – dies aber muthet ihm Der zu, welcher solche, als Zwischensätze, in die Lücken einer zu diesem Zwecke zerstückelten Hauptperi-

ode schiebt; wodurch er ihn also unnöthiger und muthwilliger Weise in Verwirrung setze.« (Schopenhauer, Nachdruck 2008, 36)

Noch mehr Informationen können Autoren in ausgefeilte Schachtelsätze packen – ein Bärendienst an der Verständlichkeit. Bandwurmsätze wie der folgende haben im Nutzerwertjournalismus nichts zu suchen und müssen zerschlagen werden.

> Da nach zehn Jahren jeder Kreditnehmer ohnehin ein Sonderkündigungsrecht hat, zu dem er sein teures Altdarlehen mit sechsmonatiger Frist stornieren kann, ohne der Bank eine Entschädigung für entgangene Zinsgewinne zahlen zu müssen, dürfte sich die Sache mit den falschen Widerrufsbelehrungen vor allem für jene lohnen, die ihr Darlehen vor fünf Jahren abgeschlossen haben.

Online finden Sie eine Übung zu komplexen Satzbauten mit entsprechenden Lösungsvorschlägen.

Einfachheit – Wörter

Regel 3 – Verwenden Sie kurze und geläufige Wörter.

Was für Sätze gilt, gilt auch für Wörter: Sie sollten möglichst kurz sein. Zusammengesetzte Substantive – von Experten auch als Substantivkomposita bezeichnet – verschandeln als klobige Ungetüme jeden Text. Und für das Verständnis sind sie auch nicht hilfreich. Werden sie doch oft von Politikern und Unternehmern ersonnen, um Nebelkerzen zu werfen. So hat beispielsweise das Rindfleischetikettierungsüberwachungsaufgabenübertragungsgesetz – mit 63 Buchstaben eines der längsten Wörter überhaupt – einige Berühmtheit erlangt. Oft ist jedoch unklar, was sich hinter den Wortungetümen verbirgt. So dürfte kaum ein Leser im folgenden Satz mit den Begriffen »Provisionsdeckelung« oder »Stornohaftungszeit« viel anfangen können:

> In Deutschland gilt seit April des vergangenen Jahres bereits eine Provisionsdeckelung beim Vertrieb von privaten Krankenversicherungen. Gleichzeitig hat der Gesetzgeber eine Stornohaftungszeit eingeführt.

Nutzwertjournalisten müssen solche Wortgiganten zerschlagen. Ludwig Reiners (Nachdruck 2001) bezeichnete in seiner Stilfibel aus den 50er-Jahren lange Wörter als »Silbenschleppzüge«. Er forderte die Leser auf, diese abzuhängen. Nutzwertjournalisten müssen darüber hinaus eine Übersetzungsleistung erbringen und erläutern, was es denn beispielsweise mit der Stornohaftungszeit auf sich hat.

Ohne Erläuterung lassen sich die folgenden Silbenschleppzüge abhängen, die sich oft in Texten finden:

Aufgabenstellung	⟶	Aufgabe
Problemstellung	⟶	Problem
Einsteigevorgang	⟶	Einstieg
Zielsetzung	⟶	Ziel
Einflussnahme	⟶	Einfluss

Regel 4 – Erläutern Sie Fachbegriffe und verzichten Sie auf Anglizismen und Fremdwörter.

Nutzwertjournalisten müssen Fachbegriffe erläutern. Mit dem Kauderwelsch von Experten können Leser nichts anfangen. Oft führt jedoch gerade die Übersetzungsleistung von Journalisten zu Diskussionen mit Steuerberatern, Rechtsanwälten oder anderen Experten. Sie bestehen oft auf verklausulierten Formulierungen mit dem Hinweis, dass diese nur so korrekt seien. Dem gegenüber steht Ihr Bestreben, den Sachverhalt möglichst verständlich darzustellen. Oft lassen sich mit viel Zeit und einigem Ärger Kompromisse finden. Diese sollten jedoch – sofern die Inhalte korrekt sind – nicht zu Lasten der Verständlichkeit gehen. Stellt sich der Ansprechpartner stur, sollten Sie auf andere Experten ausweichen.

Im Verbraucherjournalismus ist bei Fachbegriffen Übersetzungshilfe unabdingbar. In dem Artikel zum VDSL-Turbo wäre es beispielsweise hilfreich gewesen, in einem Nebensatz zu erläutern, was es mit der Vectoring-Technik auf sich hat.

Vectoring: Brüssel gibt grünes Licht für VDSL-Turbo
Die Telekom hat für ihren VDSL-Turbo grünes Licht aus Brüssel bekommen. Die Europäische Kommission habe die Sonderregeln für den Einsatz der Vectoring-Technik grundsätzlich gebilligt, sagte ein Sprecher der Bundesnetzagentur am Mittwoch der dpa. Die Kommission habe keine ernsthaften Bedenken gegen den jüngsten Vorschlag der Regulierungsbe-

169

hörde. Die endgültige Entscheidung werde noch im August fallen, sagte der Sprecher.

Erläuterungen sind auch im folgenden Steuertext gefragt. In diesem sollte der Autor erklären, was unter einer »freigebigen Zuwendung« zu verstehen ist. Andernfalls wird Steuerlaien nicht deutlich, welche Konsequenzen sich daraus für sie ergeben.

Die Abfindung, die ein künftiger gesetzlicher Erbe an einen anderen Erben für den Verzicht auf einen künftigen Pflichtanteilsanspruch zahlt, ist eine <u>freigebige Zuwendung</u> des künftigen gesetzlichen Erben an den anderen.

Es empfiehlt sich, nicht nur Fachbegriffe, sondern auch Fremdwörter sparsam zu verwenden. Sicher weiß beispielsweise nicht jeder, was genau »finanzielle Dispositionen« sind.

Der Versicherungsverband bemerkt dazu, oft seien »konkurrierende Konsumwünsche und Skepsis gegenüber langfristigen <u>finanziellen Dispositionen</u>« ein Hinderungsgrund.

Wie mit Fachbegriffen und Fremdwörtern verfahren Nutzwertjournalisten mit Anglizismen: streichen oder übersetzen. Denn dass es um die Englischkenntnisse der Bundesbürger nicht allzu gut bestellt ist, belegen Studien der Kölner Agentur Endmark. Die Agentur ermittelt regelmäßig, wie die Bürger englische Werbesprüche verstehen. Die Ergebnisse sind unterhaltsam, offenbaren aber eklatante Lücken im Englischen. So übersetzen einige den Slogan von Youtube »Broadcast yourself« mit »Mach deinen eigenen Brotkasten«. Oder aus dem Werbespruch von Opel »Explore the City Limits« werden »Explosionen an der Stadtgrenze« (Bernd Samland: Endmark Claim Studie, 2009). Englische Begriffe sind im Nutzwert nur dann legitim, wenn es kein adäquates deutsches Wort gibt. Im folgenden Satz ließen sie sich problemlos ersetzen.

Wenn Kunden heute den <u>Customer Service</u> global agierender Unternehmen telefonisch kontaktieren, kommt es nicht selten vor, dass ein <u>Call Center Agent</u> am anderen Ende der Welt mit amerikanischem <u>Small Talk</u> antwortet.

Regel 5 – Vermeiden Sie Nominalstil. Kommen auf ein Verb im Satz mehr als drei Substantive, müssen Sie umformulieren.

Zu viele Substantive machen Texte schwer lesbar. Kommen in einem Satz auf ein Verb drei oder mehr Substantive, sprechen Sprachwissenschaftler von Nominalstil. Nutzwertjournalisten sind besonders gefährdet, diesen Stil zu übernehmen, weil in juristischen, steuerrechtlichen und anderen wissenschaftlichen Texten Nominalstil dominiert. Dass viele Substantive einen Text nicht nur hässlich machen, sondern auch das Lesen erschweren, zeigt der Auszug aus einem Artikel zu Lebensversicherungen:

> Um die Versprechen zu sichern, müssen Allianz, Debeka & Co. seit März 2011 eine sogenannte Zinszusatzreserve in ihrer Bilanz bilden, um eine »ausreichende Mindestzuführung zur Rückstellung zur Beitragsrückerstattung« zu gewährleisten, wie es in Paragraf 4 der Mindestzuführungsverordnung (MindZV) heißt.

Bei derart komplexen Sätzen sollten Sie in einem ersten Schritt überlegen, was der Inhalt des Textes ist. In einem zweiten Schritt könnten sie dann nachdenken, wie Sie den Sachverhalt Freunden in einfachen Worten erklären würden. Dann sind Sie auf einem guten Weg, einen leicht verständlichen Text zu schreiben.

Eine Herausforderung ist auch das Beamten- und Verwaltungsdeutsch. Wo immer Schreiber viele Worte für wenig Inhalt verwenden, sprechen Experten von Blähdeutsch. Auch hier gilt es in erster Linie die Aussage der Sätze zu erfassen und diese in einfacher Sprache wiederzugeben. Verwaltungstermini wie Personenvereinzelungsanlage (Drehkreuz), Spontanvegetation (Unkraut) oder nicht lebende Einfriedung (Zaun) gilt es zudem zu übersetzen.

> Wegen einer Fahrplananpassung gibt es eine neue Zeitlage.

> Wir erlauben uns hiermit höflichst anzuzeigen, dass wir die Vertretung der Arztpraxis von Doktor Pfeiffer mit sofortiger Wirkung übernommen haben.

Beide Sätze lassen sich kürzer und einfacher ausdrücken.

> Der Zug hat Verspätung.

> Wir vertreten Doktor Pfeiffer.

Regel 6 – Vermeiden Sie Plastikwörter. Suchen Sie den konkreten Ausdruck. Lassen Sie das Kino im Kopf anspringen!

Weit verbreitet sind in Pressemitteilungen neben Nominalstil auch inhaltslose Begriffe wie beispielsweise Innovationen, Fortschritte, Projekte, Synergien oder Strukturen. Sie klingen toll, sind weit verbreitet und sagen – nichts. Sprachwissenschaftler Uwe Pörksen (2004) bezeichnet die Worthülsen als Plastikwörter. Diese können Sie mit einem einfachen Test erkennen: Haben Sie eine Vorstellung im Kopf, wenn Sie Prozess oder Fortschritt hören? Sicher nicht. Leichter dürfte Ihnen das bei den Begriffen Brot, Blumenwiese oder Bett fallen. Diese produzieren Bilder im Kopf. Verbraucherjournalisten sollten Worthülsen, die sich häufig in Pressemitteilungen finden, aus ihren Texten verbannen. Denn sie sind fehl am Platz, um komplexe Zusammenhänge zu erläutern. Als Nutzwertjournalist müssen Sie so konkret wie möglich sein. Wie genau sehen die Innovationen im unten genannten Text aus?

> In Deutschland gelten seit April des vergangenen Jahres Innovationen beim Vertrieb von privaten Krankenversicherungen.

Weit verbreitet sind Plastikwörter auch in Leitbildern von Unternehmen. Sie klingen toll, aber was genau sollen Mitarbeiter damit anfangen?

> Die Aufgabe der Funktion ist die Unterstützung der Prozesse.

Nutzwertjournalisten stehen vor der besonderen Herausforderung, trockene Themen nicht nur leicht verständlich, sondern auch ansprechend zu präsentieren. Seien Sie daher in Ihren Texten so präzise wie möglich. Suchen Sie immer den konkreten Ausdruck. Die Autoren von SPIEGEL ONLINE belassen es nicht bei steigenden Kartoffelpreisen. Mit dem Einstieg, dass Chips und Pommes bald teurer werden könnten, arbeitet der Autor mögliche Konsequenzen für die Verbraucher heraus und lässt »das Kino im Kopf anspringen«.

> **Landwirtschaft: Schlechte Ernte treibt Kartoffelpreise nach oben**
> Chips und Pommes könnten bald teurer werden. Weniger als zehn Millionen Tonnen Kartoffeln dürfte die Ernte in Deutschland in diesem Jahr einbringen. Schuld ist vor allem das schlechte Wetter. Auch bei anderen Gemüse- und Obstsorten drohen höhere Preise.

Konkrete Schilderungen wie diese sind elementar, damit Leser abstrakte Sachverhalte verstehen können. Marie Lampert und Rolf Wespe verdeutlichen dies mit einer »Leiter des Erzählers und der Erzählerin« (2012, 13ff). Danach sollten Autoren mit konkreten Beschreibungen einsteigen. Wer über die neueste Agrarreform schreibt, sollte in seinen Text mit Hühnern, Rindern, Traktoren oder Schweinen einsteigen. Nur so ruft ein Text bei Lesern ein Bild hervor, lässt das »Kino im Kopf« anspringen.

Einige Experten nutzen zur Veranschaulichung das Bild einer Leiter. Befindet sich der Autor am Fuß der Leiter des Erzählers, beschreibt er so konkret wie möglich. In einem zweiten Absatz können Autoren dann einige Sprossen auf der Leiter emporsteigen und abstrakter über Subventionskürzungen oder Ausgleichszahlungen berichten. Wichtig ist, dass sich Schreiber auf der Leiter ähnlich einem Wetterfrosch stetig vom Konkreten zum Abstrakten und dann wieder zum Konkreten bewegen. Ein versierter Autor hangelt sich geschickt die Leiter auf und ab:

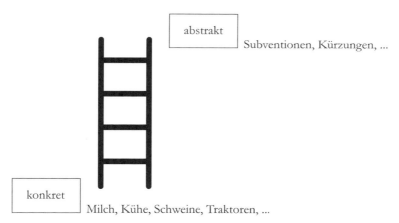

Leiter des Erzählers und der Erzählerin nach Marie Lampert und Rolf Wespe (2012, 14)
(eigene Darstellung)

Fehlen konkrete Schilderungen, fehlen die unteren Sprossen auf der Leiter. Damit macht der Autor es dem Leser unnötig schwer. Er muss große Anstrengungen auf sich nehmen, um folgen zu können. Leser wollen jedoch keine Klimmzüge machen und brechen daher die Lektüre ab:

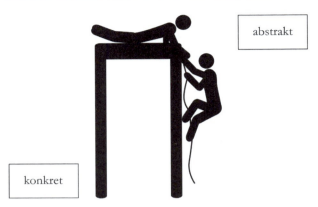

Leiter des Erzählers und der Erzählerin nach Marie Lampert und Rolf Wespe (2012, 14).
(eigene Darstellung)

Diese Leiter stellt für Verbraucherjournalisten eine besondere Herausforderung dar. Verbraucherjournalisten können sie nur dann gut anwenden, wenn sie ihren Schreibtisch verlassen, Betroffene treffen und beobachten. Wer dann ein Feature schreibt, kann sich sehr gut auf der Leiter hinauf- und hinabbewegen. Der Einstieg ist eine Szene. In dieser sollten Autoren darauf achten, dass sie anschaulich beschreiben und damit das »Kino im Kopf« anwerfen. Sie schreiben über die Verbraucherinsolvenz? Dann gehen Sie zu einer der Notfallsprechstunden, die einzelne Schuldnerberatungsstellen anbieten. Schauen Sie sich die lange Schlange an, unterhalten Sie sich mit einzelnen Leuten. Danach können Sie die Leiter emporsteigen und über die Zahl der privaten Insolvenzen berichten. Steigen Sie dann jedoch wieder herab und schildern möglichst konkret und damit anschaulich eine weitere Szene. Beim Wechsel von Szenen und Fakten bietet es sich an, die Leiter im Hinterkopf zu behalten und in den Szenen auf eine möglichst bildhafte und somit konkrete Sprache zu achten.

 Regel 7 – Kein Imperfekt (Präteritum) in Überschriften und im ersten Satz.

In der Überschrift, im Vorspann und im ersten Satz hat Imperfekt (ich suchte, machte, ...) nichts zu suchen. Diese Vergangenheitsform signalisiert, dass es sich um ein Ereignis handelt, das mit der Gegenwart nichts mehr zu tun hat. Die Folge: Leser steigen gar nicht erst in die Lektüre ein. Daher sollten Autoren für Überschriften und Einstieg Präsens oder Perfekt verwenden. Achten Sie beim Schreiben zudem darauf, die korrekte Vergangenheitsform zu wählen: Hat das Ereignis oder dessen Auswirkungen einen Bezug zur Gegenwart oder nicht? Wenn ja, ist das Perfekt richtig, wenn nein, das Imperfekt.

Zeit	Beispiel
Präsens	Es regnet.
Imperfekt	Gestern regnete es. (die Straßen sind wieder trocken – kein Bezug zur Gegenwart)
Perfekt	Gestern hat es geregnet. (die Straßen sind noch nass – Bezug zur Gegenwart)
Plusquamperfekt	Vor dem Treffen hatte es geregnet.

Regel 8 – Formulieren Sie Ihren Text im Aktiv.

Viele Autoren neigen dazu, im Passiv zu schreiben. Dies ist sicher auch den Vorlagen geschuldet. Pressemitteilungen sind oft im Passiv formuliert. Damit lassen sich Zuständigkeiten und Verantwortlichkeiten verschleiern. In dem Satz »1000 Mitarbeiter müssen entlassen werden« wird verschwiegen, wer für die Entlassungen verantwortlich ist. Journalisten sollten – sofern die Verursacher bekannt sind – diese benennen und aktiv formulieren: »Die Pfefferminzia AG entlässt 1000 Mitarbeiter.«

Checkliste: Einfachheit

- Haben Sie lange Sätze zerschlagen?
- Haben Sie die Satzlänge in Ihrem Text variiert? Nichts ist eintöniger als ein kurzer Satz nach dem anderen.
- Haben Sie alle Einschübe entfernt und Schachtelsätze entwirrt?
- Haben Sie Wortungetüme gesprengt?

- Sind Fachbegriffe in Ihrem Text zwingend notwendig? Wenn ja, haben Sie sie erläutert?
- Haben Sie Anglizismen gestrichen?
- Ersetzen Sie Substantive durch Verben. Kommen mehr als drei Substantive auf ein Verb sollten Sie neu formulieren.
- Vermeiden Sie Plastikwörter wie System, Prozess oder Innovation. Sie transportieren keinen Inhalt.
- Suchen Sie den konkreten Ausdruck. Es geht nicht um Diäten, sondern um die Erdbeer-Diät. Und nicht um Fahrräder, sondern um Mountainbikes oder Elektrofahrräder. Werfen Sie das »Kino im Kopf« an!
- Haben Sie die Zeiten korrekt verwendet?
- Haben Sie Ihre Sätze im Aktiv formuliert?
- Lesen Sie Ihren Text laut vor. Stolpern Sie an der einen oder anderen Stelle? Dann müssen Sie nachbessern.
- Denken Sie an die Leiter des Erzählers bzw. der Erzählerin. Denken Sie daran, dass sich konkrete und abstrakte Schilderungen abwechseln sollten.

Gliederung

Es ist leicht, eine äußere Gliederung für einen Text festzulegen – sofern der Autor weiß, was er sagen möchte und wie er die Informationen auf die verschiedenen Darstellungsformen aufteilt (s. Kapitel 5: Formate). Riesige Textblöcke schrecken Leser ab. Zwischenüberschriften erleichtern das Verständnis und bieten neben Überschrift und Bild eine weitere Einstiegsmöglichkeit in den Text. Zudem bietet es sich an, nach einer inhaltlichen Einheit einen Absatz zu machen.

Über Absätze entscheiden inhaltliche und nicht rein optische Kriterien.

Schwieriger als die äußere ist die innere Gliederung eines Textes, die Suche nach dem berühmten roten Faden. Ein stringenter Aufbau fällt leichter, wenn der Autor vor dem Schreiben einen Küchenzuruf formuliert hat. Denn nur wer weiß, was er den Lesern mitteilen möchte, ist in der Lage, einen roten Faden zu finden. Bevor Sie zu schreiben beginnen, sollten Sie die Kernaussage Ihres Textes in ein, zwei Sätzen aufschreiben. Überlegen Sie danach, wie Sie den Text aufbauen könnten. Dabei hilft eine Skizze, welche Information auf die nächste folgen sollte (s. Kapitel 6: Textsorten).

SPRACHE

Hat der Text einen roten Faden?
(eigene Darstellung)

Steigen Sie mit der spannendsten Szene ein. Sie müssen den Leser gleich zu Beginn fesseln, sonst haben Sie ihn verloren. Ob ein Text einen roten Faden und eine Kernaussage hat, können Sie leicht überprüfen. Passt jeder Abschnitt, jeder Satz in Ihrem Artikel zu Ihrem Küchenzuruf? Wenn nicht, haben Sie sich in Nebenschauplätze verirrt und sollten streichen, was nicht zu Ihrer These passt.

Regel 9 – Informationen, die nicht zu Ihrem Küchenzuruf passen, sollten Sie streichen. Nur so erhält Ihr Text einen roten Faden.

Autoren müssen den Leser an die Hand nehmen und Schritt für Schritt mit ihm gehen. Wenn Sie viel gelesen und viele Gespräche geführt haben, haben Sie gegenüber dem Leser einen Wissensvorsprung. Das führt im Nutzwertjournalismus schnell dazu, dass Autoren nicht mehr voraussetzungsfrei schreiben. Sie eilen dem Leser mit ihrem Vorwissen davon. Überprüfen Sie, ob die einzelnen Informationen in Ihrem Text aufeinander aufbauen. Was muss der Leser wissen, um den nächsten Aspekt im Artikel verstehen zu können?

Lassen Sie Ihren Text von Freunden ohne Fachkenntnisse lesen. Gibt es Stellen, die Ihre Freunde nicht verstehen? Dann müssen Sie nachbessern.

Checkliste: Gliederung

- Machen Sie es dem Leser einfach und bieten eine klare Gliederung an?
- Bilden einzelne Absätze inhaltliche Einheiten?
- Stützen alle Informationen in Ihrem Text Ihren Küchenzuruf?

> - Bauen die einzelnen Informationen aufeinander auf?
> - Wird Ihr Text auch von fachlichen Laien verstanden?

Kürze/Prägnanz

Die Länge eines Textes sollte dem Inhalt angemessen sein. Zu kurz darf ein Nutzwerttext zu einer komplexen Materie nicht ausfallen. Nehmen Sie sich den Raum, Fachbegriffe und komplizierte Sachverhalte oder Rechtsfragen zu erläutern. Oft ist es zudem sinnvoll, Sachverhalte anhand von Beispielen zu erklären. Ein Beispiel: Sie schreiben über die staatlichen Zulagen bei der Riester-Rente. Dann wäre es gut, wenn Sie in Euro und Cent vorrechnen würden, wie hoch die Extras vom Staat für eine Familie mit zwei oder drei Kindern ausfallen.

Auf der anderen Seite sollten Autoren in ihren Texten nicht schwafeln, sondern überlegen, ob jeder Absatz, jeder Satz zwingend notwendig für das Verständnis des Textes ist. Überprüfen Sie Ihren Text auch auf Wiederholungen. Haben Sie die Information an anderer Stelle im Artikel schon einmal in anderen Worten gegeben? Erstaunlich häufig stößt man als Leser auf unüberlegte Sätze mit Wiederholungen bzw. Tautologien wie dieser:

> Die <u>einmalige</u> Zahlung wird jedem Berechtigten nur <u>einmal</u> gewährt.

Mitunter lohnt es sich auch, zu prüfen, ob das Geschriebene stringent ist und ob es überhaupt einen Sinn ergibt. Ersparen Sie Ihren Lesern besser Sätze, die diese in langwierige Grübeleien stürzen könnten, wie:

> Kunststoff-Fenster mögen zahlreiche Vorteile haben, insbesondere in Bezug auf Wartung und Pflege – <u>Holz hat den Vorteil, nicht aus Kunststoff zu sein.</u>

Die Herausforderung im Nutzwertjournalismus liegt ohnehin darin, sich zu fokussieren. Journalisten können unmöglich sämtliche Aspekte moderner Krebstherapien, revolutionärer Diäten oder das Universum der Riester-Rente auf einer Zeitungsseite erläutern. Dieses Vorhaben ist per se zum Scheitern verurteilt. Die Kunst im Nutzwertjournalismus liegt darin, sich auf einen Aspekt zu beschränken. Ein Journalist muss auch mit dem Vorwurf leben können, ein Thema nicht in allen Facetten behandelt zu haben – es ist sogar sein Job, Schwerpunkte zu setzen.

Es lohnt, Sätze auf überflüssige Wörter und Formulierungen zu prüfen: Enthält das Geschriebene Füllwörter, die man streichen kann, ohne dass sich die Aussage ändert? Autoren haben oft ein Faible für Füllwörter wie etwa also, dann, doch, freilich, sozusagen. Wenn Sie Ihre Leidenschaft für ein bestimmtes Füllwort kennen, haben Sie es leicht. Sie müssen dieses im Textverarbeitungsprogramm einfach in die Suchfunktion eingeben, sich die Füllwörter anzeigen lassen und dann gegebenenfalls das eine oder andere streichen. Überlegen Sie auch, ob es unnötige inhaltliche Doppelungen – so genannte Pleonasmen – gibt. Das wären beispielsweise der berühmte weiße Schimmel, die gefassten Beschlüsse, die künftigen Pläne, die bereits gemachten Erfahrungen, der alte Greis, die runde Kugel, etc.

> Ein bereits letztes Jahr <u>gefasster Beschluss</u> zur Öffnung sei nicht vollziehbar.
>
> Die Firma hat einen <u>notwendigen Personalbedarf</u> von 3 Mitarbeitern in der Verwaltung.

Checkliste: Kürze/Prägnanz

- Ist jeder Satz, jeder Abschnitt für das Verständnis Ihres Textes wichtig?
- Haben Sie inhaltliche Wiederholungen gestrichen?
- Gibt es Wörter, die Sie ohne weiteres streichen können, ohne den Sinn des Satzes zu verändern?

Anregende Zusätze

Unter anregenden Zusätzen verstehen die Forscher lebensnahe Beispiele, direktes Ansprechen des Lesers, Ausrufe oder wörtliche Rede (Langer/Schulz/Tausch 2011, 27). Diese Gestaltungsmittel lassen sich nur bedingt im Nutzwertjournalismus anwenden, da beispielsweise Ausrufe mit ihrem meist emotionalem Charakter dort nichts zu suchen haben. Um einen Text attraktiver zu gestalten, können Autoren – sofern die Redaktion das zulässt – den Leser aber direkt ansprechen. Nutzwerttexte werden auch dann ansprechender und leichter verständlich, wenn Journalisten das trockene Thema mit Hilfe von Beispielen erläutern. So verdeutlichen die Autoren von BILD.DE etwa anhand von Beispielrechnungen, wie hoch die staatliche Förderung bei einer Riester-Rente für verschiedene Leute tatsächlich ausfällt. In Beispiel 2 demonstrieren die Autoren den Fall eines Ehepaars mit zwei Kindern.

> 2. Riester-Rente Berechnung für ein Ehepaar mit zwei Kindern. Ein Elternteil ist Beamter. Das sozialversicherungspflichtige Jahreseinkommen beträgt 40.000 Euro.
>
> Für das Jahr 2007 galt: Bei einem Eigenbeitrag von 696 Euro erhielt das Ehepaar eine Grundzulage von 228 Euro plus eine Kinderzulage von 276 Euro. Das entsprach einer Gesamtsparleistung von 1200 Euro. Die Gesamtförderung beträgt 504 Euro, was einer Förderquote von 42 Prozent entspricht.
>
> 2008 erhielt das Ehepaar bei einem Eigenbeitrag von 922 Euro 308 Euro Grund- und 370 Euro Kinderzulage. Sind insgesamt 1600 Euro. Die Gesamtförderung belief sich hier auf 678 Euro, was eine Förderquote von 42,4 Prozent ergibt.

Anregende Zusätze können im Nutzwertjournalismus neben Beispielrechnungen auch Infokästen oder Grafiken und Tabellen sein. Sie sind sogar unabdingbar, um komplexe Sachverhalte leicht verständlich darzustellen (s. Kapitel 5: Formate).

Online finden Sie weitere Tipps für einen guten Schreibstil sowie Übungen mit entsprechenden Lösungsvorschlägen.

Checkliste: Schreiben von Nutzwerttexten

- Haben Sie Schachtelsätze aufgelöst und Einschübe gestrichen?
- Sind all Ihre Sätze klar aufgebaut?
- Haben Sie Fremdwörter vermieden und Fachbegriffe erläutert?
- Haben Sie Substantive wo möglich durch Verben ersetzt?
- Haben Sie Silbenschleppzüge abgehängt?
- Haben Sie Füllwörter gestrichen und geprüft, ob Ihr Text Wiederholungen enthält?
- Sind Plastikwörter gestrichen?
- Sind Sie in Ihren Schilderungen konkret?
- Haben Sie Ihre Sätze im Aktiv formuliert?
- Sind alle Absätze, Sätze und Wörter gestrichen, die zum Verständnis des Textes nicht zwingend notwendig sind?

SPRACHE

- Haben Sie Zahlen in Infokästen oder Grafiken verbannt?
- Denken Sie an die Leiter! Wechseln konkrete und abstrakte Schilderungen einander ab?

7.3 Überschrift und Einstieg

Die Qualität von Überschrift, Vorspann und Einstieg entscheidet darüber, ob der Leser in die Lektüre einsteigt. Wer an diesen Stellen versagt, hat den Leser verloren. Daher sollten Autoren nicht den erstbesten Gedanken aufschreiben, sondern Zeit in Überschrift, Vorspann und Einstieg investieren.

Überschrift

Gute Überschriften sind große Kunst. Sie verdeutlichen, worum es im Text geht und animieren zum Lesen. In Print gibt es verschiedene Arten von Überschriften wie Dach-, Haupt- und Unterzeile. Je nach Zeitung, Zeitschrift und Länge des Artikels variieren sie. Meldungen kommen beispielsweise mit einer einzeiligen Überschrift aus, Berichte werden oft mit Haupt- und Unterzeile konstruiert und Themenseiten erfordern mitunter Dach-, Haupt- und Unterzeile oder einen längeren Vorspann. Die Kunst dabei ist, dass sich die Überschriften inhaltlich nicht doppeln, sondern ergänzen. Das verlangt oft Diskussionen mit Kollegen und reichlich Hirnschmalz, bis das Überschriften-Potpourri ein stimmiges Gesamtkunstwerk ergibt.

Ein weiteres Beispiel für das Zusammenspiel von Dach-, Haupt- und Unterzeile liefert der folgende Artikel aus der SÜDDEUTSCHEN ZEITUNG (20.12.2003). In diesem ergänzen sich die einzelnen Überschriften zu einem stimmigen Ganzen:

> Verbraucherschützer contra Citibank: Hier wird schöngerechnet und systematisch überschuldet
> **Ein Bund fürs Leben**
> Die Düsseldorfer Bank schlägt wie keine andere Profit aus dem Geschäft mit Ratenkrediten – doch viele Kunden müssen dafür teuer bezahlen

Während die Überschriften-Trilogie eher selten vorkommt, ist die Kombination von Hauptzeile und Unterzeile über Berichten weit verbreitet:

> **Auswärtiges Amt warnt dringend vor Sinai-Reisen**
> Das Auswärtige Amt hat seine Reisehinweise für Ägypten verschärft. Von Reisen in alle Regionen der Sinai-Halbinsel wird dringend abgeraten.

Doch ganz gleich, ob Ihnen ein, zwei oder mehr Zeilen für Überschriften zur Verfügung stehen: Es gibt einige Bedingungen, die Ihre Einfälle erfüllen sollten.

Überschriften
- müssen eine klare Aussage transportieren,
- müssen leicht verständlich sein,
- sollten verdeutlichen, dass Nutzwert geboten wird,
- sollten zum Lesen animieren.

Klare Aussage – Überschriften müssen dem Leser mitteilen, worum es in dem Artikel geht. Nur dann kann er einschätzen, ob sich für ihn die Lektüre lohnt. Die Leserforschung zeigt, dass Artikel mit kryptischen Überschriften kaum gelesen werden. Fast zu gut gelöst haben die Journalisten der RHEINISCHEN POST die Anforderung nach einer klaren Aussage. Sie haben eine nachrichtliche Hauptzeile und eine sehr ausführliche Unterzeile verfasst, so dass jeder weiß, worum es geht. Wenn der Leser jedoch – wie in diesem Beispiel – den Eindruck hat, jetzt schon alles Wesentliche zum Thema erfahren zu haben, ist das zu viel des Guten. Denn dann fehlt der Anreiz, den Text zu lesen.

Bahn fährt Zahl der Billigtickets runter
Wer bis Jahresende eine Bahnfahrt nach Berlin plant, ist nicht nur pro Strecke eine Stunde länger unterwegs – er hat auch kaum eine Chance auf eine Sparpreis-Fahrkarte. Ursache sind Umleitungen infolge von Hochwasserschäden.

Eher etwas für Rätselfans ist hingegen die Hauptzeile »Venusfalle trifft Albschaf«. Die Dachzeile verrät: Es geht um einen Ausstellungsparcours. Was den Leser dort erwartet, bleibt offen. Daher bietet diese Überschrift keinerlei Anreiz, den Text zu lesen. Nebulöses hat in Überschriften nichts zu suchen.

Kunst – Peter Barth und Gisela Rohnke eröffnen ihren Ausstellungsparcours in der Holzelfinger Reute
Venusfalle trifft Albschaf

Möglich ist eine etwas kryptischere Hauptzeile nur, wenn es eine erläuternde Dach- oder Unterzeile dazu gibt. So wissen die Leser beispielsweise bei den Hauptzeilen »Teure blinde Flecken im Netz« oder »Eine Frage des Geschmacks« dank der Unterzeile, worum es im Artikel geht:

Teure blinde Flecken im Netz
Der Breitband-Ausbau im Land stockt auf den letzten Metern

Eine Frage des Geschmacks
Nicht nur rot und eher wässrig: Mehr als 1000 Sorten Erdbeeren gibt es

Verständlichkeit – Für Überschriften gilt das gleiche wie für verständliches Schreiben: Auch in Überschriften haben Fachbegriffe, Anglizismen, Passiv, Nominalstil und Füllwörter nichts zu suchen. Der Leser muss mit einem Blick erfassen können, worum es im Artikel geht. Fachtermini erschweren das Verständnis und sollten daher vermieden werden. So verwendet beispielsweise TEST.DE den Fachbegriff für Möglichkeiten, Geräte frühzeitig altern zu lassen, in der Dachzeile. Doch mit Obsoleszenz dürften die wenigsten etwas anfangen können.

Geplante Obsoleszenz
Gerade gekauft und schon wieder hin?

Nutzwert – Nutzwertjournalisten haben beim Verfassen von Überschriften einen entscheidenden Vorteil: Sie können den Nutzwert in Überschriften verkaufen und somit einen Anreiz zum Lesen schaffen. Eine Möglichkeit, die viele Journalisten nutzen.

Verdeutlichen Sie dem Leser, was er davon hat, wenn er sich auf die Lektüre einlässt.

So entgehen Frauen der Armut im Alter
Frauen bekommen im Alter weniger Geld als Männer. Weil sie ihren Berufsweg häufiger unterbrechen und sich zu sehr auf den Ehepartner verlassen. Wie Sie es schaffen, später nicht in die Armutsfalle zu geraten. Mehr …

Erben und Schenken
Wie Sie weniger Erbschaftssteuer zahlen
Wer noch zu Lebzeiten sein Hab und Gut verschenkt, kann für seine Angehörigen viel Erbschaftssteuer sparen. Mehr …

Ein Streitpunkt ist immer wieder, ob Fragen in Überschriften legitim sind. Da gibt es die Fraktion derer, die Fragen in Überschriften verbietet. Sie argumentiert, dass es die Aufgabe von Journalisten sei, Fragen zu beantworten und nicht, solche aufzuwerfen. Andere wiederum finden Fragen in Überschriften in Ordnung – sofern Autoren diese im Artikel beantworten. Grundsätzlich empfiehlt es sich, Fragen in Zeilen zu vermeiden. Auf den Index gehören Fragen in Überschriften, auf die Leser im Beitrag keine Antwort erhalten.

Kinderbetreuung
Wie klage ich einen Kita-Platz ein?
Ab August haben Kinder ab dem ersten Lebensjahr Anspruch auf Kita-Betreuung. Die Plätze sind jedoch rar. Eltern können dieses Recht einklagen – bloß wie?

Wie viele Schulungen sind genug?
Der Betriebsrat nimmt immer wieder an Fortbildungen teil und beruft sich dabei auf seinen Schulungsanspruch. Wann dieser gegeben ist, erklärt unser Arbeitsrechtler.

Wenn Sie in Überschriften Fragen aufwerfen, müssen Sie diese anschließend auch beantworten.

Zum Lesen animieren – Es gibt drei gravierende Fehler, die immer wieder beim Formulieren von Überschriften gemacht werden. Diese führen dazu, dass dem Leser die Lust auf den Text vergeht:

Fehler 1: Sie signalisieren dem Leser: Alles bleibt wie bisher. Warum sollte jemand einen Text lesen, wenn die Überschrift signalisiert, dass es nichts Neues gibt?

Außenhandel bleibt auf Erfolgskurs

Nicht Neues aus Berlin

Fehler 2: Sie betonen in der Überschrift, dass der Inhalt Ihres Artikels spannend sei. Es lässt Böses erahnen, wenn in den Überschriften bereits betont wird, dass es um »interessante« Spiele geht und dass Kirchenwahlen ein Thema sind. Eine Überschrift ist kein Themenzettel oder Terminkalender. Sie sollten vielmehr überlegen, welcher Aspekt von der Norm abweicht und daher tatsächlich spannend sein könnte und diesen in die Überschrift heben:

Kirchenwahlen sind ein Thema

Ein Blick auf den Plan zeigt: interessante Spiele

Fehler 3: Haupt- und Unterzeile widersprechen sich oder ergeben in dem Überschriften-Paket keinen Sinn. Denn das Bild von surfenden, segelnden oder tauchenden Menschen unter dem Weihnachtsbaum ruft unfreiwillige Komik hervor:

Wasserspaß unterm Weihnachtsbaum
Segeln, Surfen, Tauchen: Leipziger Messe macht Lust darauf

Checkliste: Überschriften

- Hat die Überschrift eine klare Aussage?
- Gibt es inhaltliche Doppelungen in Dachzeile, Hauptzeile und Unterzeile? Dann müssen Sie nachbessern.
- Doppeln sich Wörter in den Überschriften? Dann müssen Sie korrigieren. Das gilt in erster Linie für einen Artikel, aber auch für die gesamte Seite in Zeitungen und Zeitschriften.

> - Hält die Überschrift, was sie verspricht?
> - Ist die Überschrift leicht verständlich?
> - Animiert die Überschrift zum Lesen?
> - Können Sie ein Verb in der Überschrift unterbringen? Verben machen Überschriften attraktiver.
> - Gleichen sich Wortwahl in Überschrift und erstem Satz? Dann sollten Sie umformulieren.

Einstieg

Autoren sollten viel Energie in Vorspann und Einstieg investieren. Überlegen Sie sich genau: Was ist die eindrucksvollste Szene in meiner Geschichte, womit lassen sich Leser fesseln? Versierte Schreiber texten zunächst den Vorspann, bevor sie sich ans Schreiben des Textes machen (s. Kapitel 7.4: Texten für Online). Der Einstieg muss kesseln. Sie können mit einer sehr starken Szene einsteigen, was im Verbraucherjournalismus zugegebenermaßen eine besondere Herausforderung darstellt. Wenn Sie jedoch mit Betroffenen gesprochen haben, bietet sich ein szenischer Einstieg an. Der Autor der SÜDDEUTSCHEN ZEITUNG steigt mit einem Betroffenen ein, der unter finanziellen Schulden leidet. Danach beginnt die Schilderung, wie Menschen wie Thiel mit Restschuldversicherungen einen immer größeren Schuldenberg anhäufen:

> Am meisten zermürben die Anrufe. Immer, wenn das Telefon klingelt und auf dem Display keine Nummer erscheint, denkt Hans Thiel*, das könnte wieder die Bank sein. Einmal im Monat rufen sie an, an welchem Tag, zu welcher Stunde ist ungewiss. Es kann mittags sein, morgens um halb neun oder abends um kurz vor acht, aber immer meldet sich eine andere Stimme am Telefon, zuerst nur mit Namen, ohne das Wort auszusprechen, das Thiel so fürchtet: Citibank. (SÜDDEUTSCHE ZEITUNG, 20.12.2003) *Name von der Redaktion geändert

Einen szenischen Einstieg wählen auch die Autoren des SPIEGEL, um anschließend herauszuarbeiten, mit welchen Tricks Geschäfte Verbraucher zum Kaufen animieren.

> Rose Driedger* ist anspruchslos, wenn es um die Suche nach ihrem persönlichen Glück geht. Man muss ihr kein ewiges Leben versprechen oder

göttliche Erleuchtung. Ein paar neue Pumps reichen völlig. (DER SPIEGEL, 6.12.2010) *Name von der Redaktion geändert

Einen ungewöhnlichen, kreativen Einstieg wählt der Autor der ZEIT in seinem Artikel über Gebaren der Telekommunikationsunternehmen. Er verpackt seinen Text in Form eines Briefs an die Mobilfunkanbieter mit der Anrede »Liebe Halsabschneider«:

> Liebe Halsabschneider, Ihr kennt solche Beschwerden sicherlich. Die Briefe füllen Regale voller Aktenordner. Einer stammt von Ursula Dworák: Ihr habt ihn abgeheftet, mit einem Standardschreiben beantwortet und wahrscheinlich vergessen. Zuvor habt Ihr freilich prächtig an der guten Frau verdient. (DIE ZEIT, 05.08.2010)

Für die Briefform entscheidet sich auch sein ZEIT-Kollege. Dieses Mal: ein offener Brief an Vater Staat:

> Lieber Staat, Du hast uns erklärt, dass die gesetzliche Rente nicht ausreichen wird, und uns aufgefordert, das Glück selbst in die Hand zu nehmen. Du gewährst hohe Subventionen, damit wir Riester- und Rürup-Rentenverträge abschließen. Doch im entscheidenden Moment lässt Du uns allein. Denn die private Altersvorsorge ist für uns viel zu kompliziert. (DIE ZEIT, 26.10.2006)

Der Einstieg muss den Leser fesseln. Im Nutzwertjournalismus fällt es meist leichter, attraktiv in den Text einzusteigen, wenn sie mit Betroffenen gesprochen haben. Dann bietet sich ein szenischer Einstieg an. Hat der Autor bei der Recherche den Schreibtisch nicht verlassen, muss ein neuer, spannender Aspekt des Themas an den Anfang. Keine Lust aufs Lesen machen Binsenweisheiten und bereits Bekanntes:

> Das Internet hat sich zum bedeutendsten Informationsmedium entwickelt.
>
> Taschen- und Trickdiebstähle sind mittlerweile an der Tagesordnung.

Steigen Sie mit einem kurzen, pointierten Satz in den Text ein. Achten Sie beim Einstieg auf einen einfachen Satzbau.

7.4 Texten für Online

Nutzwert ist prädestiniert, im Internet aufbereitet zu werden. Autoren stehen zum einen mehr Darstellungsformen wie Podcasts, Videos, Slideshows oder interaktive Grafiken zur Verfügung. Letztere lassen sich beispielsweise einbauen, um Abläufe plastisch darzustellen. Rechner bieten Lesern die Möglichkeit, ihre individuelle Steuerersparnis zu berechnen. Inhalte werden im Internet zudem in leicht konsumierbaren Informationseinheiten dargeboten – eine ideale Darreichungsform für Verbraucherthemen. Doch nicht nur die Aufbereitung von Themen, auch das Nutzerverhalten ist online ein anderes. Das belegen zahlreiche Usability- und Eyetracking Studien (Nielsen 1997a/b 2009). Online ist eben nicht Print.

- Im Internet entscheiden die Leser deutlich schneller als in Print, ob sie sich mit einem Text beschäftigen oder nicht.
- Nutzer lesen im Internet Texte nicht Wort für Wort. Sie scannen vielmehr eine Seite auf der Suche nach Schlagworten. Daher müssen Inhalte anders dargestellt, Schlagworte hervorgehoben werden.
- Schlagworte sind auch relevant, damit Suchmaschinen den Text finden. Es gibt spezielle Regeln für das Suchmaschinen optimierte schreiben, die SEO (Search Engine Optimization).

Natürlich sollten Sie beim Texten fürs Web auch die Regeln für verständliches Schreiben beachten. Hinzu kommen im Online-Journalismus weitere internetspezifische Kriterien, wie Teaser texten oder SEO.

Teaser

Auf jeder Startseite im Internet findet sich ein vielfältiges Angebot an Themen. Angepriesen werden sie in Teasern – bestehend aus einer Dachzeile, einer Hauptzeile, einem kurzen Fließtext, einem Bild und Links. Diese Texthäppchen haben die Aufgabe, den Leser zum Klicken zu animieren. Daher müssen Teaser schnell verdeutlichen, worum es im Text geht und idealerweise Neugier wecken. Diese Aufgabe kommt auch dem Vorspann in Print zu (s. Beispiel S. 189 oben).

Dach- und Hauptzeile sollten wichtige Schlagworte enthalten, damit der Leser beim Scannen der Seite sofort den Inhalt der einzelnen Artikel erfassen kann. Das ist im folgenden Beispiel misslungen (s. Beispiel S. 189 Mitte).

```
┌─────────────────┐        Neue Gesetze    20
│   Dachzeile     │     Was sich am 1. September für die Deutschen ändert
└─────────────────┘
┌─────────────────┐                    Am 1. September treten in
│   Hauptzeile    │                    Deutschland eine Reihe neuer
└─────────────────┘                    Gesetze in Kraft. Zum Beispiel bricht
┌─────────────────┐                    für Verbraucher, die sich eine Lampe
│ Kurzer Fließtext│                    kaufen, eine neue Zeit an: Watt ist
└─────────────────┘                    plötzlich nicht mehr Watt. Von
┌─────────────────┐                    Stephan Maaß mehr
│     Foto        │
└─────────────────┘     ▪ Energieverbrauch: So senken Sie Ihre Strom- und Heizkosten
┌─────────────────┐     ▪ Bundestagswahl: Parteien entdecken plötzlich die Verbraucher
│     Links       │
└─────────────────┘
```

Mit Söhnchen
Die italienische Schauspielerin Laura Morante (M.) kommt mit ihrem Sohn zu den internationalen Filmfestspielen in Venedig. Bei dem Festival werden insgesamt 53 Filme gezeigt, die Auswahl wurde aus 3500 Streifen getroffen.

Die Überschrift »Mit Söhnchen« ist zu wenig spezifisch und enthält kein Schlagwort, nach dem der Nutzer suchen könnte. Würde der Name der Schauspielerin oder »Filmfestspiele in Venedig« als Stichwort in Dach- oder Hauptzeile auftauchen, würde der Text sicher öfter geklickt.
 Deutlich mehr Schlagworte – sogenannte Keywords – bringen die Autoren von FOCUS ONLINE im folgenden Beispiel in Dach- und Hauptzeile unter:

Hauskredit schneller tilgen
Riester-Kniff: So drücken Hausbesitzer ihre Schulden

Hier weiß der Leser sofort, dass es um das Tilgen von Hauskrediten geht und dass Riester dabei eine Rolle spielt. Diese Stichwörter werden auch von Suchmaschinen gefunden. Google & Co. werten nach Ansicht von Experten die ersten 55 Zeichen in Überschriften und Seitentiteln aus (Heijnk 2011, 100). Daher gehören relevante Begriffe, die Nutzer in Suchmaschinen eingeben könnten, an den Beginn von Dach- und Hauptzeile.
 Gut funktionieren im Internet auch Superlative in Überschriften. Sie werden von Lesern gerne geklickt, müssen jedoch auch halten, was sie versprechen.

Das sind die Trends der IFA 2013
Die schärfsten Fernseher, die besten Foto-Handys und die flachsten Notebooks

Trennung ohne Zoff
Die elf größten Scheidungsirrtümer

Bedenken Sie, welche Schlagwörter Sie in Suchmaschinen eingeben würden, um zu den Informationen in Ihrem Text zu gelangen. Diese sollten in Überschrift und Lead auftauchen. Überlegen Sie dabei auch, welche Schlagworte Leser oder Zuschauer verwenden. So haben Sie beispielsweise einen größeren Erfolg, wenn Sie über das *RTL Dschungelcamp* schreiben. Dies wird in Suchmaschinen deutlich öfter abgefragt als der Titel der Sendung *Ich bin ein Star, holt mich hier raus*.

Neben Dach- und Hauptzeile ist das Verfassen des kurzen Fließtextes die nächste Herausforderung. Der Textanriss umfasst in der Regel zwei bis drei Sätze, mehr Platz gibt es nicht. Diese Sätze müssen das Wichtigste, die Kernaussage, enthalten. Sie entsprechen im Wesentlichen dem Küchenzuruf Ihrer Geschichte. Experten unterscheiden zwischen Lead und Cliffhanger (Heijnk 2011, 109).

Lead

Ein Lead wird nachrichtlich formuliert und beantwortet möglichst viele der klassischen »W-Fragen« im Journalismus. Wer macht was, wann, warum, wo, wie …? Der Vorteil für den Leser liegt bei dieser Form des Teasers auf der Hand: Er wird in wenigen Zeilen über relevante Zusammenhänge informiert. Der Nachteil für den Betreiber der Seite ist, dass nachrichtliche Teaser in der Regel keinen Klickimpuls auslösen. Der Leser hat nach dem Lesen der wenigen Zeilen den Eindruck, die wesentlichen Aspekte zu kennen. Ein Beispiel: Wer sich lediglich dafür interessiert, wer Fußballspieler des Jahres geworden ist und wer unter den Trainern gewonnen hat, erhält alle Informationen im folgenden Teaser. Auf »mehr« muss der Nutzer nicht mehr klicken.

Barca-Superstar
Messi zum vierten Mal in Folge Weltfußballer
Messi, Messi, Messi, Messi: Der Superstar vom FC Barcelona ist in Zürich als Weltfußballer des Jahres 2012 geehrt worden. Er bekam die Auszeich-

nung zum vierten Mal in Folge und setzte sich gegen Cristiano Ronaldo und Andrés Iniesta durch. Bei den Trainern gewann Vincente del Bosque. mehr …

Kaum eine Frage bleibt auch bei diesem Teaser offen:

Fondsbericht
Viele Schwellenländer-Rentenfonds sind abgestürzt
Durchschnittlich haben Rentenfonds, die in Schwellenländeranleihen investieren, auf Jahressicht 8,6 Prozent an Wert verloren. Mehr …

Viele Autoren formulieren daher keine nachrichtlichen Leads, sondern **Cliffhanger**. Sie kennen das Verfahren aus Fernsehserien. Diese enden gerne mit einer besonders spannenden Szene, so dass der Zuschauer animiert wird, das nächste Mal wieder einzuschalten. Online müssen Dachzeile, Hauptzeile und Fließtext so formuliert werden, dass der Leser auf »mehr« klickt. Das Paket muss neugierig, muss Lust auf mehr machen. Dazu können sich Nutzwertjournalisten der folgenden vier Kniffe bedienen. Ein Cliffhanger sollte:
- eine relevante Frage unbeantwortet lassen,
- eine Frage aufwerfen,
- ein klares Versprechen, wie z. B. Nutzwert, geben,
- zur Interaktion auffordern.

Eine relevante Frage unbeantwortet lassen – In den folgenden Beispielen erfährt der Leser, worum es geht – eine wesentliche Information wird ihm jedoch bewusst vorenthalten. Der Nutzer muss auf »mehr« klicken, wenn er erfahren möchte, welche Bank aktuell die meisten Zinsen auf Tagesgeld bietet oder welche weitere Empfehlung der Impfkalender für Eltern vorsieht.

Tages- und Festgeldzinsen
Sparer ohne Wahl: Nur eine Bank toppt die Inflation
Erneut senkt ein Top-Anbieter seine Tagesgeldzinsen. Ansonsten verschonen die Banken ihre Kunden mit Hiobsbotschaften. Doch wer mit seinen Zinsen die Inflation ausgleichen will, hat keine Wahl: Nur eine Offerte übertrifft den Geldschwund.

Neuer Impfkalender
Experten empfehlen Rotavirus-Impfung bei Babys
Jährlich kommen etwa 20.000 Kinder wegen einer Magen-Darm-Erkrankung ins Krankenhaus – ausgelöst durch Rotaviren. Experten raten nun zur Impfung. Auf dem neuen Impfkalender steht noch eine andere Empfehlung für die Eltern.

Eine Frage aufwerfen – Eine weitere Möglichkeit, Anreize zum Weiterklicken zu schaffen, sind direkte Fragen. Wenn sich Autoren für diese Form entscheiden, müssen sie die Frage zwingend im Text beantworten. Leser reagieren enttäuscht, wenn der Artikel nicht hält, was der Teaser verspricht. Achten Sie auch darauf, nicht nur in Dach- und Hauptzeile Schlagworte unterzubringen. Auch im Anrisstext sind diese gefragt. Denn so wissen Suchmaschinen und Leser, worum es geht.

Formulieren Sie in erster Linie attraktive Teaser für die Leser. Schreiben Sie präzise, prägnant und klar. Es sind zahlreiche Faktoren, die beim Page-Rank eines Dokuments eine Rolle spielen. Diese können unmöglich alle von Journalisten berücksichtigt werden.

Altersvorsorge
Betongold oder Klotz am Bein?
Viele Deutsche halten das Eigenheim für die optimale Altersvorsorge. Doch Experten warnen: Alle Ersparnisse in eine Immobilie zu stecken, ist ziemlich riskant.

Baukredit
Wie drücke ich die Zinsen fürs Haus?
Baugeld ist günstig wie selten. Viele würden deshalb gern ihren alten Hauskredit gegen einen neuen eintauschen. Das ist nicht einfach – aber es gibt ein paar Tricks.

Ein Versprechen geben – Nutzwertjournalisten können in Anrisstexten versprechen, Lebenshilfe zu bieten. Machen Sie dem Leser klar, was er davon hat, wenn er den nachfolgenden Text liest. Im ersten Fall erfährt er, welche Kosten beim Kauf eines Grundstücks steuerlich geltend gemacht werden können und im zweiten Beispiel, wie Familien an einen Krippenplatz kommen:

Grund- und Grunderwerbssteuer
So sparen Sie Steuern beim Grundstückskauf
Beim Grundstückskauf fallen viele Gebühren und Steuern an. Wir erklären Ihnen, welche Kosten Sie von der Steuer absetzen können.

Kitaplätze
Was darf ich fordern, wenn ich keinen Krippenplatz finde? Familienrechtsanwalt Thorsten Ruppel erklärt, wie Eltern am besten zu ihrem Recht kommen.

Auch die folgenden beiden Teaser geben ein Versprechen. Das eine Mal, die gängigsten Erziehungsirrtümer zu nennen und das andere Mal, Vor- und Nachteile der Acht-Stunden-Diät zu verraten:

Irrtümer in der Erziehung
Lügen ist verboten ... meistens
Eigentlich ist schwindeln verboten. Doch bevor Eltern ein Kind bestrafen, sollten sie erst einmal den Grund für die Unwahrheiten kennen. Unter Umständen hat die Lüge als reife Leistung sogar Lob verdient. FOCUS-SCHULE nennt die gängigsten Erziehungsirrtümer ...

Abnehmen ohne Kalorienzählen
Das bringt die Acht-Stunden-Diät
Das Rezept: acht Stunden essen. 16 Stunden fasten. Die Diät verspricht ein Kilo weniger pro Woche ohne Kalorienzählen. Was die Ernährungsumstellung tatsächlich erreicht, und warum sie sogar gefährlich sein kann ...

Zur Interaktion auffordern – Ein probates Mittel, Interesse zu wecken, ist, zur Interaktion aufzufordern. Bieten Sie bei Nutzwerttexten Vergleichsrechner oder Tests an. Die Chancen stehen dann nicht schlecht, dass die Nutzer auf »mehr« klicken.

Seitensprung
Test: Würden Sie fremdgehen?
Kommt Fremdgehen für Sie in Frage oder sind Sie treu? Finden Sie mit unserem Test heraus, wie wahrscheinlich ein Seitensprung ist.

Kindergesundheit
Elf Irrtümer von Eltern
Wachsen sich X-Beine aus? Und geht Babyspeck wirklich weg? Wir haben elf populäre Ansichten auf ihren Wahrheitsgehalt geprüft. Testen Sie, ob Sie richtig liegen! mehr ...

Teaser müssen in einfacher Sprache verfasst werden. Fachbegriffe, Fremdwörter, Substantivkomposita haben dort nichts zu suchen. Studien von Nielsen zeigen beispielsweise, dass einfache Texte eine höhere Leserate haben als schwer verständliches Kauderwelsch (Nielsen 1997b). Da der Platz im Teaser in der Regel auf maximal 200 Anschläge (ohne Überschrift) begrenzt ist, haben dort Füllwörter nichts zu suchen.

Im Teaser muss jedes Wort um seine Existenzberechtigung kämpfen. Streichen Sie Wörter, die für das Verständnis des Textes nicht zwingend notwendig sind.

Autoren sollten den Platz im Teaser ausfüllen und sich die Mühe machen, Überschrift und Anrisstext gekonnt zu formulieren. Von wenig Klickerfolg gekrönt sind Teaser, in die einfach der erste Satz des Textes kopiert wird oder dieser zu allem Übel auch noch mitten im Wort abreißt.

Technik für Jogger-Laufuhren im Test
München (dpa/tmn) – Wer häufig joggt und auf Infos wie etwa sein Lauftempo oder die zurückgelegte Strecke Wert legt, sollte über den Kauf einer Laufuhr nachde [sic!]

Neue App: Nützlinge im Garten erkennen
Bonn (dpa/tmn) – Die Bösen fressen Pflanzen an, und die Guten fressen die Bösen: Wer im Garten ein Nützling und wer ein Schädling ist, wissen Hobbygärtner al [sic!]

Das Sushi-Prinzip

Internetnutzer lesen nicht, sie scannen. Autoren sollten Texte online daher in leicht konsumierbare Informationshäppchen packen. Einige Experten bezeichnen dieses Vorgehen als das Sushi-Prinzip (u. a. Hessling 2011). Ähnlich einer Sushi-Rolle werden Texteinheiten in leicht konsumierbare Informationshäppchen unterteilt. Dazu stehen Autoren verschiedene

Möglichkeiten zur Verfügung. Eine ist die **Zwischenüberschrift**. Sie sollte nicht schnell heruntergeschrieben werden, sondern wohl überlegt verfasst werden.

Anders als beim Texten für Print sollte jeder Einstieg in einen Abschnitt attraktiv formuliert werden. Es reicht nicht, den Nutzer im Teaser zu begeistern. Auch jeder neue Abschnitt nach einer Zwischenüberschrift muss um die Aufmerksamkeit des Lesers werben. Andere Inhalte sind nur einen Klick entfernt. Mehr als einen Aspekt oder ein Argument sollte ein Abschnitt nicht beinhalten. Achten Sie immer darauf, es dem Leser so leicht wie möglich zu machen. Bieten Sie dem Nutzer möglichst viele Einstiegsstellen in den Text.

Zerschlagen Sie Ihren Text in leicht konsumierbare Informationshäppchen.

Die Autoren von DIE WELT haben beispielsweise die Steuerpläne der Parteien unter die Lupe genommen. Die Ergebnisse bereiten sie in Paketen auf. So kann jeder Leser an der Stelle einsteigen, die ihn besonders interessiert:

Abgeltungsteuer
Seit 2009 werden von Kapitalerträgen pauschal 25 Prozent kassiert. Die Steuer wird von den Banken ans Finanzamt abgeführt. Davor mussten Kapitalerträge mit dem persönlichen Satz von bis zu 42 Prozent (bei Topverdienern 45 Prozent) versteuert werden.

CDU/CSU/FDP: Vor einem Jahr lehnten Union und FDP im Bundestag eine Abschaffung oder Erhöhung der Abgeltungsteuer ab – sie habe sich aus FDP-Sicht bewährt.

SPD: In einem ersten Schritt soll die Abgeltungsteuer von 25 auf 32 Prozent steigen. Sollte das Aufkommen geringer ausfallen als die voraussichtlichen Einnahmen bei einer Besteuerung mit dem persönlichen Einkommensteuersatz, soll die Abgeltungsteuer innerhalb von drei Jahren abgeschafft werden.

BILD.DE listet die elf größten Scheidungsirrtümer auf. Hinter jeder Zwischenüberschrift folgt ein Absatz, der einen Aspekt bzw. Irrtum detaillierter beleuchtet. Die Überschriften sind klar formuliert, der Leser weiß, welche Information im jeweiligen Abschnitt folgt:

1. Irrtum: Die Kinder bleiben auf jeden Fall bei mir.
Nein. Wo die Kinder bleiben, entscheiden Sie nicht allein. Falls es keine Einigung mit dem Expartner gibt, muss das Familiengericht entscheiden.

2. Irrtum: Mir gehört die Wohnung, ich kann damit machen, was ich will.
Das stimmt, allerdings gibt es in der Trennungszeit bis zur Scheidung Ausnahmen: Das Familiengericht kann dem Expartner und den gemeinsamen Kindern für eine Übergangszeit die alleinige Nutzung zusprechen.

Entscheidende Punkte lassen sich auch übersichtlich mit Aufzählungszeichen oder einem Mini-Inhaltsverzeichnis auflisten. Das kommt dem Scannen der Seite nach Schlagworten entgegen. Hat ein Stichwort das Interesse des Lesers geweckt, können diese gleich auf den entsprechenden Link klicken und die Informationen abrufen. So wie im Versicherungs-Spezial von STERN.DE:

Richtig versichern mit stern.de
Welche Versicherungen Sie brauchen
Viele Deutsche sind falsch versichert. Sie haben zu viele, zu wenige oder nicht die richtigen Verträge. Im stern.de-Ratgeber erfahren Sie, welche Versicherungen Sie brauchen – und welche nicht. mehr …
Der richtige Versicherungsschutz: Diese Policen brauchen Sie
Tipps und Tricks: So erkennen Sie eine gute Haftpflichtversicherung
Vorsorge für den Pflegefall: Das leisten private Zusatzversicherungen

Checkliste: Schreiben für Online

- Wird in Ihrem Teaser klar, worum es geht?
- Tauchen in Ihrem Teaser alle für das Thema relevanten Schlagworte auf?
- Lesen Sie Ihren Teaser laut vor. Wenn Sie ins Stocken geraten, müssen Sie umformulieren.
- Macht Ihr Text Lust darauf, mehr zu lesen?
- Verwenden Sie eine einfache Sprache?
- Mut zum Streichen! Ist jedes Wort im Teaser zwingend notwendig?
- Hält Ihr Text, was der Teaser verspricht?

Literatur

Häusermann, Jürg (2011): Journalistisches Texten. Konstanz: UVK.
Heijnk, Stefan (2011): Texten fürs Web. Planen, schreiben, multimedial erzählen. Heidelberg: dpunkt.verlag.
Lampert, Marie; Wespe, Rolf (2013): Storytelling für Journalisten. Konstanz: UVK.
Matzen, Nea (2014): Onlinejournalismus. Konstanz: UVK.
Reiter, Markus; Sommer, Steffen (2009): Perfekt schreiben. München: Carl Hanser Verlag.
Reiter, Markus (2009): Überschrift, Vorspann, Bildunterschrift. Konstanz: UVK.

8 Rechtliche Fragen

Nutzwertjournalismus stellt nicht nur an Recherche und verständliche Darstellung besondere Anforderungen. Er provoziert auch rechtliche Fragen. Ein negativer Test kann schließlich schnell die Existenz einer Bäckerei oder eines Restaurants gefährden. Leser könnten Nachteile erleiden, wenn sie nach den Tipps im Beitrag handeln. Wie müssen Produkttests konzipiert sein, damit sie rechtlich belastbar sind? Was passiert, wenn Journalisten Falsches berichten und ein Leser deshalb Geld verliert oder anderweitig geschädigt wird? Und wie verhält es sich mit Leserbriefen? Worauf müssen Journalisten achten, wenn sie diese beantworten?

8.1 Grundlagen

Es gibt eine Reihe rechtlicher Vorschriften, die Nutzwertjournalisten beachten sollten, die ihnen aber auch einen großen Gestaltungsspielraum einräumen. So gibt es in Deutschland die Meinungs- und Pressefreiheit. Die Pressefreiheit und das Recht auf freie Meinungsäußerung sind in Artikel 5, Absatz 1 des **Grundgesetzes**, festgeschrieben:

> »Jeder hat das Recht, seine Meinung in Wort, Schrift und Bild frei zu äußern und zu verbreiten und sich aus allgemein zugänglichen Quellen ungehindert zu unterrichten. Die Pressefreiheit und die Freiheit der Berichterstattung durch Rundfunk und Film werden gewährleistet. Eine Zensur findet nicht statt.«

Das Recht auf freie Meinungsäußerung gibt Nutzwertjournalisten viele Möglichkeiten bei der Durchführung vergleichender Produkttests. Da Gerichte Tests, in denen Redaktionen einzelne Produkte bewerten, oft als Meinungsäußerung einstufen, können Geschädigte gegen diese gerichtlich kaum vorgehen – vorausgesetzt, die Journalisten haben sich an bestimmte Vorgaben gehalten (s. Kapitel 8.2: Produkttests). Regelungen zum Presserecht finden sich in den **Landespressegesetzen** der einzelnen Bundesländer. In diesen sind beispielsweise das Recht auf Gegendarstellung oder die

Auskunftspflicht von Behörden geregelt. Relevant für Nutzwertjournalisten ist insbesondere die in den Landespressegesetzen geforderte Sorgfaltspflicht der Presse:

> »Die Presse hat alle Nachrichten vor ihrer Verbreitung mit der nach den Umständen gebotenen Sorgfalt auf Wahrheit, Inhalt und Herkunft zu prüfen.« (Gesetz über die Presse – Landespressegesetz Baden-Württemberg vom 14.01.1964)

Journalisten sollten demnach darauf achten, dass Behauptungen in ihren Artikeln und Beiträgen korrekt sind und keine Gegendarstellung provozieren. Das bedeutet, dass Redakteure die Inhalte vor der Publikation auf Wahrheit, Inhalt und Herkunft prüfen müssen.

Der **Pressekodex** enthält Empfehlungen und Gebote und stellt eine Leitlinie dar, die den Umfang von etwaigen Prüfungspflichten umreißt. So beispielsweise Regelungen zur Trennung von Werbung und Redaktion, zum Schutz der Persönlichkeit oder zur Sorgfaltspflicht. Diese Gebote basieren auf ethischen und rechtlichen Überlegungen. Der Pressekodex selbst ist jedoch kein Gesetz. Daher können Redaktionen vom Presserat rechtlich nicht belangt werden. Die freiwillige Selbstkontrolle der Presse kann lediglich Rügen erteilen, wenn Medien gegen einzelne Ziffern des Pressekodex verstoßen.

8.2 Produkttests

Journalisten und Testlabore können Produkte und Angebote prüfen, vergleichen und bewerten. Das hat der Bundesgerichtshof (BGH) 1975 in einem grundlegenden Urteil bestätigt. Die Karlsruher Richter haben an Prüfer und Tests jedoch eine Bedingung gestellt: Wer Produkte testet, muss darauf achten, dass die Produkttests neutral, objektiv und sachkundig angelegt und durchgeführt werden (BGH NJW 1976, S. 620 ff.).

Produkttests müssen neutral, objektiv und sachkundig angelegt und durchgeführt werden.

Neutralität – Diese Bedingung lässt sich einfach zusammenfassen: Neutralität und wirtschaftliche Interessen Einzelner widersprechen sich. Vergleichende Produkttests sollten in erster Linie vorgenommen werden, um

Verbraucher über die Qualität verschiedener Angebote zu informieren. Wird jedoch zu Wettbewerbszwecken getestet, um beispielsweise den Verkauf eines Produktes anzukurbeln, widerspricht dies dem Gebot der Neutralität. Ein Test, etwa von Turnschuhen, Smartphones oder Küchengeräten, ist zudem nur dann neutral, wenn zwischen dem Auftraggeber des Tests und den Unternehmen, deren Produkte getestet werden, kein Geld fließt oder sonstige Verbindungen bestehen. Kurzum: Organisatoren von Warentests sollten möglichst unabhängig sein.

Das gilt auch für Mitarbeiter der Auftraggeber von Tests und Testlaboren. Sie sollten von Unternehmen, deren Produkte sie testen, keine Geschenke annehmen. Denn dadurch steht die Neutralität des Tests auf dem Spiel. »Eine parteiisch durchgeführte Untersuchung kann von vornherein nicht der Verbraucheraufklärung dienen« (Prinz; Peters, 1999, 181).

Objektivität – In einem wegweisenden Urteil von 1975 fordern die Richter des Bundesgerichtshofs nicht, dass die Testergebnisse objektiv richtig sein müssen. Das wäre wahrscheinlich auch kaum realisierbar. Aber sie bestehen darauf, dass sich die Tester um Objektivität bemühen. Was bedeutet das nun konkret? Journalisten müssen oft aus vielen verschiedenen Produkten einzelne auswählen, die sie in ihrem Test berücksichtigen wollen. Dabei sollten die Prüfer darauf achten, dass diese vergleichbar sind. Nicht erlaubt ist ein Vergleich von sehr unterschiedlichen und somit schwer vergleichbaren Produkten. »Gegen das Objektivitätsgebot verstößt es, […] wenn Produkte, die sich nicht miteinander vergleichen lassen, nach den gleichen Grundsätzen getestet werden« (Prinz; Peters, 1999, 181). So ist es nicht sinnvoll, in einem Test beispielsweise sowohl günstige als auch sehr teure Fahrradhelme unter die Lupe zu nehmen und zu bewerten.

Steht die Auswahl der Produkte, müssen die Prüfkriterien festgelegt werden. Sie sollten nachprüfbar und objektiv sein. Journalisten können eigene Kriterien entwickeln. Diese müssen sie in ihrem Test jedoch offenlegen. Labore und Redaktionen können bei der Konzeption ihrer Tests auch nach den DIN Normen für die Methodik zur Durchführung und Veröffentlichung von Untersuchungen vorgehen (DIN 66051, 66052, 66054). Damit lassen sich Fehler minimieren. Diese genormte Vorgehensweise bei Produkttests wurde maßgeblich vom damaligen Chef der Stiftung Warentest, Roland Hüttenrauch, entwickelt (Hüttenrauch 1986).

Sachkunde – Tests müssen sachkundig und für andere nachvollziehbar durchgeführt werden. Bei der Auswahl des testenden Personals und der Festlegung von Testverfahren ist Sachkunde gefragt. Ebenso bei der Auswahl und der Bedienung von Testapparaturen und der Analyse der Testergebnisse. In diesem Punkt scheitern viele Redaktionen, da oft eine breite Sachkunde zu verschiedenen Tests fehlt und sie sich dadurch angreifbar machen. Ein renommiertes Prüflabor zu beauftragen, enthebt die Redaktion nicht der Haftung, wenn sie den Test veröffentlicht:

»Unterlaufen diesen [unabhängigen Instituten] im Einzelfall grobe Methodenfehler, die auf mangelnde Sachkunde auf dem getesteten Sachgebiet schließen lassen, so haften Medien, die die so entstandenen Testergebnisse verbreiten, für die Folgen, obwohl sie den Test selbst nicht durchgeführt haben.« (Soehring 2010, 533; Hervorhebung im Original)

Wurde neutral, objektiv und sachkundig getestet, haben Unternehmen schlechte Karten, wenn sie rechtlich gegen eine negative Bewertung ihres Produktes vorgehen wollen. Einige Bekanntheit erlangte das Verfahren um die »Uschi Glas hautnah Face Cream«. Die Experten von Stiftung Warentest hatten verschiedene Cremes getestet, die Uschi Glas-Creme erhielt das Testurteil »mangelhaft«. Gegen dieses Urteil zog der Hersteller vor Gericht – jedoch ohne Erfolg. Das Landgericht Berlin sah es als erwiesen an, dass der Test neutral, objektiv und sachkundig durchgeführt wurde und gab daher der Stiftung Warentest in allen Punkten Recht (Az. 27.O.922/04).

Vor Gericht unterlag hingegen FOCUS. Das Magazin hatte in Heft 6/93 auf dem Titel »Die 500 besten Ärzte Deutschlands« angekündigt. Diese hatte die Redaktion anhand der Kriterien »Häufigkeit des Eingriffs«, »wissenschaftliche Reputation«, »Empfehlung von Ärzten« und »Teilnahme an Kongressen« ermittelt. Gegen diese Bestenliste hatte die Bayerische Landesärztekammer geklagt – und vom Bundesgerichtshof Recht bekommen (I ZR 196/94). Die Darstellung der genannten Ärzte als die 500 besten des Landes enthalte einen werblichen Überschuss ohne sachliche Rechtfertigung. Die zugrunde gelegten Beurteilungskriterien belegten, dass die Angabe »die Besten« objektiv nicht richtig sein könne, argumentierten die Richter.

8.3 Haftung

Ist den Journalisten bei der Berichterstattung ein Fehler unterlaufen, ist entscheidend, ob der Produkttest als Meinungsäußerung oder als Tatsachenbehauptung einzustufen ist. Denn danach richtet sich, welche rechtlichen Schritte Geschädigte einleiten können.

In der Regel stufen Gerichte vergleichende Produkttests, in denen Eigenschaften und Qualität von Produkten analysiert und Noten vergeben werden, als Meinungsäußerung ein. Da eine Meinung nicht wahr oder unwahr sein kann, haben Unternehmen kaum eine Chance, dagegen vorzugehen – sofern der Test neutral, objektiv und sachkundig durchgeführt wurde. Dies ermöglicht den Journalisten größtmögliche Freiheit:

»Bei einer unzulässigen Meinungsäußerung steht dem Betroffenen mangels Tatsachenbehauptung weder ein Berichtigungsanspruch noch ein Gegendarstellungsanspruch zu.« (Prinz; Peters, 1999, 183)

Die Grenze ist jedoch dann überschritten, wenn Journalisten in ihren Texten unsachlich auf die Herabsetzung von Personen oder Institutionen zielen. Wenn die Absicht, zu verletzen, dominiert und die sachliche Auseinandersetzung in den Hintergrund rückt, handelt es sich um Schmähkritik. Dagegen können Betroffene juristisch vorgehen.

Dies ist auch der Fall, wenn Journalisten in ihren Texten unwahre Tatsachen schildern oder im Test von falschen Tatsachen ausgehen. Um Tatsachen handelt es sich, wenn diese objektiv auf ihre Richtigkeit geprüft werden können. In diesem Fall greift Paragraph 824 BGB, Behauptung unwahrer Tatsachen. Unternehmen können dagegen vorgehen, auf einer Unterlassung, Berichtigung oder Gegendarstellung bestehen und im schlimmsten Fall Schadenersatz fordern (vgl. hierzu Prinz; Peters, 1999, 184). Ob ein Produkttest von den Gerichten als Tatsachenbehauptung oder als Meinungsäußerung eingestuft wird, hängt vom Einzelfall ab.

Journalisten müssen bei falschen Tatsachenbehauptungen beweisen, dass sie sich bei Recherche und Schreiben an die journalistische Sorgfaltspflicht gehalten haben. Diese ist in den Pressegesetzen der Länder verankert. Konkret bedeutet das, dass Journalisten Herkunft, Inhalt und Wahrheitsgehalt von Nachrichten prüfen müssen, bevor sie diese veröffentlichen. Daher empfiehlt es sich, Blöcke, Papierstapel, Telefonprotokolle oder Mitschnitte aufzuheben, um im Zweifel die gebotene Sorgfalt belegen zu können.

Doch was passiert, wenn Journalisten falsche Tipps geben und Leser, die danach handeln, Geld verlieren? Gerichte sehen bislang in diesem Fall keine Haftung der Redaktion. Diese wäre nur gegeben, wenn die Zeitung die Richtigkeit des Tests oder der Behauptung über Gebühr betont hätte.

8.4 Leserbriefe

Nutzwertjournalisten erhalten viele Leserbriefe. Leser wenden sich oft mit speziellen Fragen, Sorgen und Nöten an die Redaktion. Streng genommen sollten Redaktionen diese Briefe und Mails ignorieren. Denn Journalisten haften durchaus, wenn sie Lesern individuelle Anlagetipps geben. Persönliche Tipps, die rechtliche Sachverhalte bewerten, können gegen das Rechtsdienstleistungsgesetz (RDG) verstoßen. Denn die rechtliche Beratung obliegt in Deutschland vorwiegend Rechtsanwälten.

Journalisten können auf dem Weg des Medienprivilegs Rechtsfragen der Leser zwar aufnehmen, dürfen diese aber nur allgemein in der Berichterstattung abhandeln. Die Berichterstattung muss sich dabei an die allgemeine Öffentlichkeit richten.

»Rechtsdienstleistung ist nicht […] die an die Allgemeinheit gerichtete Darstellung und Erörterung von Rechtsfragen und Rechtsfällen in den Medien« (§ 2 Abs. 3 Nr. 5 RDG)

Allgemeine Rechtstipps sind zulässig. Die Lösung von Problemen einzelner hat jedoch in den Medien nichts zu suchen. Sie können solche Fälle jedoch in Form einer Leserfrage aufgreifen, die Sie von einem Anwalt beantworten lassen.

Eine ähnliche Problematik ergibt sich bei Anlagetipps. Die Ratschläge von Journalisten in Sachen Geldanlage müssen sich an einen undifferenzierten, größeren Personenkreis richten. Beantworten Journalisten Leserbriefe und geben darin individuelle Anlagetipps für den konkreten Absender des Leserbriefs – haften sie dafür und betreiben eine unerlaubte Rechtsdienstleistung. Von der Haftung ausgeschlossen sind Journalisten in diesem Fall nur dann, wenn sie allgemein über einen Sachverhalt berichten und sich dabei an ein breites Publikum richten.

Literatur

Fricke, Ernst (2010): Recht für Journalisten. Konstanz: UVK.

Hüttenrauch, Roland (1986): Zur Methodik des vergleichenden Warentests. In: Horn, Norbert; Piepenbrock, Hartwig (Hrsg.) (1986): Vergleichender Warentest. Lech: Verlag Moderne Industrie, Seiten 13–21.

Podcast Medienrecht (2009): Schleichwerbung in Testberichten, Folge 23. In: http://podcast-medienrecht.podspot.de/post/podcast-medienrecht-folge-23-schleichwerbung-in-testberichten-1/#comment589282, aufgerufen am 28.09.2013.

Prinz, Matthias/Peters, Butz (1999): Medienrecht – Die zivilrechtlichen Ansprüche. München: C. H. Beck.

Soehring, Jörg (2010): Presserecht. Recherche, Darstellung und Haftung im Recht der Medien. Köln: Verlag Dr. Otto Schmidt.

9 Praktische Tipps

Die Relevanz von Nutzwert in Redaktionen und Presseabteilungen von Unternehmen wird weiter steigen. Inzwischen gibt es einige Volontariate, die sich auf Nutzwertjournalismus spezialisieren. Die Angebote an Fortbildungen sind jedoch rar. Oft werden diese in Kooperation mit Unternehmen oder direkt von diesen angeboten. Solche Seminare sind hilfreich, um einen Einblick in komplexe Sachverhalte wie die Rentenversicherung oder das Bausparen zu erhalten. Ähnliche Veranstaltungen gibt es im Bereich Wissenschaftsjournalismus, in denen sich Journalisten etwa über neue Therapiemöglichkeiten bestimmter Krankheiten informieren können.

Auch wenn die Zeit knapp ist, sollten Journalisten Fortbildungsmöglichkeiten nutzen. Schließlich sollten sie sich auf ein Themengebiet spezialisieren. Es dauert, komplexe Sachverhalte zu durchdringen, sich einen Stamm an verlässlichen Experten aufzubauen, um dann Studien oder Aussagen kompetent einschätzen zu können. Nur wer sich fokussiert, kann in einem Bereich gut sein und ist somit auf dem Arbeitsmarkt und in Redaktionen gefragt.

Neben der Konzentration auf ein Themengebiet ist es auch wichtig, Kontakte zu knüpfen. Für Nutzwertjournalisten gibt es keine speziellen Vereinigungen oder Verbände. Daher bietet es sich an, Mitglied etwa im Club der Wirtschafts- oder Wissenschaftsjournalisten oder ähnlichen Institutionen zu werden.

Werden Sie Experte in einem Themengebiet. Nutzen Sie dazu auch fachliche Fortbildungsmöglichkeiten.

9.1 Eigenmarketing

Die Konzentration auf ein Themengebiet ist das eine. Bekannt werden das andere. Das gelingt zum einen über Beiträge und Artikel. Aber auch Adressdatenbanken und das Internet sind dabei behilflich.

Adressdatenbanken – Es gibt eine Reihe an Adressbüchern und Datenbanken, in die sich Journalisten aufnehmen lassen können. So gibt der Verlag Kroll regelmäßig das Presse-Taschenbuch für unterschiedliche Bereiche wie Immobilienwirtschaft, Wirtschaftspresse, Ernährung, Gesundheit oder Touristik heraus. In diesen Bänden sind die Kontaktdaten von Journalisten und Pressesprechern aus den verschiedenen Branchen aufgelistet. Journalisten können sich in diese Büchlein leicht aufnehmen lassen: Dazu müssen sie lediglich das entsprechende Kontaktformular im Internet ausfüllen (www.krollshop.de/support/index/sFid/28).

Bekannt ist auch die Datenbank von Kress (www.kress.de). In der Rubrik kressköpfe finden sich Adressen und Arbeitgeber zahlreicher Journalisten. In die Datenbank können sich Journalisten einfach eintragen. Der Vorteil besteht darin, dass einem diese dann für eigene Recherchen zur Verfügung steht. Das ist für freie Autoren, aber auch für Leute auf Jobsuche ganz hilfreich. Sie können potenzielle Ansprechpartner auf diesem Weg leicht direkt kontaktieren.

Webseite – Eine Webseite kann sinnvoll sein, damit sich Gesprächspartner informieren können, aber auch um Werbung in eigener Sache zu machen. Eine eigene Seite im Internet ist heute ohne großen Aufwand und mit überschaubaren Kosten realisierbar. Anbieter wie Web.de, Strato oder Jimdo bieten entsprechende Baukästen an.

Blogs – Wer Experte in einem Bereich ist, kann überlegen, ob er einen Blog betreibt. Blogs, die sich auf Nischenthemen fokussieren, sind mitunter sehr erfolgreich. Gerade im Nutzwertjournalismus sind Blogs rar. Dass man sich mit Bloggen einen Namen machen kann, zeigen beispielsweise die Medienblogs von Stefan Niggemeier, Thomas Knüwer oder der Bildblog.

Soziale Medien – Viele Journalisten nutzen Soziale Medien, um Werbung in eigener Sache zu machen. Das ist sinnvoll, zumal Leute aus dem Journalismus, dem Marketing und der PR überdurchschnittlich stark in diesen Medien aktiv sind. Wer es geschickt anstellt, kann sich schnell einen Namen in einem bestimmten Bereich machen. Doch bevor Sie loslegen, eifrig zu posten, sollten Sie sich überlegen, welche Inhalte Sie transportieren wollen. Was sind Ihre Stärken, was macht Sie aus? Womit sollen Leute Sie verbinden, wenn Sie Ihren Namen hören? Wenn Sie Ihre Stärken in einem Satz zusammenfassen – wie würde dieser lauten?

Eine klassische Adresse für berufliche Kontakte in Deutschland ist Xing. Hier können Nutzer Adresse, Lebenslauf oder Referenzen eintragen und über aktuelle Entwicklungen informieren. Es gibt die Möglichkeit, sich in Gruppen zu organisieren oder an Events teilzunehmen. Viele Arbeitgeber informieren sich über Xing über potenzielle Arbeitnehmer.

Das international ausgerichtete Pendant zu Xing ist Linked.in. Es kann sinnvoll sein, sein Profil in englischer Sprache einzustellen – vor allem, wenn man Kontakte im Ausland sucht oder hat. Wie bei Xing gibt es auch hier die Möglichkeit, Neuigkeiten zu posten.

Wer in den Sozialen Medien wie Twitter, Facebook & Co. unterwegs ist, sollte sich auch dort auf einen Themenbereich fokussieren. Und – wie in vielen Bereichen des Lebens – ist auch im Netz die Dosis entscheidend. Wenn Sie jeden noch so unbedeutenden Artikel, den Sie geschrieben haben, auf Facebook, Twitter oder Google Plus bewerben, sind ihre Freunde oder Follower schnell genervt. Werben Sie dosiert. Weisen Sie auf Interessantes, was Sie im Netz entdeckt oder erfahren haben, hin.

Weisen Sie in Sozialen Medien auf besonders gelungene Artikel und spannende Informationen hin – aber dosiert.

Am weitesten verbreitet ist aktuell in Deutschland Facebook. Hier lassen sich leicht Fotos, Links oder Neuigkeiten posten. Interessantes kann geteilt, kommentiert oder mit einem Like versehen werden. Zunächst sollten Sie überlegen, ob Sie Informationen öffentlich freigeben oder beschränken. Dies können Sie leicht über »Inhalte auf Facebook« und unter »Benutzerdefinierte Einstellungen« einstellen und so detailliert Informationen freigeben. Dafür spricht eine größere Öffentlichkeit und Reichweite. Dagegen, dass die private Kommunikation über Facebook dann schwieriger wird.

Im Gegensatz zu anderen Ländern führt Twitter in Deutschland ein Nischendasein. Der Nachrichtendienst ist perfekt geeignet, um über Aktuelles informiert zu werden – vorausgesetzt, Sie folgen den richtigen Leuten. Auf Twitter können Sie aber auch Aktuelles mit 140 Zeichen schildern und auf Artikel oder Bilder verlinken. Wer über Twitter besonders viele Leute erreichen möchte, kann überlegen, auf Englisch zu posten. Denn anders als in Deutschland ist der Kurznachrichtendienst beispielsweise in den USA oder Großbritannien sehr beliebt und wird dort intensiv genutzt.

Google Plus ist später gestartet als Twitter und Facebook. Google vernetzt zahlreiche seiner Angebote. Wer sich beispielsweise bei Gmail anmeldet oder bei Youtube registriert, ist automatisch Mitglied bei Google Plus. Einzelne Zielgruppen lassen sich leicht und übersichtlich unterschiedlichen Kreisen zuordnen. Die Kontakte sehen nicht, in welche Kreise Sie sie einteilen. Eine Besonderheit sind die Hangouts. Mit diesen können bis zu zehn Personen gleichzeitig an einer Videokonferenz teilnehmen.

Viele haben das Problem, dass relevante Inhalte für Soziale Medien fehlen. Selbstverständlich können Sie der Community täglich mitteilen, wie Ihr Mittagessen schmeckt. Das wird auf Dauer jedoch schnell langweilig. Doch wenn Journalisten Neues erfahren oder auf interessante Artikel oder Posts in bestimmten Bereichen verweisen, ist der Inhalt vor allem für Kollegen interessant. Einige Journalisten und Fachleute setzen schon seit längerem auf Eigenmarketing via Soziale Medien:

Hermann-J. Tenhagen @hjtenhagen
Einladung ins Bayrische Fernsehen zur "Münchner Runde" morgen abend
Thema: "5 Jahre nach der Lehman-Pleite:
Geht das Zocken weiter?"

Niels Nauhauser @NielsNauhauser
Im Interview auf @manager_magazin m.manager-magazin.de/immobilien/art... Kündigungen durch die #Bausparkassen

Checkliste: Eigenmarketing

- Was sind Ihre Stärken?
- Stimmen Ihre Profile in den Netzwerken überein?
- Sind Ihre Profile aktuell?
- Was sollen die Leute mit Ihrem Namen verbinden?
- Sind Sie in Sozialen Medien authentisch?

Literatur

Langer, Ulrike; Schwindt, Annette (2011): Social Media. Journalistenwerkstatt. Salzburg-Eugendorf: Oberauer Verlag.

9.2 Fragen an …

Hermann-Josef Tenhagen, Chefredakteur Finanztest (von 1999–2014)

Wie ist es um die Verbraucherberichterstattung in Deutschland bestellt?
Nicht gut, vielen Kollegen fehlt Handwerkszeug, die Zeit und manchmal auch die Courage für den Vergleich unterschiedlicher Matratzen, Girokonten und Handyverträge und die unvermeidliche Auseinandersetzung mit Anbietern. Die journalistischen Fortbildungsangebote in dem Bereich sind eher rückläufig. Die Medienkrise tut ein Übriges in Redaktionen, deren wirtschaftliches Wohlergehen stark von Anzeigen abhängt. Nur im öffentlich-rechtlichen Fernsehen sind in jüngerer Zeit neue, erfolgreiche und spannende Formate für Verbraucherjournalismus entstanden wie beispielsweise *Markencheck*.

Hat der Einfluss von PR auf die Berichterstattung in den vergangenen Jahren zugenommen?
Leider ja. Häufig fällt es auch Journalisten schwer, all die Schleichwege der PR in die eigene Berichterstattung zu erkennen. Das NDR-Magazin *Zapp* hat kürzlich ein Interview mit dem Pressesprecher von Ergo Direkt veröffentlicht, in dem der sich rühmt, bis zu 10 Millionen Leser von Frauenzeitschriften mit redaktionell verbrämter PR zu erreichen. Ich hab mal bei den amerikanischen Kollegen von AP einen wichtigen Merksatz für den Journalismus gelernt: »News is information someone does not want to get published. Everything else is advertisement«.

Was ärgert Sie im Verbraucherjournalismus am meisten?
Noch mehr als die Hasenfüßigkeit mancher Redaktionen ärgert mich Faulheit und Schlamperei. Recherchen, die nicht mal den Google-Standard erfüllen, Originalquellen zu suchen und die Absender von Informationen zu nennen, sind besonders empfänglich für versteckte PR. Wikiplag würde auch bei mancher Zeitungs-, Zeitschriften- und Online-Meldung unangenehme Wahrheiten über das Abschreiben aus Werbebroschüren ans Licht bringen.

Wo besteht der größte Aufklärungsbedarf? Welche Themen werden wichtiger?
Dankbare Themen finden Journalistinnen und Journalisten vor allem auf drei Feldern. Bei den Finanzdienstleistungen – Verbraucher müssen hier immer mehr Entscheidungen treffen, für die ihnen die Informationen fehlen. Energie- und Telekommunikationstarife – hier verschwinden große Teile des Haushaltsbudgets, weil Konzerne die Verbraucher mit der schieren Menge unterschiedlicher Angebote verwirren und dann ausnehmen. Und beim Datenschutz – wir alle haben den Wert unserer Daten für die Konzerne nicht begriffen, die Gefahren unterschätzt, die durch staatliche Datensammelwut für die Demokratie entstehen und die Vorzüge des Vergessenkönnens vergessen.

Wie wichtig sind Soziale Medien im Verbraucherjournalismus?
Wichtig: Soziale Medien stehen heute am Anfang und am Schluss der journalistischen Aufarbeitung von Verbraucherthemen. Zu Beginn inspiriert der Blick in die Sozialen Medien bei der Suche nach und dem Zuschnitt von Themen. Beim Arbeiten am Thema geben Soziale Medien ungeahnte Möglichkeiten für Feedback-Schleifen, während sich die Geschichte weiterentwickelt. Und nach der Veröffentlichung tragen Soziale Medien die Geschichte und mit ihr oft auch die von uns Journalisten gewünschte Debatte weit in die Welt hinaus. Ich mag sie nicht mehr missen …

Werner Zedler, Chefredakteur
Guter Rat (von 1998–2014)

Was ist die größte Herausforderung für Nutzwertjournalisten?
Am Ende der Recherche einen greifbaren Nutzen für Leser beziehungsweise Hörer herausgearbeitet zu haben. Das ist eine Herausforderung, die für Nutzwert viel höher ist, als für andere Schattierungen des Journalismus. Dies aus zwei Gründen. Nirgendwo sonst – außer vielleicht im politischen Ressort (nur braucht es da als Resümee keinen Nutzen) gibt es Interessen und Kräfte, die sich gegen Aufhellung und Aufklärung stellen. Sie gilt es zu durchschauen und zu überwinden. Zweitens muss sich der Journalist nicht nur seinem Thema widmen und sich mit der Sache und den Protagonisten auseinandersetzen, sondern auch mit der Lebenswelt des Lesers: Nutzen definiert sich eben nicht durch das Thema an sich, sondern durch die Interessen der Rezipienten.

Wie ist es um die Verbraucherberichterstattung in Deutschland bestellt?
Im Prinzip sehr gut. Im letzten Jahrzehnt hat sich, getrieben durch das wachsende Interesse der Leser bzw. Hörer, ein hoher Qualitätsmaßstab herauskristallisiert und sehr viele Journalisten haben sich auf Nutzwertthemen spezialisiert. Das Interesse ist vorhanden, es gibt den Markt. Es hat sich aber gezeigt, dass dieser eher von den Dickschiffen der Printbranche insgesamt bedient wird und für neue Spezialtitel nicht viel Platz ist, so manche wie GELD IDEE oder MEHRWERT hatten nur eine begrenzte Lebensdauer und etliche Wirtschaftstitel haben diesbezüglich den Anschluss verpasst.

Was ärgert Sie im Verbraucherjournalismus am meisten?
Kollegen, die glauben, dass die Wiedergabe von Verbandsinteressen und -verlautbarungen schon Verbraucherjournalismus sei. Zweitens: Kollegen, die glauben, Verbraucherjournalismus müsse a priori grün, links, alternativ, konsumkritisch, öko und sonst wie politisch korrekt sein. Verbraucher wollen für ihre Interessen gut und nachhaltig informiert werden. Nicht mehr und nicht weniger.

Wo besteht der größte Aufklärungsbedarf? Welche Themen werden wichtiger?
Zwei Themenkomplexe werden uns in den nächsten Jahren stärker beschäftigen. Zum einen die Auswirkungen der Finanzkrise auf den Bürger, insbesondere natürlich die Auswirkungen auf seine Ersparnisse und private wie staatliche Altersvorsorge. Die Verbraucher haben schon reagiert durch mehr Konsumfreude (noch etwas haben vom Euro, so lange es ihn gibt) und die hohe Nachfrage nach Immobilien. Was kommt als Nächstes? Daneben wird sich eine wachsende Zahl von Verbrauchern ökologischen Problemkreisen stellen. Weniger im moralischen Sinn (kann ich mein Verhalten verantworten), sondern vielmehr im praktischen Sinn: Kann ich im Hinblick auf meine Gesundheit diese Lebensmittel und jene Werkstoffe noch bedenkenlos konsumieren?

Siegfried Bauer, Bereichsleiter Kommunikation bei Schwäbisch Hall

Was ärgert Sie an Verbraucherjournalisten am meisten?
Um es klar zu sagen: Über Verbraucherjournalisten sollte man sich nicht ärgern. Verbraucherjournalismus ist notwendig, um Irrungen und Wirrungen von Anbietern aufzudecken und so für ein Umdenken zu sorgen. Aber ganz generell gibt es natürlich Dinge, die einem nicht ganz so gut gefallen. Beispielsweise wenn die Geschichte schon vor der Recherche feststeht und Zitate des Sprechers in einen falschen Kontext gestellt werden. Oder wenn die andere, die Anbieterseite, gar nicht mehr gehört wird.

Was würden Sie an der Verbraucherberichterstattung ändern, wenn Sie könnten?
Aus unserer eigenen Arbeit als Finanzdienstleister wissen wir: Es braucht Aufklärung, Aufklärung, Aufklärung. Wer sich heute eigenverantwortlich um seine Altersvorsorge kümmern muss, braucht verständliche Informationen, die nicht nur von Verbraucherschützern und Produktanbietern stammen dürfen. Diese Informations- und Aufklärungsaufgabe müssen und können Verbraucherjournalisten leisten, gerade in klassischen Printprodukten und nicht nur in den üblichen Ratgeberjournalen, sondern regelmäßig in der Zeitung. Warum gibt es so wenige Serien zu Finanz- und Versicherungsprodukten in Abonnementzeitungen? In einem einzigen Artikel lassen sich komplexe Dinge nur selten umfassend und neutral abhandeln.

Wie hat sich die Zusammenarbeit mit Journalisten in den vergangenen Jahren verändert?
Auch wenn es schon oft genug gesagt wurde: Journalisten stehen heute unter einem viel größeren Druck, schnell zu veröffentlichen. Hinzu kommt die angespannte Personalsituation in den Redaktionen. Das geht zu Lasten der Ausführlichkeit und der Recherche. Deshalb sind Journalisten auf schnelle, belastbare Informationen zu Verbraucherthemen angewiesen. Neu ist, dass häufig Verbraucherschützer als neutrale Quelle, Experte oder Gegenmeinung zur Unternehmensposition genutzt werden. Dabei wird aber oft genug zu wenig die Rolle und das Geschäftsmodell der Verbraucherzentralen hinterfragt. Ganz persönlich freue ich mich, dass man mit den allermeisten Journalisten auf ganz vernünftiger Basis reden kann und die Informationen zumindest zur Kenntnis genommen werden.

Was macht einen guten Verbraucherjournalisten aus?
Ein guter Verbraucherjournalist ist Anwalt seiner Leser, er kennt die großen Alltagssorgen und thematisiert frühzeitig erkennbare Entwicklungen, die den berühmten Endverbraucher betreffen. Er greift Fragen an die Redaktion auf und gibt sie zur qualifizierten Beantwortung an Experten aus der betroffenen Branche weiter. So kann er seine Verbraucherseite im Magazin, seinen Blog oder seine Sendung bei Lesern oder Hörern zur Verbrauchersprechstunde machen. Und er bemüht sich um eine sachgerechte Darstellung der Fakten. Das heißt im Extremfall, dass man auch dem Leser oder Verbraucher hin und wieder sagen muss, dass er mit seinem Anliegen nicht Recht hat.

Ist es heute leichter, Journalisten zu beeinflussen?
Gute Journalisten lassen sich nicht von Aktionen oder Ideen eines Sprechers, sondern höchstens von einer guten Faktenlage beeinflussen. Selbst wenn Journalisten unter hohem Druck neue Themen recherchieren, wäre es unklug, diese Situation ausnutzen zu wollen. Denn man begegnet sich nicht nur einmal im Berufsleben. Gleichzeitig gehört es zu den Aufgaben eines Sprechers, mit Journalisten in Dialog zu treten und zu bleiben. Das kann nur funktionieren, wenn man sich auf Augenhöhe begegnet. Ist das gegeben, darf ich auch versuchen, Journalisten durch Argumente von der Position des Hauses zu überzeugen.

Michaela Roth, Pressesprecherin beim Deutschen Sparkassen- und Giroverband, DSGV

Was würden Sie an der Verbraucherberichterstattung ändern, wenn Sie könnten?
Ich habe den Eindruck, dass über die Jahre die Vielfalt bei den veröffentlichten Verbraucherthemen abgenommen hat. Dabei ist der Alltag so reich an Themen. Zudem finde ich es interessant, wie unterschiedlich die Gewohnheiten und Gegebenheiten im europäischen Ausland im Vergleich zu Deutschland sind. Hierzu würde ich gerne mehr lesen.

Wie hat sich die Zusammenarbeit mit Journalisten in den vergangenen Jahren verändert?
Die meisten Journalisten haben mittlerweile sehr viel weniger Zeit für eigene Themen und Recherchen. Es gibt aber auch noch Redakteure, die sich über einen langen Zeitraum mit Verbraucherthemen beschäftigen und immer wieder neue Themen aufgreifen. Man findet solche Experten am häufigsten bei den speziell auf Verbraucherthemen ausgerichteten Formaten und Zeitschriften. Hier läuft die Zusammenarbeit sehr professionell und meist über viele Jahre.

Was macht einen guten Verbraucherjournalisten aus?
Ein guter Verbraucherjournalist ist kreativ und hat den Überblick, welche Relevanz und welchen Stellenwert ein Thema hat. Ansonsten gilt auch für Verbraucherjournalisten das bekannte Wort von Hanns Joachim Friedrichs: »Einen guten Journalisten erkennt man daran, dass er sich nicht gemein macht mit einer Sache – auch nicht mit einer guten Sache; dass er überall dabei ist, aber nirgendwo dazugehört.«

Ist es heute leichter, Journalisten zu beeinflussen?
Es geht für uns nicht um Einflussnahme. Unser Ziel als Deutscher Sparkassen- und Giroverband (DSGV) ist es, mit guten Argumenten und Fakten zu überzeugen und Themen nachhaltig zu besetzen. Dafür braucht es heute wie früher mitunter viel Ausdauer und Überzeugungskraft. Das gilt besonders, wenn man gegen den Mainstream argumentiert und diesen Argumenten Gehör verschaffen will. Aber es lohnt sich. Vor zehn Jahren mussten sich Sparkassen noch für ihre vielen Filialen und Mitarbeiter rechtfertigen. Heute wird dies als Stärke geschätzt. Eine gewisse Zeit lang war Geiz geil und kostenlos der Knaller, mittlerweile werden Qualität und ein faires Preis-Leistungsverhältnis wieder akzeptiert.

Wie können Pressesprecher Journalisten am besten helfen?
Ich denke, als Pressesprecher sollte man berechenbar und zuverlässig sein. Es ist gut, wenn man die Arbeitsbedingungen und den Alltag von Journalisten kennt, um abschätzen zu können, wann was gebraucht wird. Das gilt übrigens auch umgekehrt. Gegenseitiger Respekt ist die beste Basis für eine gute Zusammenarbeit auf beiden Seiten des Schreibtisches.

PRAKTISCHE TIPPS

Niels Nauhauser, Referent Altersvorsorge, Banken, Kredite, Verbraucherzentrale Baden-Württemberg

Was ärgert Sie an Verbraucherjournalisten am meisten?
Manche Verbraucherjournalisten reduzieren ihre Rolle auf die des erklärenden Tipp- und Ratgebers. Konkrete Hinweise sind hilfreich und erhöhen den Nutzwert eines Beitrags, Verbraucherjournalismus kann und sollte aber mehr sein, er ist die Berichterstattung über aktuelle Anliegen der Verbraucher. Diese Berichterstattung ist von grundsätzlicher Bedeutung für die Funktionsfähigkeit der Märkte. Die Bedürfnisse der Verbraucher sind Ausgangspunkt jeglichen wirtschaftlichen Handelns. Daher sollte auch die Perspektive der Verbraucher die eigentliche Grundlage der Berichterstattung des Wirtschafts- und Verbraucherjournalisten sein. Diese Perspektive ist das gemeinsame Interesse der Verbraucher an der Ausübung einer selbstbestimmten Entscheidung. Nehmen wir das Beispiel Riester Rente: Für den Verbraucherjournalismus ist die Berichterstattung mehr als ein Ratschlag, wie Verbraucher trotz äußerst komplexer Produkte und Regelungen und trotz des bekannten opportunistischen Anbieterverhaltens Entscheidungen treffen können. Guter Verbraucherjournalismus thematisiert dann das Anliegen der Verbraucher, im Alter ausreichend versorgt zu sein und ergründet die diesem Anliegen entgegenstehenden Rechtsnormen unserer Wirtschaftsordnung.

Was würden Sie an der Verbraucherberichterstattung ändern, wenn Sie könnten?
Ich würde seine räumliche Trennung von der Berichterstattung des Wirtschaftsteils aufheben. Wenn es eine eigene Verbraucherseite in einer Zei-

tung gibt, sollte diese in den Wirtschaftsteil integriert werden. So hat beispielsweise die Bankenkrise in Zypern drängende Verbraucherfragen zur Zuverlässigkeit des Einlagensicherungssystems aufgeworfen. Diese Fragen müssen direkt in oder nahe der Berichterstattung über die aktuellen Ereignisse beantwortet werden. Anderes Beispiel: Immer wieder treten neue Anbieter auf, die Verbraucher auf dreiste Art und Weise überrumpeln, abzocken oder ungewollte Verträge unterschreiben lassen. Es ist gut, davor zu warnen, aber der plumpe Rat »Also aufgepasst! Lassen Sie sich nicht abzocken!« ist banal und greift zu kurz. Die Verbraucherberichterstattung sollte hinausgehen über Tipps gegen Abzocke und hin zu einer Berichterstattung über die Anliegen der Verbraucher als tragende Säule unserer Wirtschaft.

Was macht einen guten Verbraucherjournalisten aus?
Ich sehe den Verbraucherjournalismus wie gesagt als Teil des Wirtschaftsjournalismus. Für eine gute Berichterstattung ist natürlich eine fachliche Spezialisierung hilfreich, um Ereignisse richtig einordnen zu können und relevante Fragen an Experten zu adressieren. Aber mit einer kritischen Einstellung und einem Netzwerk an Experten verschiedener Interessengruppen sollte die Berichterstattung auch ohne eigenes Expertenwissen gelingen. Gute Wirtschaftsjournalisten kennen die ökonomischen und politischen Interessen verschiedener Meinungsführer und berücksichtigen diese bei der Darstellung ihrer Positionen.

Wie können Verbraucherschützer Journalisten am besten helfen?
Wir bieten Journalisten einen Einblick in die Themen, bei denen Verbrauchern aktuell der Schuh drückt. Wir wissen, wie relevant ein Thema für Verbraucher ist. Wir kennen neben den Verbraucherproblemen auch das Verhalten der Anbieter, das von legaler Übervorteilung bis zu Abzocke und Betrug reicht. Wir stellen in das Thema einführende Texte auf unserer Internetseite und in zahlreichen Ratgebern zur Verfügung. Dies erleichtert Journalisten die Vorbereitung auf ein Thema. Wir sind dankbar, wenn Journalisten sich in das Thema vorab eingelesen haben, weil wir dann schneller auf die aus Verbrauchersicht besonders relevanten Fragen eingehen können. Die Vereinbarung eines Termins für ein Interview erleichtert uns die Planung unserer Arbeit, ist aber nicht zwingend, da wir selbstverständlich zu aktuellen Fragen auch spontan mit unserer Einschätzung zur Verfügung stehen.

9.3 Aus- und Weiterbildungsmöglichkeiten

Es werden einige Volontariate und spezielle Weiterbildungen für Nutzwertjournalisten angeboten.

Ausbildung

Praxis4
Praxis4 ist ein Volontariat, bei dem Verbraucherjournalisten in den Schwerpunkten Verbraucherpolitik und Wirtschaft ausgebildet werden. Initiiert wurde die Ausbildung von Stiftung Warentest und der Verbraucherzentrale Bundesverband.
Dauer: 18 Monate
Plätze: 6 Volontäre
Theoretische Ausbildung: Electronic Media School in Potsdam
Praxis-Stationen: Die Volontäre durchlaufen vier Praxisstationen u. a. bei Stiftung Warentest, Finanztest, Verbraucherzentrale Bundesverband, Rundfunk Berlin-Brandenburg (rbb), Tagesspiegel, ZDF, Spiegel TV.
Weitere Informationen unter www.praxis4.de

Hubert Burda Journalistenschule
Die Burda Journalistenschule bietet eine zweijährige Ausbildung an. In dieser lernen die Schüler das journalistische Handwerk.
Dauer: 24 Monate
Plätze: etwa 20 Journalistenschüler
Praxis-Ausbildung: Hubert Burda Media – u. a. Bunte, Elle, Freundin, Playboy, Focus, Freizeit Revue, Lisa, Lisa Wohnen&Dekorieren, Mein schöner Garten, Meine gute Landküche, Guter Rat, Fit for fun.
Weitere Informationen unter www.hubert-burda-media.de/karriere/absolventen/journalistenschule/

Weiterbildung

Akademie der bayerischen Presse
Das Seminar Servicejournalismus ist konzipiert für Journalisten aller Medien, die anfangen, sich mit Verbraucherthemen zu beschäftigen.
Seminar: Servicejournalismus

Plätze: 10
Kosten: 350 Euro
Dauer: 3 Tage
Weitere Informationen unter www.a-b-p.de/kurse-seminare/kurse/

BJS – Berliner Journalistenschule
Die Journalistenschule bietet Seminare an zum Thema Sachtexte mit Nutzwert schreiben.
Kosten: 390 Euro
Dauer: 2 Tage
Weitere Informationen unter www.berliner-journalisten-schule.de/seminare/sachtexte/

Akademie für Publizistik – Hamburg
Die Akademie bietet ein Seminar Servicejournalismus und ein Seminar Verbraucherjournalismus im Fernsehen an.
Plätze: 10 (Fernsehen: 12)
Kosten: 380 Euro (Fernsehen: 460 Euro)
Dauer: 2 Tage (Fernsehen: 3 Tage)
Weitere Informationen unter www.akademie-fuer-publizistik.de/

Akademie Finanzjournalismus Universität Mainz
Die Finanzakademie richtet sich vor allem an Redakteure und Volontäre von Tageszeitungen und Nachrichtenagenturen. Dort wird den Teilnehmern Wissen rund um Finanzthemen wie Zertifikate, Versicherungen oder Anleihen vermittelt. Die 20 Teilnehmer an der Akademie erhalten ein Stipendium, so dass für sie keine Kosten entstehen. Weitere Informationen unter http://www.journalistik.uni-mainz.de/Finanzakademie.php

Netzwerk Recherche
Fortbildungen und Tagungen für Journalisten bietet auch regelmäßig Netzwerk Recherche an. Auf der Internetseite www.netzwerkrecherche.de können sich Interessierte auch Werkstätten als pdf herunterladen. Diese kosten nichts und widmen sich beispielsweise dem *Online-Journalismus* (nr-Werkstatt Nr. 18), dem *Presserecht* (nr-Werkstatt Nr. 19) oder *Journalismus und PR in Deutschland* (nr-Werkstatt Nr. 20).

Weitere Anbieter
Fortbildungsseminare bieten auch regelmäßig die Journalisten-Akademien der Friedrich-Ebert-Stiftung (http://journalistenakademie.fes.de/

seminare.php) und der Konrad Adenauer Stiftung (http://www.journalisten-akademie.com/) an. Auch bei der ARD.ZDF Medienakademie können Journalisten Seminare buchen. Die Medienakademie bietet aktuell beispielsweise ein Seminar Verbraucherthemen als Ereignisfernsehen an. Weitere Informationen unter: www.ard-zdf-medienakademie.de/AZM-Webseite.html

Internetseite zum Buch
Aktuelle Informationen zum Nutzwertjournalismus sowie Übungen und Lösungsvorschläge finden Sie auf der Internetseite zu diesem Buch unter www.verbraucherjournalismus.de.

9.4 Journalistenpreise und Stipendien

Inzwischen gibt es einige Journalistenpreise, die herausragenden Nutzwertjournalismus auszeichnen.

Helmut Schmidt Journalistenpreis
Die Auszeichnung wird seit 1996 an Journalisten für besondere Leistungen in der verbraucherfreundlichen Berichterstattung über Wirtschafts- und Finanzthemen verliehen. Der von der ING-Diba gestiftete Preis ist mit insgesamt 30.000 Euro dotiert. Die drei besten Beiträge werden mit 15.000, 10.000 und 5.000 Euro prämiert. Journalisten können Presseartikel, Fernseh- und Hörfunkbeiträge sowie Online-Veröffentlichungen deutschsprachiger Medien einreichen.
Weitere Informationen unter
www.helmutschmidtjournalistenpreis.de

Markenverband Verbraucherjournalistenpreis
Der Verbraucherjournalistenpreis des Markenverbands wird seit 2010 für herausragende Nutzwertberichterstattung verliehen. Der Preis zeichnet Journalisten aus, die alltagsrelevante Themen aus der Sicht des Verbrauchers umfassend und leicht verständlich erläutern. Jährlich wird ein aktuelles Verbraucherthema festgelegt, zu dem Journalisten Artikel einreichen können. Der Preis ist mit 17.500 Euro dotiert.
Weitere Informationen unter www.markenverband.de

Stipendien speziell für Nutzwertjournalisten gibt es nicht, wohl aber für verschiedene journalistische Projekte. Eine Liste an Stipendien für Journalisten listet Netzwerk Recherche (www.netzwerkrecherche.org) unter Stipendien & Preise auf.

Eine aktualisierte Liste von Ausbildungen und Fortbildungsmöglichkeiten sowie Journalistenpreisen und Stipendien finden Sie auch online.

Ausblick

Die Relevanz von Nutzwertjournalismus wird weiter steigen. Immer schneller kommen neue Smartphones, Software oder Fernseher auf den Markt. Die Gesellschaft atomisiert sich weiter. Die Folge: Kleine Gruppen entstehen, die sich Tipps zu ihrer speziellen Lebensform oder ihrem ausgefallenen Hobby wünschen. Die entscheidende Frage ist, wer diese Lebenshilfe künftig liefern wird.

In ausgedünnten Redaktionen lässt sich seriöser Nutzwertjournalismus sicher nicht umsetzen. Akribische Recherche erfordert Zeit, komplexe Themen Sachexpertise. An beidem mangelt es schon heute in vielen Redaktionen. Setzt sich diese Entwicklung fort, wird ausgewogener Verbraucherjournalismus unmöglich. Die fachlichen Anforderungen reduzieren einige Journalistenschulen bereits. Die früher so sakrosankt geforderten Studienabschlüsse und Auslandserfahrungen sind heute nicht mehr zwingend notwendig. Gefragt sind in Redaktionen vielmehr Leute, die bereit sind, für wenig Geld zu arbeiten. Doch ohne entsprechende Ausbildung fällt das Konzipieren valider Studien oder Tests schwer. Fehlende Recherche und mangelnde Sachexpertise sind der Tod für kritische Verbraucherberichterstattung.

Die Bredouille haben PR-Agenturen und Unternehmen erkannt. Sie bieten gut geschriebene Texte mit Tabellen und weiterem Zusatzmaterial zum Nulltarif und stoßen damit in eine offene Flanke. Einige Redaktionen veröffentlichen das Pressematerial eins zu eins in ihren Blättern, Hörfunkstationen senden die vorgefertigten Informationen. Telefonaktionen lassen sich viele Redaktionen heute komplett organisieren – Berichterstattung inklusive. Bezahlt wird der Service von Unternehmen und Verbänden. Schon heute werden hauptsächlich solche Verbraucherthemen berücksichtigt, für die sich zahlende Unternehmen und Verbände finden. Dieser Trend dürfte sich verstärken, wenn in Redaktionen weiter Personal abgebaut wird.

Verlage und Sender, die auf vorgefertigtes PR-Material zurückgreifen, bringen sich mittel- und langfristig um ihre Glaubwürdigkeit. Leser und Hörer sind nicht dumm. Sie werden auf Dauer kein Geld für oberflächlich recherchiertes oder von PR-Agenturen zugeschnittenes Material ausgeben.

Denn derartig aufbereitete Informationen liefert das Internet zuhauf zum Nulltarif.

Wer seinen Lesern und Zuschauern seriösen Nutzwert bieten möchte, muss diesen Bereich personell entsprechend ausstatten. Steht nicht mehr Geld für Personal zur Verfügung, lohnt es sich – sofern möglich –, die Kräfte in einigen Redaktionen anders zu bündeln. So investieren etwa Wirtschaftsredaktionen heute nach wie vor viel Energie in die Unternehmensberichterstattung und somit in Artikel, die Leser größtenteils ignorieren. Was spräche dagegen, einige Kollegen aus der Unternehmensberichterstattung oder dem Politikressort für Berichte aus der Perspektive von Verbrauchern einzuspannen? Ein Bericht über Lebensversicherungen bei historisch niedrigen Zinsen wird – so Ergebnisse der Leserforschung – häufiger gelesen als beispielsweise ein Interview mit einem Vorstand oder ein Bericht über Quartalszahlen. Von dem Thema Lebensversicherung ist schließlich ein Großteil persönlich betroffen. Für das Jahr 2013 zählte der Gesamtverband der Deutschen Versicherungswirtschaft 91,8 Millionen Verträge.

Zudem lohnt es sich, Abläufe in Redaktionen zu prüfen. Sind diese wirklich effizient oder ließen sie sich optimieren? Redakteure einfach auf kleinstem Raum in einem Newsroom zusammenzusetzen, bringt nicht automatisch mehr Effizienz. Organisationsstrukturen – Aufbau- und Ablauforganisationen – müssten entsprechend angepasst werden. Doch welche Verlage oder Sender in Deutschland setzen dies konsequent um?

Eine weitere relevante Frage ist, ob das aus dem angelsächsischen Journalismus importierte System des News und Editing wirklich effizient ist. Oft führt das Blattmachen, das Überarbeiten fremder Texte am Computer, bei Journalisten zu Frust. Vor allem dann, wenn sie nichts anderes mehr machen. Denn mit dem Berufsbild des Journalisten, der recherchiert und Texte schreibt, haben die Aufgaben des Blattmachers nichts gemein. Wäre der Output bei wechselnden Schichten größer, weil die Redakteure stärker motiviert wären? Etliche Regionalzeitungen arbeiten erfolgreich nach diesem Prinzip.

Redaktionen reden seit vielen Jahren darüber, dass sich die tägliche Zeitung zu einem Magazin wandeln muss – mehr Hintergrund und Nutzwert. Wer diesen Absichtserklärungen Taten folgen lassen möchte, muss sein Personal anders einsetzen. Zu viel Energie fließt in Berichterstattung, die auch Nachrichtenagenturen liefern. Daher sollten Redakteure ihre Zeit verstärkt in Hintergrund und Nutzwert investieren. Viel wäre ohne großen Aufwand mit einem Perspektivwechsel gewonnen. So sollten sich Redakteure bei jeder Nachricht die Frage stellen, ob sich daraus Konsequenzen für den Leser ergeben. Welche Fragen könnte er sich stellen? Wer diese beantwortet, verdeutlicht, dass auch abstrakte Themen für Leser relevant sind. Den Mediennutzer mit Informationen zu versorgen, damit er das Beste für sich herausholen kann, ist Nutzwert par excellence. Ein Journalismus aus der Perspektive der Verbraucher ist besserer Journalismus. Denn relevant ist nicht, was den Redakteur interessiert, sondern den Leser – zumindest dann, wenn der Journalismus wirtschaftlich erfolgreich soll.

Ohnehin stellt sich die Frage, welche Redaktion sich kritischen Verbraucherjournalismus künftig leisten kann. Der Druck von Unternehmen bei kritischer Berichterstattung wird weiter steigen, ebenso wie die Androhungen, Anzeigen zu streichen. Die Konsolidierung in den Medien und im Verbraucherjournalismus wird voranschreiten. Schon heute haben Pressedienste wie die Deutschen Journalistendienste (djd) oder das Medienunternehmen Biallo großen Einfluss. Allein Horst Biallo beliefert mit seinem Team nach eigenen Angaben regelmäßig 100 Tages- und Wochenzeitungen mit Texten, Tabellen und Infografiken. Dieser Trend wird angesichts unterbesetzter Redaktionen zunehmen. Auch wird der Einfluss von PR-Agenturen steigen. In diesem Umfeld werden Medien mit hoher Glaubwürdigkeit wie beispielsweise TEST oder FINANZTEST an Bedeutung gewinnen.

Ebenso wie das Internet. Das Medium ist prädestiniert, individualisierten Nutzwert zu liefern. Rechner und entsprechende Darstellungsformen ermöglichen dies bereits heute. Genutzt werden diese Möglichkeiten von Verlagen bislang unzureichend. Denn auch die Rechner auf der Internetseite sollten nach journalistischen, nicht ausschließlich nach betriebswirtschaftlichen Kriterien ausgewählt werden.

Es stellt sich die Frage, wie sich Journalismus künftig finanzieren lässt. Noch gibt es in Deutschland mehr als 300 Tageszeitungen. Sind Leute bereit, für seriös recherchierte Beiträge Geld zu bezahlen? Wie kommt die wachsende Zahl an Paid-Content-Angeboten bei den Kunden an? Die NEW YORK TIMES liefert erfolgreiche Zahlen aus ihrem Geschäft mit Bezahlinhalten. Es darf aber bezweifelt werden, dass die Skaleneffekte hier ausreichend groß sind, wenn jeder Verlag in Deutschland, in der Schweiz und Österreich seine eigene Strategie umsetzt. Über Zusammenschlüsse ließe sich effizienter wirtschaften. Das wäre auch eine mögliche Strategie für eine seriöse Verbraucherberichterstattung. Wenn die aufwändige Recherche für nutzwertige Berichterstattung nicht mehr bezahlbar ist, sollten sich mehrere Medien zusammenschließen. Denn PR als journalistische Inhalte zu verkaufen, ist keine Lösung.

Wenn Medien die Recherche vernachlässigen und PR-Material veröffentlichen, verlieren sie ihr wertvollstes Gut, ihre Glaubwürdigkeit. Bereits heute ist die Sensibilität dafür, woher Informationen stammen und wie diese einzuordnen sind, bei Leuten, die mit dem Internet aufgewachsen sind, wenig ausgeprägt. Daher wäre es nur folgerichtig, wenn sie sich künftig über Foren oder direkt bei den Anbietern informieren, bevor sie etwas kaufen. Eventuell investieren sie auch ein paar Euro und laden sich die Ergebnisse der Stiftung Warentest herunter. In diesem Fall wissen sie, dass sie seriös recherchierte Informationen bekommen. Andere Medien machen sich mit dem Abdrucken von PR-Inhalten überflüssig.

Literatur

Empfohlene Literatur

Bleher, Christian (2011): Das Feature. Journalistenwerkstatt. Salzburg-Eugendorf: Medienfachverlag Oberauer.
Eickelkamp, Andreas (2011): Der Nutzwertjournalismus. Köln: Herbert von Halem Verlag.
Fricke, Ernst (2010): Recht für Journalisten. Konstanz: UVK.
Grabowski, Peter (2010): Fact-Checking. Journalistenwerkstatt. Salzburg-Eugendorf: Medienfachverlag Oberauer.
Haller, Michael (2008): Recherchieren. Konstanz: UVK.
Hallmann, Barbara (2014): Themen finden. Konstanz: UVK.
Häusermann, Jürg (2011): Journalistisches Texten. Konstanz: UVK.
Heijnk, Stefan (2011): Texten fürs Web. Heidelberg: dpunkt.verlag.
Hündgen, Markus (2012): Tipps & Tricks Webvideo. Journalistenwerkstatt. Salzburg-Eugendorf: Medienfachverlag Oberauer.
Kremer, Simon (2011): Die Multimedia-Reportage. Journalistenwerkstatt. Salzburg-Eugendorf: Medienfachverlag Oberauer.
Küpper, Norbert (2002): Werkstatt Infografik. Salzburg-Eugendorf: Medienfachverlag Oberauer.
Lampert, Marie; Wespe, Rolf (2013): Storytelling für Journalisten. Konstanz: UVK.
Langer, Ulrike; Schwindt, Annette (2011): Social Media. Journalistenwerkstatt. Salzburg-Eugendorf: Medienfachverlag Oberauer.
Leif, Thomas (Hrsg.) (2010): Trainingshandbuch Recherche. Wiesbaden: VS-Verlag.
Lilienthal, Volker (2014): Recherchieren. Konstanz: UVK.
Linden, Peter; Bleher, Christian (2012): Themen finden. Journalistenwerkstatt. Salzburg-Eugendorf: Medienfachverlag Oberauer.
Mast, Claudia (Hrsg.) (2012): ABC des Journalismus. Ein Handbuch. Konstanz: UVK.
Matzen, Nea (2014): Onlinejournalismus. Konstanz: UVK.
Müller, Sandra (2014): Radio machen. Konstanz: UVK.

Podcast Medienrecht (2009): Schleichwerbung in Testberichten, Folge 23. Unter: http://podcast-medienrecht.podspot.de/post/podcast-medienrecht-folge-23-schleichwerbung-in-testberichten-1/#comment589282, zuletzt aufgerufen am 16.08.2014.

Reiter, Markus; Sommer, Steffen (2009): Perfekt schreiben. München: Carl Hanser Verlag.

Reiter, Markus (2009): Überschrift, Vorspann, Bildunterschrift. Konstanz: UVK.

Seibt, Constantin (2012): Shitdetector reloaded: Thesen zu Thesen. Unter: Deadline, http://blog.tagesanzeiger.ch/deadline/index.php/2232/shitdetector-reloaded-thesen-zu-thesen/, zuletzt aufgerufen am 16.08.2014.

Soehring, Jörg (2010): Presserecht. Köln: Dr. Otto Schmidt Verlag.

Werner, Horst (2009): Fernsehen machen. Konstanz: UVK.

Wolff, Volker (2011): Zeitungs- und Zeitschriftenjournalismus. Konstanz: UVK.

Wolff, Volker; Reckinger, Gabriele (Hrsg.) (2011a): Finanzjournalismus. Konstanz: UVK.

Zitierte Literatur

Allensbacher Markt- und Werbeträgeranalyse (AWA), 2011.

Allensbacher Markt- und Werbeträgeranalyse (AWA), 2014.

Disselhoff, Felix (2011): Helmut Markwort: Ich glaube ans Radio. Unter: Meedia.de, 08.12.2011, http://meedia.de/print/helmut-markwort-ich-glaube-ans-radio/2011/12/08.html, aufgerufen am 16.08.2014.

Dohms, Heinz-Roger; Krüger, Anja (2012): Was Vergleichsportale leisten – und was nicht. Unter: Stern.de, 31.05.2012, www.stern.de/wirtschaft/news/check24-verivox-und-co-was-vergleichsportale-leisten-und-was-nicht-1833807.html, zuletzt aufgerufen am 16.08.2014.

Donsbach, Wolfgang (1993): Journalismus versus journalism – ein Vergleich zum Verhältnis von Medien und Politik in Deutschland und in den USA. In: Donsbach, Wolfgang; Jarren, Otfried; Kepplinger, Hans Mathias; Pfetsch, Barbara (Hrsg.) (1993): Beziehungsspiele – Medien und Politik in der öffentlichen Diskussion. Gütersloh: Bertelsmann, Seiten 283–315.

Donsbach, Wolfgang; Jarren, Otfried; Kepplinger, Hans Mathias; Pfetsch, Barbara (Hrsg.) (1993): Beziehungsspiele – Medien und Politik in der öffentlichen Diskussion. Gütersloh: Bertelsmann.

Dorer, Johanna; Lojka, Klaus (Hrsg.) (1996): Öffentlichkeitsarbeit. Theoretische Ansätze, empirische Befunde und Berufspraxis der Public Relations. Wien: Wilhelm Braumüller.

dpa (2014): Zahlen und Fakten. Unter: http://www.dpa.de/Zahlen-Fakten.53.0.html, zuletzt aufgerufen am 16.08.2014.

Eberl, Matthias (2008): Typologie der Audioslideshow. Unter: http://rufposten.de/weblog/Journalismus/Theorie/typologie_audioslideshow.html, zuletzt aufgerufen am 16.08.2014.

Eickelkamp, Andreas (2004): Was ist Nutzwertjournalismus? In: Fasel, Christoph (2004): Nutzwertjournalismus. Konstanz: UVK, Seiten 14–20.

Eickelkamp, Andreas (2011): Der Nutzwertjournalismus. Köln: Herbert von Halem Verlag.

Einstein, Albert (1965): Briefe an Maurice Solovine. Faksimile-Wiedergabe von Briefen aus den Jahren 1906 – 1955. Paris: Gauthier-Villars.

Erlinger, Hans Dieter; Foltin, Hans-Friedrich (Hrsg.) (1994): Geschichte des Fernsehens in der Bundesrepublik Deutschland. Band 4. Unterhaltung, Werbung und Zielgruppenprogramme. München: Wilhelm Fink Verlag.

Esser, Frank (1999): Gehemmter Investigativgeist. In: Message 2/1999, Seiten 26–31.

Fasel, Christoph (2004): Nutzwertjournalismus. Konstanz: UVK.

Fasel, Christoph (2008): Textsorten. Konstanz: UVK.

Flache, Udo (1963): Feature: Der charakteristische Zug. München: Praktischer Journalismus.

Francioni, Reto (2011): Ordentliche Hauptversammlung Deutsche Börse AG, 12.05.2011. Unter: http://deutsche-boerse.com/dbg/dispatch/de/binary/gdb_content_pool/imported_files/public_files/10_downloads/18_Annual_General_Meeting/2011/Speech_AGM2011_Francioni.pdf, Seite 11.

Fricke, Ernst (2010): Recht für Journalisten. Konstanz: UVK.

Giesler, Martin (2012): Wie man einen Beitrag baut. Unter: http://martingiesler.de/2012/04/wie-man-einen-beitrag-baut/, zuletzt aufgerufen am 16.08.2014.

Globalwebindex (2012): Twitter-Nutzung in Deutschland. Unter: https://globalwebindex.net/wp-content/uploads/downloads/2013/02/Twitter_GWI_2013.pdf, zuletzt aufgerufen am 16.08.2014.

Gross, Peter (1994): Die Multioptionsgesellschaft. Frankfurt am Main: Suhrkamp Verlag.

Haller, Michael (2010): Nötig ist ein Perspektivwechsel hin zu den Lesern. In: Wolf, Fritz (Hrsg.) (2010): Salto Lokale. Zur Lage des Lokaljournalismus. 15. Mainzer Mediendisput. Hardert: MGS Marketing GmbH, Seiten 41–43.

Haller, Michael (1999): Die Überschrift. In: Sage & Schreibe Werkstatt. Beilage zu: Journalist 9/1999, Seiten 10–11.

Haller, Michael (1997): Die Reportage. Konstanz: UVK.

Hallmann, Barbara (2014): Themen finden. Konstanz: UVK.

Hartmann, Kathrin (2011): Cocooning mit Misthaufen. In: Frankfurter Rundschau, 01.05.2011.

Heijnk, Stefan (2011): Texten fürs Web. Heidelberg: dpunkt.verlag.

Hesseling, Claus: Schreiben fürs Netz Spickzettel. Unter: http://www.claushesseling.de/netzprotokolle/wp-content/uploads/2011/07/webwriting_cheatsheet_de.pdf, zuletzt aufgerufen am 16.08.2014.

Holtz-Bacha; Scherer, Helmut; Waldmann, Norbert (Hrsg.) (1998): Wie die Medien die Welt erschaffen und wie die Menschen darin leben. Opladen: Westdeutscher Verlag.

Hömberger, Walter; Neuberger, Christoph (1995): Experten des Alltags. Ratgeberjournalismus und Rechercheanzeigen. Eichstätt: Eichstätter Materialien zur Journalistik.

Horn, Norbert; Piepenbrock, Hartwig (Hrsg.) (1986): Vergleichender Warentest. Lech: Verlag Moderne Industrie.

Hüttenrauch, Roland (1986): Zur Methodik des vergleichenden Warentests. In: Horn, Norbert; Piepenbrock, Hartwig (Hrsg.) (1986): Vergleichender Warentest. Lech: Verlag Moderne Industrie, Seiten 13–21.

Jarvis, Jeff (2007): New rule: Cover what you do best. Link to the rest. In: Buzz Machine, 22.02.2007.

Kahl, Annett; Mende, Annette; Neuwöhner, Ulrich (2012): Webangebote unterstützen Bindung und Nutzung des Radios. In: Media Perspektiven (7–8/2012), Seiten 397–403.

Kamann, Melanie; Neverla, Irene (2007): Ratgeber Tageszeitung. Angebote und Perspektiven des Nutzwertjournalismus. In: Institut für Journalistik der TU Dortmund (Hrsg.) (2007): Journalistik Journal 2/2007, S. 9.

Kepplinger, Hans Mathias (1998): Der Nachrichtenwert der Nachrichtenfaktoren. In: Holtz-Bacha; Scherer, Helmut; Waldmann, Norbert (Hrsg.) (1998): Wie die Medien die Welt erschaffen und wie die Menschen darin leben. Opladen: Westdeutscher Verlag, Seiten 19–31.

La Roche, Walther von (1995): Einführung in den praktischen Journalismus. München: List Verlag.

Lampert, Marie; Wespe, Rolf (2012): Storytelling für Journalisten. Konstanz: UVK.
Langenbucher, Wolfgang; Glotz, Peter (1993): Der missachtete Leser: zur Kritik der deutschen Presse. München: Verlag Reinhard Fischer.
Langer, Inghard; Schulz von Thun, Friedemann; Tausch, Reinhard (2011): Sich verständlich ausdrücken. München: Ernst Reinhardt Verlag.
Lilienthal, Volker (2014): Recherchieren. Konstanz: UVK.
Lippmann, Walter (1922): Public Opinion. New York.
Mast, Claudia (Hrsg.) (2012): Neuorientierung im Wirtschaftsjournalismus. Redaktionelle Strategien und Publikumserwartungen. Wiesbaden: VS Verlag.
Mast, Claudia (2011): Zeitungsjournalismus im Internetzeitalter. Umfragen und Analysen. Berlin: Lit Verlag.
Mast, Claudia (Hrsg.) (2008): ABC des Journalismus. Ein Handbuch. Konstanz: UVK.
Miller, George Armitage (1956): The magical number seven, plus or minus two: Some limits on our capacity for processing information. In: Psychological Review. 63, 1956, S. 81–97.
Müller, Sandra (2011): Radio machen. Konstanz: UVK.
Neumann-Bechstein, Wolfgang (1994): Lebenshilfe durch Fernsehratgeber. In: Erlinger, Hans Dieter; Foltin, Hans-Friedrich (Hrsg.) (1994): Geschichte des Fernsehens in der Bundesrepublik Deutschland. Band 4. Unterhaltung, Werbung und Zielgruppenprogramme. München: Wilhelm Fink Verlag, Seiten 243–278.
Nielsen, Jakob (1997a): Changes in Web Usability since 1994. Unter: http://www.nngroup.com/articles/changes-in-web-usability-since-1994/, zuletzt aufgerufen am 16.08.2014.
Nielsen, Jakob (1997b): How Users Read on the Web. Unter: http://www.nngroup.com/articles/how-users-read-on-the-web/, zuletzt aufgerufen am 16.08.2014.
Nielsen, Jakob; Pernice, Kara (2009): Eyetracking, Web Usability. Berkeley: New Riders.
k. A. (2013): Berufsunfähigkeitsversicherungen. Unter: wiso.de, 21.10.2013, http://www.zdf.de/ZDFmediathek/beitrag/video/2103912/WISO-Sendung-vom-17.-Maerz-2014#/beitrag/video/2009398/Berufsunf%C3%A4higkeitsversicherungen, zuletzt aufgerufen am 16.08.2014.
Presserat (2013): Übersicht der Rügen. Unter: http://www.presserat.de/pressekodex/uebersicht-der-ruegen/, zuletzt aufgerufen am 16.08.2014.

Prinz, Matthias; Peters, Butz (1999): Medienrecht – Die zivilrechtlichen Ansprüche. München: C. H. Beck.

Pörksen, Uwe (2004): Plastikwörter. Stuttgart: Klett-Cotta.

Rager, Günther (2010): Was los ist in der Stadt, sollte ich aus der Zeitung erfahren. In: Wolf, Fritz (Hrsg.) (2010): Salto Lokale. Zur Lage des Lokaljournalismus. 15. Mainzer Mediendisput. Hardert: MGS Marketing GmbH, Seiten 43–45.

Reiners, Ludwig (2001): Stilfibel. Der sichere Weg zum guten Deutsch. München: C. H. Beck.

Reiter, Markus (2009): Überschrift, Vorspann, Bildunterschrift. Konstanz: UVK.

Ruß-Mohl, Stefan (1996): Öffentlichkeitsarbeit ante portas. In: Dorer, Johanna; Lojka, Klaus (Hrsg.) (1996): Öffentlichkeitsarbeit. Theoretische Ansätze, empirische Befunde und Berufspraxis der Public Relations. Wien: Wilhelm Braumüller, Seiten 193–196.

Samland, Bernd (2009): Endmark Claim Studie 2009. Unter: http://www.markenlexikon.com/texte/endmark_claim-studie_2009.pdf, zuletzt aufgerufen am 16.08.2014.

Scheimann, Thorsten (2011): Immer schneller neuer. In: Tagesspiegel, 10.04.2011.

Schopenhauer, Arthur (2008): Aber die Sprache lasst unbesudelt. Waltrop: Manuscriptum Verlagsbuchhandlung.

Schulz, Roland (2012): Die Packungsbeilage. In: Süddeutsche Magazin (26/2012).

Schulz, Winfried (1976): Die Konstruktion von Realität in den Nachrichtenmedien. München.

Schuster, Thomas (2004): Märkte und Medien. Wirtschaftsnachrichten und Börsenentwicklungen. Konstanz: UVK.

Seibt, Constantin (2013): Shitdetector reloaded: Thesen zu Thesen. Unter: Deadline, http://blog.tagesanzeiger.ch/deadline/index.php/2232/shitdetector-reloaded-thesen-zu-thesen/, 04.01.2013, zuletzt aufgerufen am 16.08.2014.

Soehring, Jörg (2010): Presserecht. Stuttgart: Schäffer-Poeschel Verlag.

Weischenberg, Siegfried; Malik, Maja; Scholl, Armin (2006): Die Souffleure der Mediengesellschaft. Konstanz: UVK.

Werner, Horst (2009): Fernsehen machen. Konstanz: UVK.

Wiegand, Markus (2013): Noten für die Wirtschaftspresse. In: Wirtschaftsjournalist (3/2013), Seiten 24–29.

Wolf, Fritz (Hrsg.) (2010): Salto Lokale. Zur Lage des Lokaljournalismus. 15. Mainzer Mediendisput. Hardert: MGS Marketing GmbH.

Wolff, Volker (2011): Zeitungs- und Zeitschriftenjournalismus. Konstanz: UVK.

Wolff, Volker; Reckinger, Gabriele (Hrsg.) (2011a): Finanzjournalismus. Konstanz: UVK.

Verband Deutscher Zeitschriftenverleger (VDZ) (2013): Kennzahlen der deutschen Zeitschriftenbranche. Unter: http://www.vdz.de/branche-branchendaten-zeitschriftenbranche/, aufgerufen am 16.08.2014.

Verband Deutscher Zeitschriftenverleger (VDZ) (2014): Zeitschriftenbranche erwartet stabiles Jahr. Unter: http://www.vdz.de/presse-single-news/news/zeitschriftenbranche-erwartet-stabiles-jahr-gestuetzt-auf-relevanz-erfolgreiche-neugruendungen-und/, aufgerufen am 16.08.2014.

Bildnachweis

Kapitel 1
(Seite 24)
Stockrahm, Sven (2012): Geldgeber bestimmen den Kampf gegen Malaria. Unter: Zeit Online, 25.04.2012, http://www.zeit.de/wissen/gesundheit/2012-04/malaria-erfolge-bilanz, zuletzt aufgerufen am 16.08.2014.
(Seite 25)
Heißmann, Nicole (2007): Wege aus der Jojo-Falle. Unter: Stern.de, 7.03.2007, http://www.stern.de/wissen/uebergewicht-und-diaeten-wege-aus-der-jojo-falle-584051.html, zuletzt aufgerufen am 16.08.2014.
(Seite 25)
k. A. (2008): Habe ich eine Esssörung? Unter: Stern.de, 14.04.2008, http://www.stern.de/gesundheit/ernaehrung/test/gesundheits-check-habe-ich-eine-essstoerung-617227.html, zuletzt aufgerufen am 16.08.2014.
(Seite 26)
Martens, Christin (2012): Euro-Krise schmilzt Altersvorsorge! Unter: Bild.de, 23.07.2012, http://www.bild.de/geld/wirtschaft/euro-krise/euro-krise-schrumpft-altersvorsorge-25284850.bild.html, zuletzt aufgerufen am 16.08.2014.
(Seite 26)
Martens, Christin (2011): Totales Wirrwarr um Riester-Rente. Unter: Bild.de, 29.11.2011, http://www.bild.de/geld/sparen/riester-rente/rendite-erwartung-mann-frau-rechnung-21287564.bild.html, zuletzt aufgerufen am 16.08.2014.
(Seite 26)
k. A. (2011): Diese Prämien gibt's für Azubis vom Staat. Unter: Bild.de, 12.07.2011, http://www.bild.de/geld/sparen/ausbildung/praemie-staat-azubi-jahr-euro-18797954.bild.html, zuletzt aufgerufen am 16.08.2014.

(Seite 26)
Martens, Christin (2011): Riester-Rente lohnt sich nicht. Unter: Bild.de, 21.11.2011, http://www.bild.de/geld/versicherungen/riester-rente/miese-bilanz-von-wirtschafts-experten-21146508.bild.html, zuletzt aufgerufen am 16.08.2014.

Kapitel 3
(Seite 44)
k. A.: Was passiert, wenn der Arm abgerissen wird? Unter: Bild.de, 20.08.2013, http://www.bild.de/news/ausland/amputation/was-passiert-bei-hai-attacke-31910176.bild.html, zuletzt aufgerufen am 16.08.2014.
(Seite 45)
Oberhuber, Nadine; Uken, Marlies; Venohr, Sascha (2013): Reine Raffgiert. Unter: Zeit Online, 11.07.2014, http://www.zeit.de/2013/29/banken-dispo-zinsen-wucher, zuletzt abgerufen am 16.08.2014.
(Seite 47)
Wolz, Lena (2012): Ein Abschied auf Raten. Unter: Stern.de, 31.01.2012, http://www.stern.de/gesundheit/diagnose-alzheimer-ein-abschied-auf-raten-1780374.html, zuletzt aufgerufen am 16.08.2014.
(Seite 48)
k. A. (2011): Online-Test: Überprüfen Sie Ihr Schlaganfall-Risiko. Unter: Stern.de, 7.09.2011.
(Seite 48)
k. A. (2013): Genetisches Brustkrebsrisiko: Wann eine vorbeugende Amputation sinnvoll ist. Unter: Spiegel Online, 14.05.2013, http://www.spiegel.de/gesundheit/diagnose/brustkrebsrisiko-wann-eine-vorbeugende-amputation-sinnvoll-ist-a-899712.html, aufgerufen am 16.08.2014.
(Seite 50)
Sievers, Anne-Christin (2012): Was bringt der neue Pflege-Riester? Unter: Faz.net, 6.06.2012, www.faz.net/aktuell/finanzen/meine-finanzen/private-pflegeversicherung-was-bringt-der-neue-pflege-riester-11776274.html, zuletzt aufgerufen am 16.08.2014.
(Seite 51)
Reimann, Annina (2013): Was Lebensversicherungen ohne Garantiezins taugen. Unter: Wiwo.de, 30.07.2013, http://www.wiwo.de/finanzen/vorsorge/neue-policen-was-lebensversicherungen-ohne-garantiezins-taugen-seite-all/8550932-all.html, zuletzt aufgerufen am 16.08.2014.

(Seite 51)
Kleinlein, Axel (2013): Was Kunden über die neue Allianz-Rente wissen sollten. Unter: Handelsblatt.com, 17.08.2013, www.handelsblatt.com/meinung/kolumnen/kurz-und-schmerzhaft/kleinleins-klartext-was-kunden-ueber-die-neue-allianz-rente-wissen-sollten/8650308.html, zuletzt aufgerufen am 16.08.2014.

(Seite 51)
Albrecht, Daniel (2014): Mit Fitness-Apps zur Traumfigur. Unter: Chip.de, 23.04.2014, http://www.chip.de/artikel/Die-besten-Fitness-Apps-fuer-Android-und-iPhone_62582540.html, zuletzt aufgerufen am 16.08.2014.

(Seite 52)
Horschke, Katharina (2014): Erfrischung pur: Die besten Eiscafés in Leipzig. Unter: Prinz.de/leipzig, 26.03.2014, prinz.de/leipzig/artikel/114698-erfrischung-pur-die-besten-eiscafes-leipzig/, zuletzt aufgerufen am: 16.08.2014.

(Seite 52)
Schreiber, Jörg (2014): Wechsel des Stromanbieters: Ein Bonus mit Tücken. Unter: swp.de, 24.03.2014, www.swp.de/ulm/nachrichten/wirtschaft/Wechsel-des-Stromanbieters-Ein-Bonus-mit-Tuecken;art4325,2516849, zuletzt aufgerufen am 16.08.2014.

(Seite 53)
Fuest, Benedikt (2014): So beantragen Sie die Löschung von Daten bei Google. Unter: Welt.de, 30.05.2014, www.welt.de/wirtschaft/webwelt/article128557505/So-beantragen-Sie-die-Loeschung-von-Daten-bei-Google.html, zuletzt aufgerufen am 16.08.2014.

(Seite 53)
Gräber, Berrit (2014): Schnell noch Taxifahrer werden. Unter: Süddeutsche.de, 10.01.2014, http://www.sueddeutsche.de/geld/studium-und-steuern-schnell-noch-taxifahrer-werden-1.1859756, zuletzt aufgerufen am 16.08.2014.

(Seite 54)
Küstner, Kai (2013): Bahn muss bei höherer Gewalt zahlen. Unter: Tagesschau.de, 26.09.2013, www.tagesschau.de/wirtschaft/bahn-urteil100.html, zuletzt aufgerufen am 16.08.2014.

(Seite 55)
k.A. (2012): Wie erbe ich richtig? Unter: Bild.de, 31.05.2012, http://www.bild.de/ratgeber/verbrauchertipps/erbschaft/jeder-fuenfte-erbt-mehr-100000-euro-24417532.bild.html, zuletzt aufgerufen am 16.08.2014.

(Seite 55)
Wilke, Dörte (2012): Joggen verlängert das Leben. Unter: fitforfun.de, http://www.fitforfun.de/sport/laufen/jetzt-bewiesen-joggen-verlaengert-das-leben_aid_12359.html, zuletzt aufgerufen am 16.08.2014.

(Seite 55)
Ebmeyer, Gunnar; Wessinghage, Thomas (2012): Lauftraining für Anfänger und Fortgeschrittene. Unter: www.fitforfun.de/sport/laufen/laufen-fuer-anfaenger/von-0-auf-10-kilometer/lauftraining_aid_4073.html, zuletzt aufgerufen am 16.08.2014.

(Seite 56)
Schnitzler, Katja (2012): Wie bereiten Eltern den Kindergeburtstag richtig vor? Unter: Süddeutsche.de, 6.06.2014, www.sueddeutsche.de/leben/kinderparty-planen-wie-bereiten-eltern-den-kindergeburtstag-richtig-vor-1.1352390, zuletzt aufgerufen am 16.08.2014.

(Seite 59)
Scherch, Christiane (2013): Aktiv in den Frühling: Wir zeigen die besten Sport-Apps. Unter: www.brigitte.de/figur/fitness-fatburn/sport-apps-1162386/, zuletzt aufgerufen am 16.08.2014.

(Seite 59)
Griemsehl, Melanie (2009): Fit in den Frühling. Unter: www.brigitte.de/figur/fitness-fatburn/laufen-ausdauer/fit-fruehling-1008129/, zuletzt aufgerufen am 16.08.2014.

(Seite 59)
k. A. (2014): Das ist gut für Körper und Seele. Unter: http://www.brigitte.de/gesund/gesundheit/gut-fuer-koerper-und-seele-1189762/, zuletzt aufgerufen am 16.08.2014.

(Seite 60)
Reiche, Lutz (2011): »Versicherer haben nicht viel dazugelernt«. Unter: manager-magazin.de, 28.09.2011, http://www.manager-magazin.de/finanzen/versicherungen/a-788788.html, zuletzt aufgerufen am 16.08.2014.

(Seite 61)
Teevs, Christian (2012): Teures Gesundheitssystem: Privatversicherten droht Beitragsschock. Unter: Spiegel Online, 13.11.2012, www.spiegel.de/wirtschaft/unternehmen/pkv-krankenversicherungen-erhoehen-beitraege-a-866766.html, zuletzt aufgerufen am 16.08.2014.

(Seite 61)
Dignös, Eva (2014): »Eine Vorsorgevollmacht macht immer Sinn«. Unter: Süddeutsche.de, 16.07.2014, www.sueddeutsche.de/gesundheit/

vorsorge-fuer-den-notfall-eine-vorsorgevollmacht-macht-immer-sinn-1.2032046, zuletzt aufgerufen am 16.08.2014.
(Seite 62)
k. A. (2013): Was darf der Chef in puncto Urlaub? Unter: Zeit Online, 1.08.2013, http://www.zeit.de/karriere/2013-07/quiz-urlaub-karriere, zuletzt aufgerufen am 16.08.2014.

Kapitel 4
(Seite 73)
Pardey, Hans-Heinrich (2013): Angekommen in der Nische. In: FAZ, 2.09.2013.
(Seite 78)
k. A. (2009): Müssen wir uns diesen Namen merken? In: Bild, 10.02.2009.
(Seite 78)
k. A. (2009): In eigener Sache: Falscher Wilhelm bei Minister Guttenberg. Unter: Spiegel Online, 11.02.2009, www.spiegel.de/politik/deutschland/in-eigener-sache-falscher-wilhelm-bei-minister-guttenberg-a-606912.html, zuletzt aufgerufen am 16.08.2014.
(Seite 83)
OTZ (2014): Wenn deutsche Autofahrer im Ausland geblitzt werden. Unter: otz.de. Unter: http://www.otz.de/web/zgt/leben/detail/-/specific/Wenn-deutsche-Autofahrer-im-Ausland-geblitzt-werden-806733621, zuletzt aufgerufen am 16.08.2014.
(Seite 83)
ARAG (2014): Bußgelder im Ausland und wie Sie sich verhalten sollten. Unter: http://www.arag.de/rund-ums-recht/rechtstipps-und-urteile/auto-und-verkehr/04265/, zuletzt aufgerufen am 16.08.2014.
(Seite 84)
k. A. (2014): Endlich Urlaub – doch wohin mit Bello? Unter: MAZ.de, 6.08.2014, http://maz-verlag.de/endlich-urlaub-doch-wohin-mit-bello/, zuletzt aufgerufen am 16.08.2014.
(Seite 84)
ARAG (2014): Im Urlaub – wohin mit Bello? Unter: http://www.arag.de/rund-ums-recht/rechtstipps-und-urteile/reise-und-freizeit/07496/, zuletzt aufgerufen am 16.08.2014.
(Seite 85)
djd (2014): Wie arbeitet der PR_Dienstleister djd? Unter: https://www.djd.de/pressedienst-fuer-verbraucherthemen.html#jfmulticontent_c314-3, zuletzt aufgerufen am 16.08.2014.

(Seite 91)
Brandstetter, Barbara (2013): Steuerexperten beantworten Ihre Fragen. In: Berliner Morgenpost, 23.01.2013.

(Seite 91)
Brandstetter, Barbara (2013): Experten beantworten heute Ihre Fragen zur Steuererklärung. In: Berliner Morgenpost, 24.01.2013.

(Seite XX)
k. A. (2012). Teilnahmebedingungen und Ablauf der Aktion. Unter: Westfälische Nachrichten, 15.11.2012, http://www.wn.de/Welt/Wirtschaft/Vermoegens-Check/Vermoegens-Check-Teilnahmebedingungen-und-Ablauf-der-Aktion, zuletzt aufgerufen am 16.08.2014.

(Seite 94)
Schwarz, Peter (2013): Vermögenscheck 2013: Auf der Suche nach Rendite. Unter: vdi-nachrichten.com, 11.01.2013, http://www.vdinachrichten.com/Technik-Finanzen/Vermoegens-Check-2013-Auf-Suche-Rendite-Nr-2, zuletzt aufgerufen am 16.08.2014.

Kapitel 5

(Seite 101)
k. A. (2013): Gepflegte Füße: Sieben Fragen & Antworten. Unter: http://www.brigitte.de/beauty/haut/gepflegte-fuesse-1164805/, zuletzt aufgerufen am 16.08.2014.

(Seite 101)
Seibel, Karsten (2014): Wie werden bei der IBAN Fehlbuchungen verhindert? Unter: Welt.de, 31.07.2014, http://www.welt.de/finanzen/verbraucher/article130726528/Wie-werden-bei-der-IBAN-Fehlbuchungen-verhindert.html, zuletzt aufgerufen am 16.08.2014.

(Seite 102)
Heidenreich, Ralf (2013): Mieter können einiges an Heizkosten sparen. In: Allgemeine Zeitung, 7.09.2013. Unter: http://www.allgemeine-zeitung.de/wirtschaft/wirtschaft-regional/mieter-koennen-einiges-an-heizkosten-sparen_13422121.htm, zuletzt aufgerufen am 16.08.2013.

(Seite 104)
k. A. (2013): Mehr Geld für den Notar. Unter: Stuttgarter-Zeitung.de, 19.08.2013, http://www.stuttgarter-zeitung.de/inhalt.kaufnebenkosten-mehr-geld-fuer-den-notar.05c3ef3c-a86b-43c0-902d-50f2a367e5d6.html, zuletzt aufgerufen am 16.08.2014.

(Seite 109)
Scherff, Dyrk (2004): Reich in Rente. In: Frankfurter Allgemeine Sonntagszeitung, 11.05.2004.

(Seite 111)
Reinsch, Ina (2014): Darf ich im neuen Job gleich in Elternzeit? Unter: Süddeutsche.de, 13.07.2014, http://www.sueddeutsche.de/karriere/frage-an-den-sz-jobcoach-darf-ich-im-neuen-job-gleich-in-elternzeit-1.2043208, zuletzt aufgerufen am 16.08.2014.

(Seite 112)
Dr.-Sommer-Team (2014): Extreme Regelschmerzen. Unter: Bravo.de, 28.04.2014, http://www.bravo.de/dr-sommer/koerper-gesundheit/extreme-regelschmerzen, zuletzt aufgerufen am 16.08.2014.

(Seite 113)
k. A. (2010): Checkliste für die Studio-Auswahl. Unter: Süddeutsche.de, 19.05.2010, http://www.sueddeutsche.de/wirtschaft/ueberraschungen-vermeiden-checkliste-fuer-die-studio-auswahl-1.899326, zuletzt aufgerufen am 16.08.2014.

(Seite 113)
k. A.: Nicht vergessen! Unter: http://www.brigitte.de/liebe/hochzeit/hochzeit-nl-last-minute-liste-559489/, zuletzt aufgerufen am 16.08.2014.

(Seite 114)
k. A. (2013): Ist mein Kind fit für die Schule? Unter: Focus.de, 26.07.2013, http://www.focus.de/familie/schule/schulstart/checkliste-fuer-eltern-ist-mein-kind-fit-fuer-die-schule_id_3005258.html, zuletzt aufgerufen am 16.08.2014.

(Seite 115)
Sievers, Anne-Christin; Bös, Nadine (2013): Bleibt das Arbeitshandy abends aus? Unter: faz.net, 30.08.2013, http://www.faz.net/aktuell/wirtschaft/pro-contra-bleibt-das-arbeitshandy-abends-aus-12552984.html, zuletzt aufgerufen am 16.08.2014.

(Seite 115)
k. A.: Wie gut erholen Sie sich im Alltag? Unter: http://www.brigitte.de/gesund/stress-bewaeltigen/erholen-im-alltag-1162638/, zuletzt aufgerufen unter 16.08.2014.

(Seite 116)
Hardinghaus, Barbara (2004): Wie lebt es sich mit zehn Euro am Tag? In: Hamburger Abendblatt, 3.08.2004.

(Seite 117)
Kremer, Dennis (2013): Der Reporter sucht seine Rente. In: Frankfurter Allgemeine Sonntagszeitung, 20.07.2013.

(Seite 118)
Reiling, Jessica: Fesche Flechtkreation. Unter: http://www.glamour.de/frisuren/how-to/zopffrisur-fuers-oktoberfest-fesche-flechtkreation, zuletzt aufgerufen am 16.08.2014.

(Seite 121)
Brandstetter, Barbara (2013): Kosten für Kuren, Krankheit und Pflege abrechnen. In: Schwäbische Zeitung, 29.04.2013.

(Seite 123)
k. A. (2011): Ernährung auf die Spitze getrieben. Unter: Stern.de, 4.01.2011, www.stern.de/lifestyle/bestform/abnehmen/ernaehrungspyramide-ernaehrung-auf-die-spitze-getrieben-1825287.html, zuletzt aufgerufen am 16.08.2014.

(Seite 124)
k. A. (2010): Biergarten-Kritiken im interaktiven Stadtplan. Unter: Süddeutsche.de, 9.03.2010, http://www.sueddeutsche.de/muenchen/biergaerten-in-muenchen-biergarten-kritiken-im-interaktiven-stadtplan-1.6848, zuletzt aufgerufen am 16.08.2014.

(Seite 125)
Käser, Simone; Treiber, Anja (2011): Diese Terrassen und Biergärten laden zum Verweilen ein. Unter: Stuttgarter-Zeitung.de, 19.04.2011, http://www.stuttgarter-zeitung.de/inhalt.draussen-sitzen-in-stuttgart-diese-terrassen-und-biergaerten-laden-zum-verweilen-ein.e73d6210-4ae8-4ca5-9ccb-ca1aac9743d1.html, zuletzt aufgerufen am 16.08.2014.

(Seite 129)
k. A. (2012): Vergleichsportale für Hausratversicherungen. In: Ökotest Mai 2012.

Kapitel 6
(Seite 138)
k. A.: Elterngeld: Für Zwillinge zweimal. Unter: Finanztest.de, 25.07.2013, http://www.test.de/Elterngeld-Fuer-Zwillinge-zweimal-4579390-0/, zuletzt aufgerufen am 16.08.2014.

(Seite 139 ff.)
Faz.net / AFP (2013): Lebensversicherungen als Altersvorsorge nicht geeignet. Unter: Faz.net, 28.08.2013, http://www.faz.net/aktuell/finanzen/meine-finanzen/versichern-und-schuetzen/nachrichten/oekotest-lebensversicherung-als-altersvorsorge-nicht-geeignet-12550612.html, zuletzt aufgerufen am 16.08.2014.

(Seite 142)
Reimann, Annina (2012): Das schmutzige Geschäft mit der Wohnungsnot. Unter: Wiwo.de, 24.04.2012, http://www.wiwo.de/finanzen/immobilien/immobilien-das-schmutzige-geschaeft-mit-der-wohnungsnot/6527826.html, aufgerufen am 16.08.2014.

(Seite 143 f.)
Teevs, Christian (2012): Pleite bei Privatversicherten: 150.000 Opfer von Ulla Schmidt. Unter: Spiegel Online, 8.03.2012, http://www.spiegel.de/wirtschaft/soziales/pleite-bei-privatversicherten-150-000-opfer-von-ulla-schmidt-a-818847.html, zuletzt aufgerufen am 16.08.2014.

(Seite 145 f.)
Bohnenkamp, R. / Hoffmann, M. / Votsmeier, V. (2006): Jetzt steuerfrei schenken. In: Capital 11/2006, Seiten 91–98.

(Seite 149)
Schulze, Elke (2005): Das unterschätzte Risiko. Unter: Stern.de, 21.04.2005, http://www.stern.de/wirtschaft/job/berufsunfaehigkeit-das-unterschaetzte-risiko-538670.html, zuletzt aufgerufen am 16.08.2014.

(Seite 155)
Eberl, Matthias (2011): Außen ein Puff, innen Hölle. Unter: http://www.sueddeutsche.de/muenchen/x-cess-aussen-ein-puff-innen-hoelle-1.412294, zuletzt aufgerufen am 16.08.2014.

(Seite 156)
Heger, Thorsten / Schöningh, Rosemarie (2013): So geht Altersvorsorge über Versicherungen. Unter: Sern.de, 3.03.2014, http://www.stern.de/wirtschaft/geld/das-kleine-renten-einmaleins-so-geht-altersvorsorge-ueber-versicherungen-1896548.html, zuletzt aufgerufen am 16.08.2014.

(Seite 157)
Giesler, Martin: Wie man einen Beitrag baut. Unter: http://martingiesler.de/, zuletzt aufgerufen am 16.08.2014.

Kapitel 7
(Seite 163)
Overmann, Georg (2013): Microsoft baut Skype in Windows 8.1 ein. Unter: Computerbild.de, 19.08.2013, http://www.computerbild.de/artikel/cb-News-Software-Microsoft-baut-Skype-in-Windows-8.1-ein-8619533.html, zuletzt aufgerufen am 16.08.2014.

(Seite 163)
k.A. (2013): Windows 8.1 ist fertig. Unter: Heise.de, 26.08.2014, http://www.heise.de/newsticker/meldung/Windows-8-1-ist-fertig-1942568.html, zuletzt aufgerufen am 16.08.2014.

(Seite 172)
ade/Reuters/dpa (2013): Landwirtschaft: Schlechte Ernte treibt Kartoffelpreise nach oben. Unter: Spiegel Online, http://www.spiegel.de/wirtschaft/service/landwirtschaft-schlechte-ernte-treibt-kartoffelpreise-nach-oben-a-918074.html, zuletzt aufgerufen am 16.08.2014.

(Seite 180)
k.A. (2011): Wie hoch sind die Zulagen bei der Riester-Rente wirklich? Unter: Bild.de, 21.01.2011, http://www.bild.de/infos/rentenversicherung/rentenversicherung/riester-rente-berechnung-8332186.bild.html, zuletzt aufgerufen am 16.08.2014.

(Seite 182)
Öchsner, Thomas (2003): Ein Bund fürs Leben. In: Süddeutsche, 20.12.2003.

(Seite 182)
dpa/AFP/Reuters (2014): Auswärtiges Amt warnt dringend vor Sinai-Reisen. Unter: Welt.de, 27.02.2014, http://www.welt.de/reise/Fern/article125249135/Auswaertiges-Amt-warnt-dringend-vor-Sinai-Reisen.html, zuletzt aufgerufen am 16.08.2014.

(Seite 183)
k.A. (2013): Teure blinde Flecken im Netz. Unter: Gmünder-Tagespost.de, 3.06.2013, http://www.gmuender-tagespost.de/10372472, zuletzt aufgerufen am 16.08.2014.

(Seite 183)
Neumann, Eva (2013): Eine Frage des Geschmacks. In: Schwäbisches Tagblatt, 3.06.2013.

(Seite 184)
Oberhuber, Nadine (2013): Selber sparen, was das Zeug hält. Unter: Faz.net, 10.08.2013, http://www.faz.net/aktuell/finanzen/meine-finanzen/vorsorgen-fuer-das-alter/familien/gegen-die-weibliche-altersarmut-selber-sparen-was-das-zeug-haelt-12495981.html, zuletzt aufgerufen am 16.08.2014.

(Seite 184)
Klöpping, Kay (2013): Schenken und Steuern sparen. Unter: Faz.net, 4.05.2013, http://www.faz.net/aktuell/finanzen/meine-finanzen/steuertipps/steuertipp-schenken-und-steuern-sparen-12172653.html, zuletzt aufgerufen am 16.08.2014.

(Seite 184)
k. A. (2013): Wie klage ich einen Kita-Platz ein? Unter: Zeit Online, 29.07.2013, http://www.zeit.de/gesellschaft/familie/2013-07/klagen-auf-kita-platz, zuletzt aufgerufen am 16.08.2014.

(Seite 184)
Weigelt, Ulf (2013): Wie viele Schulungen sind genug? Unter: Zeit Online, 28.08.2013, http://www.zeit.de/karriere/beruf/2013-08/arbeitsrecht-betriebsrat-schulungsanspruch, zuletzt aufgerufen am 16.08.2014.

(Seite 186)
Öchsner, Thomas (2003): Ein Bund fürs Leben. In: Süddeutsche, 20.12.2003.

Müller, Martin / Tuma, Thomas (2010): Weltreligion Shoppen. Unter: Spiegel Online, 13.12.2010, http://www.spiegel.de/spiegel/print/d-75638315.html, zuletzt aufgerufen am 16.08.2014.

(Seite 187)
Rohwetter, Marcus (2010): Liebe Halsabschneider. Unter: Zeit Online, 6.08.2010, http://www.zeit.de/2010/32/Daten-Roaming, zuletzt aufgerufen am 16.08.2014.

(Seite 187)
Heusinger, Robert von (2006): Bitte, lass uns nicht allein. In: Die Zeit, Geld Spezial, 26.10.2006.

(Seite 189)
k. A. (2013): Riester-Kniff: So drücken Hausbesitzer Ihre Schulden. Unter: Focus.de, 29.07.2013, http://www.focus.de/finanzen/altersvorsorge/immobilienkredite-tilgen-so-werden-sie-mit-dem-riester-vertrag-schulden-los_aid_1056819.html, zuletzt aufgerufen am 16.08.2014.

(Seite 190)
Sackmann, Christoph (2013): Die schärfsten Fernseher, die besten Foto-Handys und die flachsten Notebooks. Unter: Focus.de, 2.09.2013, http://www.focus.de/digital/computer/chip-exklusiv/tid-32761/das-sind-die-trends-der-ifa-2013-die-schaerfsten-fernseher-die-besten-foto-smartphones-und-die-flachsten-notebooks_aid_1063806.html, zuletzt aufgerufen am 16.08.2014.

(Seite 190)
k. A. (2013): Die elf größten Scheidungsirrtümer. Unter: Focus.de, 30.08.2013, http://www.focus.de/finanzen/recht/trennung-ohne-zoff-die-elf-groessten-scheidungsirrtuemer_aid_1085537.html, zuletzt aufgerufen am 16.08.2014.

BILDNACHWEIS

(Seite 191)

k. A. (2013): Sparer ohne Wahl: Nur eine Bank toppt die Inflation. Unter: Focus.de, 30.08.2013.

(Seite 192)

k. A. (2013): Experten empfehlen Rotavirus-Impfung bei Babys. Unter: Focus.de, 26.08.2013, www.focus.de/familie/impfungen/neuer-impfkalender-experten-empfehlen-rotavirus-impfung-bei-babys_id_3123435.html, zuletzt aufgerufen am 16.08.2013.

(Seite 192)

Oberhuber, Nadine (2014): Betongold oder Klotz am Bein? Unter: Zeit Online, 29.06.2014, http://www.zeit.de/2014/25/altersvorsorge-immobilien-aktien, zuletzt aufgerufen am 16.08.2014.

(Seite 192)

Siedenbiedel, Christian (2013): Wie drücke ich die Zinsen fürs Haus? Unter: Faz.net, 10.08.2013, www.faz.net/aktuell/finanzen/meine-finanzen/mieten-und-wohnen/baukredit-wie-druecke-ich-die-zinsen-fuers-haus-12495726.html, zuletzt aufgerufen am 16.08.2014.

(Seite 193)

Roche, Matthias (2103): So sparen Sie Steuern beim Grundstückskauf. Unter: http://www.faz.net/aktuell/finanzen/meine-finanzen/steuertipp-die-kosten-des-grundstueckskaufs-1546210.html, zuletzt aufgerufen am 16.08.2014.

(Seite 193)

Sardigh, Parvin (2013): Sie müssen genau beschreiben, in welchen Verhältnissen Sie leben. Unter: Zeit Online, 2.08.2013, http://www.zeit.de/gesellschaft/familie/2013-08/krippe-rechtsanspruch-klage, zuletzt aufgerufen am 16.08.2014.

(Seite 193)

Kotlar, Kerstin (2013): Das bringt die Acht-Stunden-Diät. Unter: Focus. de, 23.08.2013, http://www.focus.de/gesundheit/ernaehrung/abnehmen/tid-32916/essen-ohne-kalorienzaehlen-wunder-oder-wagnis-die-acht-stunden-diaet-im-check_aid_1070690.html, zuletzt aufgerufen am 16.08.2014.

(Seite 193)

k. A.: Test: Würden Sie fremdgehen? Unter: http://www.brigitte.de/liebe/persoenlichkeits-tests/fremdgehen-test-700126/, zuletzt aufgerufen am 16.08.2014.

(Seite 194)

k. A.: Elf Irrtümer von Eltern. Unter: http://www.stern.de/gesundheit/kinderkrankheiten/ueberblick/kindergesundheit-elf-irrtuemer-von-eltern-632737.html, zuletzt aufgerufen am 16.08.2014.

(Seite 195)

Gotthold, Kathrin / dpa (2013): So teuer werden die Steuerpläne der Parteien. Unter: Welt.de, 2.09.2013, www.welt.de/finanzen/verbraucher/article119600484/So-teuer-werden-die-Steuerplaene-der-Parteien.html, zuletzt aufgerufen am 16.08.2014.

(Seite 196)

k. A. (2013): Die zehn größten Scheidungsirrtümer. Unter: Bild.de, 14.11.2013, http://www.bild.de/10um10/2013/10-um-10/hitliste-um-zehn-scheidungs-irrtuemer-32049148.bild.html, zuletzt aufgerufen am 16.08.2014.

(Seite 196)

Neitzsch, Peter (2011): Welche Versicherungen Sie brauchen. Unter: Stern.de, 4.10.2011, http://www.stern.de/wirtschaft/versicherung/ratgeber-versicherung/, zuletzt aufgerufen am 16.08.2014.

Index

A

Adressdatenbanken   208
Aktualit   42
Aktualität   42, 44, 90, 148
Allensbacher Markt- und Werbeträgeranalyse   11, 46, 230
Alterseinkünftegesetz   17
Altersvorsorge   17, 26, 27, 41, 79, 89, 105, 106, 139, 156, 162, 187, 192, 214, 215, 237, 244, 245
Anglizismen   169, 170, 176, 183
Anzeigenabteilung   119, 120, 132
anzeigenfreundliches Umfeld   21, 120
App   39, 51, 59, 239, 240
Audio-Slideshow   37
Autorisierung   152

B

Baufinanzierung   21, 50, 122
Bausparen   26, 89, 114, 207
Behörden   34, 58, 200
Beispielrechnungen   31, 32, 82, 104, 105, 107, 108, 119, 122, 132, 179, 180
Blogs   38, 208
Brustkrebs   48
Bundesanstalt für Finanzdienstleistungsaufsicht   60
Bundesarbeitsgericht   32, 54
Bundesfinanzhof   53, 54

Bundesgerichtshof   200, 202
Bundespost   18
Bundessozialgericht   32, 54

C

Checklisten   107, 113, 114
Cliffhanger   190, 191
Coachingformate   36
Copy und Paste   77, 101
Corporate Publishing   38

D

digitales Archiv   76
DIN Normen   201
Dispozinsen   13, 45

E

Eigenverantwortung   17
Einstieg   49, 135, 136, 142, 143, 145, 151, 158, 169, 172, 174, 175, 181, 186, 187, 195
Energiewende   52, 81
Erben und Vererben   21, 33, 54, 55, 93, 119
Europäische Gerichtshof   52, 53, 54
Europäische Zentralbank   33, 42, 44
Experteninterview   112, 123, 151
Exposé   67

F

Fachmagazine   162
Fallgruppen   107, 108, 110

Feuilleton 31
Foren 36, 61, 95, 97, 135, 228
Foto 8, 32, 37, 74, 82, 88, 90, 94, 105, 106, 154, 155, 209

G
Garantiezins 50, 51, 238
Gatekeeper 19
geografische Nähe 42, 43
Gesetze 41, 104
Gesprächswert 42, 44
Girokonto 22, 52, 125
Glaubwürdigkeit 20, 21, 22, 73, 225, 227, 228

H
Haftpflichtversicherungen 33
Hamburger Verständlichkeitsmodell 164
Häppchenjournalismus 31
Hauptzeile 67, 182, 183, 185, 188, 189, 190, 191, 192

I
Individualisierung 17, 18, 30
Infografiken 31, 107, 110, 111, 119, 122, 227
Infokästen 23, 31, 32, 79, 92, 102, 103, 107, 108, 119, 132, 180, 181
Informationsflut 17, 18
Infotainment 36, 44
Insolvenz 44, 72

J
journalistische Standards 12, 22

K
Kernaussage 36, 59, 62, 63, 65, 79, 133, 137, 139, 146, 148, 176, 190
Klammer 144, 145
Konflikt 42, 43
Küchenzuruf 42, 59, 62, 63, 65, 67, 68, 69, 76, 79, 133, 134, 137, 158, 176, 177, 190

L
Landespressegesetze 199, 200
Lead 139
Lebensversicherungen 35, 50, 51, 139, 140, 171, 226, 233, 238, 244
Lehman-Pleite 72
Leiter des Erzählers 173, 174, 176
Leserbriefe 13, 21, 65, 204
Leserfragen 107, 111, 112
Leserreaktionen 7, 8, 13, 23, 65, 66, 69
Lobbyisten 79
Lohnsteuerhilfeverein 90
Lokalteil 31, 33
Lokomotive 134, 135, 143, 147, 149

M
Märkte 17, 219, 234
Mehrwert 20, 102, 108, 116, 131
Meinungsäußerung 199, 203
Messen 29, 73
Mind-Map 63, 64
Multioptionsgesellschaft 18, 231

N
Nachhaltigkeit 22, 25
Nachrichtenagenturen 13, 32, 41, 86, 105, 110, 139, 222, 226
Nachrichtenwerte 42
Nachrichtenwerttheorie 41
Newsletter 54, 56, 57, 58, 81
News to use 31
news value 41
Nutzwert 42, 43
Nutzwertjournalismus 15

O
Objektivitätsgebot 201
ots-Meldungen 86, 88

P
Paywall 20
persönliche Betroffenheit 42, 43, 45
Pflege-Bahr 49, 114
Pflegeversicherungen 131
Plastikwörter 172, 176, 180, 234
Pleonasmen 179
Podcast 37, 81, 122, 153, 188
Portal 19, 129, 131, 149, 150
Presseagentur 32, 85, 88
Pressefreiheit 199
Pressekodex 74, 83, 200
Pressereisen 12, 87, 88
Pressesprecher 36, 78, 211, 218
Primärquellen 76, 77, 82
PR-Material 32, 58, 86, 137, 225, 228
Produktempfehlungen 74
Produktlebenszyklen 17, 18
Produkttest 7, 9, 18, 21, 124, 127, 199, 200, 201, 203
Projektleiter 80

Protagonist 61, 154, 155
Protagonisten 61, 65, 151, 154, 155, 213
Pro und Contra 107, 114
Publikumszeitschriften 11, 30

R
Ratgeberjournalismus 14, 232
Ratgeberseiten 8, 11, 16, 31, 33, 106, 107
Rechtsdienstleistungsgesetz 8, 204
Relevanz 13, 14, 15, 16, 42, 44, 45, 46, 69, 90, 143, 148, 207, 217, 225
Riester-Rente 23, 26, 76, 79, 178, 179, 180, 237, 238, 246
Rügen 74, 200, 233

S
Schlaganfall 47, 238
Schleichwerbung 74, 205, 230
Schritt-für-Schritt-Anleitung 117
Selbstversuch 116
Servicejournalismus 14, 16, 221, 222
serviceorientierter Journalismus 15
Slideshow 154, 158
Soziale Medien 36, 57, 61, 95, 97, 208, 209, 210, 212
Steuererklärung 7, 11, 35, 58, 90, 120, 131, 242
Stockfotos 106
Storytelling 37, 139, 197, 229, 233
Studien 20, 41, 46, 54, 55, 58, 59, 60, 61, 65, 69, 76, 77, 79, 81, 86, 170, 188, 194, 207, 225

Studiengebühren 20, 49
szenischer Einstieg 136, 142, 158, 186, 187

T
Tabellen 7, 8, 13, 14, 15, 32, 37, 103, 104, 107, 108, 122, 129, 130, 131, 132, 180, 225, 227
Tatsachenbehauptung 203
Tautologie 178
Teaser 161, 188, 190, 191, 192, 193, 194, 195, 196
Teilreisewarnung 48
Telekommunikationsanbieter 18, 36
Testkriterien 7, 126, 127, 132
Tests 23, 25, 48, 58, 73, 74, 80, 107, 115, 127, 128, 193, 199, 200, 201, 204, 225
Textaufbau 134
Textsorten 59, 60, 62, 133, 135, 136, 231
Therapiemöglichkeiten 23, 47, 207

U
Unterhaltungswert 42, 44
Unterzeile 67, 181, 182, 183, 185
Urteil 41, 104

V
Verbraucherjournalismus 16
Vergleichsportale 129, 130, 131, 230, 244
Vermögensberater 94
Verwaltungsdeutsch 171
Video 37, 65, 82, 94, 95, 122, 123, 153, 154, 155, 156, 157
Vorsorgevollmacht 61, 240

W
Wäscheleine 134
W-Fragen 136, 137, 190
Wirtschaftsberichterstattung 19, 33
Wirtschaftsressort 31

Z
Zeitungskrise 71
Zielgruppe 9, 12, 21, 22, 23, 41, 43, 44, 46, 58, 63, 64, 65, 69, 145, 162, 163
Zinsen 17, 33, 44, 50, 71, 94, 107, 108, 140, 191, 192, 226, 248
Zwischenüberschriften 31, 83, 101, 107, 164, 176

UVK:Weiterlesen

Fachbücher für Journalisten

Gabriele Reckinger, Volker Wolff (Hg.)
Finanzjournalismus
2011, 456 Seiten, fester Einband
ISBN 978-3-86764-253-8

Jutta von Campenhausen
Wissenschaftsjournalismus
2011, 198 Seiten, flexibler Einband
ISBN 978-3-86764-240-8

Andreas Schümchen,
Deutscher Fachjournalisten-Verband (Hg.)
Technikjournalismus
2008, 328 Seiten
45 s/w Abb., flexibler Einband
ISBN 978-3-86764-011-4

Dominik Bartoschek, Volker Wolff
Vorsicht Schleichwerbung!
2010, 164 Seiten
15 s/w u. 30 farb. Abb., flexibler Einband
ISBN 978-3-86764-210-1

Thomas Horky, Thorsten Schauerte,
Jürgen Schwier,
Deutscher Fachjournalisten-Verband (Hg.)
Sportjournalismus
2009, 326 Seiten
40 s/w Abb., flexibler Einband
ISBN 978-3-86764-145-6

Klicken + Blättern

Leseprobe und Inhaltsverzeichnis unter

www.uvk.de

Erhältlich auch in Ihrer Buchhandlung.

UVK:Weiterlesen

Fachbücher für Journalisten

Claudia Mast (Hg.)
ABC des Journalismus
Ein Handbuch
12., völlig überarbeitete Auflage
2012, 626 Seiten
75 s/w Abb., gebunden
ISBN 978-3-86764-289-7

Michael Haller
Recherchieren
7. Auflage
2008, 338 Seiten
10 s/w Abb., broschiert
ISBN 978-3-89669-434-8

Ernst Fricke
Recht für Journalisten
Presse – Rundfunk – Neue Medien
2., völlig überarbeitete Auflage
2010, 572 Seiten, gebunden
ISBN 978-3-86764-095-4

Jürg Häusermann
Journalistisches Texten
3., überarbeitete Auflage
2011, 262 Seiten
15 Abb. s/w, broschiert
ISBN 978-3-86764-000-8

Stefan Brunner
Redigieren
2011, 138 Seiten
20 s/w Abb., broschiert
ISBN 978-3-86764-259-0

Klicken + Blättern

Leseprobe und Inhaltsverzeichnis unter

www.uvk.de

Erhältlich auch in Ihrer Buchhandlung.